지혜로운 삶을 위한

동양사상 강의

인도와
중국의
사상에서
인간의
길을 묻다

지혜로운 삶을 위한 동양사상 강의 _ 인도와 중국의 사상에서 인간의 길을 묻다

발행일 초판1쇄 2025년 1월 15일
지은이 성태용
펴낸곳 북튜브 | **펴낸이** 박순기
주소 경기도 고양시 덕양구 소원로 181번길 15, 504-901
전화 070-8691-2392 | **팩스** 031-8026-2584 | **이메일** booktube0901@gmail.com

ISBN 979-11-92628-46-2 03150

이 도서는 2024년 문화체육관광부의 '중소출판사 성장부문 제작 지원' 사업의 지원을 받아 제작되
었습니다.

책으로 만나는 인문학강의 세상

지혜로운 삶을 위한 동양사상 강의

인도와
중국의
사상에서
인간의
길을 묻다

성태용 지음

Booktube
북튜브

머리말

"남이 할 수 있고, 또 나보다 잘할 수 있는 일에 숟가락 얹지 말자"라는 것이 소신이라고 말하곤 합니다. 내가 나설 데도 아닌데 주책없이 나섰다고 후회하는 일이 종종 있기도 하지만, 그래도 어느 정도는 지켜 나가려 애쓰고 있습니다. 정년퇴직 후에 몇 권의 책이 나왔는데, 나름대로는 이 소신을 지키는 선 위에 있다고 생각합니다. 그런데 이 책을 내는 데는 좀 망설임이 많았습니다.

이 책은 거의 20년 전에 제가 '철학아카데미'에서 했던 강의를 다듬은 것입니다. 그때 '아트앤스터디'에서 제 강의를 녹화하여 인터넷을 통해 제공하고 있습니다. 그것을 녹취하여 출판하자는 제의를 받고선, 내가 다시 쓰지 않고도 책이 되어 나온다는 바람에 가벼운 마음으로 응했지요. 그 뒤 다시 살피면서 좀 생각이 많았습니다. 과연 이 책이 의미가 있을까? 내 소신에 어그러지는 것은 아닐까? 그런 생각들이었지요.

그런 갈등 속에서도 결국 책을 내게 된 것은 나름대로 의미가 있다는 판단이 섰기 때문이었습니다. 인도와 중국을 아우르면서 묶어 낸 책이 거의 없다는 것을 알게 되었고, 어설프지만 그런 책을 내는 데는 유학과 불교, 그리고 도교까지 헤매며 다닌 제가 적합한 사람일 수도 있다고 스스로를 납득시켰습니다. 그리고 이런 형태의 강의에 대한 수요가 생각보다 많다는 것을 알게 되었지요. 정년퇴직 뒤에, 그 당시 일반인을 위한 인문학 강의로는 정평이 나 있던 강동구청 평생교육과정에서 이 강의를 했는데 반응이 매우 좋았습니다. 그 인연으로 그곳에서 몇 년간 여러 가지 강의를 맡아 진행하기도 했지요. 그때 일반인들을 위한 이러한 교양강의의 필요성을 알게 되었던 것이, 부족한 책이지만 한번 내 보자는 마음을 먹게 된 이유가 되었습니다.

꽤 긴 세월을 넘어서, 과거의 내 소리를 듣는 것은 좀 묘한 기분이었습니다. 심하게 어설픈 부분도 많고 오류도 있었습니다. 또 바뀐 생각들도 있었지요. 그런 부분은 손을 보았습니다. 그렇지만 좀 부족해 보일지언정 흐름에 큰 문제가 없는 것들은 손대지 않았습니다. 지금의 기준으로 전체를 개작한다는 것은 제 역량을 넘어서는 일이고, 부분부분 손대는 것은 오히려 자연스런 흐름을 망치게 된다고 생각했기 때문입니다.

책 내용은 인도사상과 중국사상 두 부분으로 나뉩니다. 제가 중국 유학(儒學) 쪽 전공이다 보니 중국 부분이 훨씬 비중이 큰 것은 피할 수 없는 일이었습니다.

인도사상의 흐름 가운데 정통이라 불리는 부분은 인도 고대 사상의 흐름을 개괄하면서 『바가와드 기타』의 사상으로 마무리를 하였습니다. 점진적 해탈의 추구와 급진적 해탈의 추구가 어떤 양상으로 전개되는지, 그것이 『바가와드 기타』 속에서 어떻게 종합되는지를 살피는 데 중점을 두었지요. 그리고 비정통의 대표라 할 수 있는 불교사상을 개괄하면서, 대승불교의 사상의 흐름까지도 살펴보았습니다. 불교의 본질은 무엇인가, 그 본질적인 모습이 그 뒤의 불교사상사 속에 어떻게 구현되는가를 일관적인 관점에서 살피려 했습니다.

중국 쪽은 좀 다양합니다. 우선 고대 유학을 공자, 맹자, 순자의 순서로 살펴보면서, 그들 사상의 특징과 사상사적 흐름, 계승 관계를 정리해 보았습니다. 그리고 노자와 장자를 묶어서 도가사상으로 함께 다루었지요. 노자와 장자를 함께 묶는 데서 오는 문제점을 최소화하면서, 함께 다루는 것에서 오는 장점을 살려 보려 했습니다. 도가의 공통적인 특성을 잘 드러내면서, 그 공통성을 바탕으로 노장의 차이점을 드러내려 하였지요. 그다음에 『주역』과 성리학 강의를 넣었습니다. 『주역』에 대한 내용은 EBS에서 『주역』 강의를 하면서 얻은 결과물이라고 하겠습니다. 『주역』의 의미를 점복에서 의리의 측면까지 아우르면서 균형 있게 다루었습니다. 성리학은 중국 유학사뿐만 아니라 우리 한국의 사상사에 큰 비중을 차지하고 있기에, 중국에서 이루어진 성과물에 조선 성리학의 독특한 양상을 연결시키면서 함께 살피려했습니다.

모든 강의는 공소(空疏)한 관념의 영역에 머무르는 것을 지양하고 역사적·사회경제사적인 배경과의 관계 속에서 그 의의를 드러내고자 노력하였습니다. 그런 측면에 애를 썼기에 일반인들을 위한 교양서라고 해도 쉽지만은 않습니다. 나름으로 줄기를 세우고 일관된 관점을 적용하려 하다 보니 조금 마음을 써서 읽어 주셔야 할 대목도 꽤 많습니다.

강의의 녹취를 바탕으로 하였기에, 듣는 이들의 흥미와 관심을 유지하기 위해 샛길로 이리저리 헤맨 이야기도 강의를 듣는 현장감을 살리기 위해 그대로 두었습니다. 딱딱한 사상사 강의에 조금의 여유로움을 드리기 위한 노력이라고 예쁘게 봐주시기 부탁드립니다.

높은 봉우리들을 중심으로 다루었기에 깊은 골짜기의 그윽한 정취까지는 담아내지 못한 아쉬움이 남습니다. 그렇지만 대표적인 사유의 유형들을 개괄하면서 다양한 사상들을 음미하는 힘을 키워 내고, 그것을 자기 사유의 거름으로 삼는 데 조금은 도움이 될 수도 있다고 기대합니다.

이 강의는 교수 생활의 초창기부터 지속해서 해 오던 강의의 연장선 위에 있습니다. 그 강의에 함께하며, 늘 사랑스러운 모습으로 부족한 강의를 경청해 준 수많은 제자들이 있습니다. 그들의 초롱한 눈빛이 이 책의 글줄 사이에 빛나고 있다는 생각도 듭니다. 이리저리 헤맨 강의를 줄기를 찾아 정리해서 모양을 갖춰 주느라 애쓰신 북튜브 박순기 사장님께도 진심으로 감사를 드립니다.

2024년 12월

지은이 성태용

차례

들어가며 _ 동양사상을 공부해야 하는 이유

오늘부터 동양사상에 대해 이야기해 보겠습니다. 우선 이 강의에서 다룰 범위를 말씀드리고 본격적인 강의로 들어가도록 하죠. 동양이라는 범위는 굉장히 넓습니다. 넓게 잡으면 동아시아에서 이슬람까지를 포괄하는 지역을 동양이라고 할 수 있을 텐데, 그렇게 넓게 잡아서는 제가 감당을 할 수 없을 것 같아요. 이슬람사상에도 재미있는 것이 많지만 거기까지 다루는 것은 무리가 있고, 한국사상은 또 별도로 다루어지는 경우가 많아서 이 시간에는 한국사상을 따로 다루지는 않습니다. 결국 이 강의에서는 인도와 중국의 사상을 중심으로 다룰 예정이지만, 인도사상보다는 중국사상의 비중이 클 듯합니다.

비중은 작지만 인도사상은 굉장히 중요합니다. 불교를 통해서 세계의 사상 조류에 큰 영향을 끼쳤고, 우리 민족의 삶과 정신세계에도 깊은 영향을 끼치고 있기 때문입니다. 인도사상과 관련해서는 『바가와드 기타』라는 책을 중심으로 말씀을 드릴 예정입니다. 제가 굉장히 관심 있게 본 책인데, 간디도 이 책을 평생 애송했다고 합니다. 『바가와드 기타』에서 '기타'는 산스크리트어로 '노래'라는 뜻입니다. '바가와드'는 고귀한 자, 최고의 지존이라는 뜻을 가지고 있고요. 그래서 『바가와드 기타』는 최고의 신에게 바쳐진 찬가라고 할 수 있습니다. 이 책은 오늘날 복잡한 삶을 살아가는 우리에게도 상당히 중요한 메시지를 줍니다. 이 책을 중심으로 인도사상 전반을 다룬 후에 우리에게 직접 영향을 끼치고 있는 불교에 대해 살펴보고, 그다음으로 중국의 공자, 맹자, 순자, 노장사상, 주역, 성리학까지를 쭉 훑어볼 예정입니다.

가치관의 혼란과 동양사상

서양 문화의 유입과 문화적 소화불량

동양사상은 우리에게 가장 친숙한 사상일 겁니다. 그런데 세태가 너무 변해서 가장 친숙해야 될 동양사상이 지금에 와서는 가장 먼 사상이 됐습니다. 요즘 사람들은 영어 공부는 열심히 하지만 한자, 한문 이야기를 하면 십만팔천 리 도망을 갑니다. 우리처럼 격렬하게 문화적인 충격을 겪으면서 서양 문명을 받아들인 나라가 지구상에 별로 없습니다. 조선은 개국하기 전에 얼마 동안 쇄국 정책을 폈습니다. 쇄국 정책을 폈다는 것은 외국 것에 대한 면역성을 기르지 못했다는 의미죠. 이렇게 쇄국 정책을 펴다가 억지로 문호를 열고, 얼마 지나지 않아 일제강점기가 있었죠. 우리 문화를 말살하는 시기였습니다. 그리고 해방이 되자마자 미국 문화가 폭포처럼 쏟아져 들어왔습니다. 쇄국하고 일제강점기 겪으면서 외국 문화를 받아들일 면역성 같은 걸 전혀 기르지 못한 상태에서, 갑자기 전통이 딱 단절이 되면서 서양 문화가 들어온 겁니다. 그러다 보니, 사상적으로 난리가 난 거예요.

자, 생각해 보세요. 우리가 외부로부터 영양을 섭취해서 자기 것으로 만들려면 뭐가 튼튼해야 하죠? 소화기관이 튼튼해야 합니다. 먹기만 하면 탈 나는 사람은 아무리 먹어도 영양 섭취가 안 되죠. 그런데 쇄국을 하고 일제강점기를 겪으면서 외래 문화를 받아들여 소화할 우리의 문화적인 소화기관, 위장이 형편없이 망가진 겁니다. 거기에다 서양의 문화가 정신도 못 차리게 쏟아져 들어왔어요.

그렇게 잠깐 사이에 세상이 완전히 뒤집어졌습니다. 몇십 년 전하고 지금을 한번 비교해 보세요. 표면적으로는 서양 문명이 우리 삶을 지배하고 있습니다. 우리가 입는 옷은 전부 서양 옷이고 머리 스타일도 모두 서양식입니다. 말에도 외래어가 엄청나게 들어왔죠. 몇십 년 전만 해도 우리에게 가장 친숙한 고전이었던 책들은 요즘에는 가장 읽지 않는 책이 되었고요.

문화적 위장이 고장 난 상태에서 외래 문화를 폭식을 한 셈입니다. 그렇다 보니 우리 사회는 지금 문화적인 배탈, 설사, 체증을 심하게 앓고 있어요. 우리 정신세계를 뜯어보면 금방 알 수 있습니다. 우리 가치관은 지금 뒤죽박죽입니다. 서양적인 가치관이 다 장악을 한 것 같은데, 그렇다고 전통적인 가치관이 완전히 사라졌다고도 할 수 없습니다. 된장국 먹고 자라면서 어른들에게 암암리에 받은 전통적인 사고방식이 우리 내면에 있습니다. 게다가 우리나라에는 남북문제도 있죠. 북쪽에는 이상한 사회주의가 자리를 잡고 몇십 년을 세습하고 있죠. 그렇다고 대한민국의 자본주의는 또 건강하냐 하면, 그렇지도 않은 것 같습니다. 이렇게 좁은 땅에서 건강하지 못한 자본주의와 이상한 사회주의가 극단적으로 부딪히고 있죠. 동서 문화가 부딪히고 자본주의와 사회주의 이데올로기가 극렬하게 부딪히고 있는 것이 우리의 현실입니다.

이런 갈등의 자취는 우리 의식 속 곳곳에 배어 있습니다. 이민을 갈 때 심리 테스트 같은 걸 한다는데, 그 결과를 보면 세계에서 한국 사람처럼 타자에 대한 적대감, 자기와 이질적인 존재에 대한 적대감이 강한 나라와 민족은 별로 없답니다. 아마도 남북 분단 상황이 우리 정신세계에 영향을 끼친 것이겠지요. 나이 많으신 분들은 다 알겠지만 옛날에는 북한에 대해서 멸공, 박멸 같은 말들을 썼거든요. 그렇게 북한은 함께할 수 없는 적이라는 교육을 오랫동안 주입받았습니다. 그러다 보니 그런 시대를 산 사람일수록 타자에 대해 용인하는 능력이 없어요. 다른 존재에 대해 그럴 수 있겠다고 생각하는 게 아니라 없애고 죽여야 한다는 인식이 굉장히 강한 겁니다. 우리 정치판에서 싸움이 나면 도대체 화해가 안 되는 것도 아마 그런 영향들이 암암리에 있을 거라는 생각이 드네요.

서양화에 잠복해 있는 동양적인 것

이런 가치관의 무정부 상태, 문화적인 혼란 상태를 우리가 겪고 있어요. 이런 상황을 타개하기 위해서 우리가 취할 수 있는 태도가 몇 가지 있을 것 같아요. 우선 서양 것이 좋으니까 동양적인 것들을 다 바꿔 버리자고 이야기할 수 있겠죠. 영어를 공용어로 하자는 주장이 끊임없이 제기되는 것도 그런 맥락이 아닐까 싶습니다. 저는 이런 주장을 좋아하지 않지만 그렇더라도 본질적으로 잘못되었다고 말하고 싶지는 않아요. 그런 사회를 상상해 볼 수 있겠죠. 그런데 그 전에 그렇게 한다고 할 수 있을지를 물어보고 싶습니다. 우리가 동양적인 것을 싹 없애고 서양인들처럼 살 수 있을까요? 잘 안 될 것 같아요.

한국 사람은 한국 사람이라는 정체성을 벗어날 수가 없습니다. 나라 안에서는 모르는데 외국 사람하고 섞여 있으면 확연히 드러나죠. 먹을 것을 통해 전해지는지 유전자로 전해지는지는 모르겠지만, 하여튼 한국적인 정서가 한국인들 속에 끈질기게 흐릅니다. 아마도 그건 평생 못 벗을 거예요. 기후나 산하 같은 풍토의 영향도 있겠죠. 외국에 나가면 한국의 산천경개가 어떤지를 느낄 수가 있습니다. 제가 한 달 정도 미국 전역을 돌아본 적이 있었는데, 굉장히 신선한 풍경이 많았죠. 그랜드캐니언 같은 곳에 가면 감탄이 절로 나옵니다. 그런데 한 달쯤 돌아다녀 보니, 거대한 풍경들이 지겹고 한국이 그리워집니다. 한국의 산천은 노년기 지형이라서 빠질 것이 다 빠져 있죠. 어딜 가나 높지 않은 산들이 나옵니다. 이런 풍토 속에서 우리의 감정이 조율이 됩니다. 아마 한국인의 마음 씀씀이는 한국 산의 굴곡을 따라 움직일지 모르겠습니다.

체질이나 성격도 마찬가지지만, 사상이나 가치관도 갑자기 뚝 끊어질 수 없습니다. 산이나 하천 같은 곳에 가 보면 복류라는 게 있습니다. 가뭄에는 말라서 물이 없는 것 같은데 물이 땅 아래로 흘러서 더 아래에서 솟아납니다. 마찬가지로 사상도 잠복을 합니다. 우리 의식의 밑바닥에 없어진 것 같은 동양의 사상이 잠류하고 있습니다. 온전히 서양화된 것 같은 일상에서도 이런 가치관이나 사상이 가끔 고개를 내밉니다. 이럴 때는 어떤 것을 따라야 할지 당황스럽기도 합니다.

균형 잡힌 사고의 중요성

온전히 서양화하자는 주장과는 정반대편에 서서 "동양적인 것이 좋으니까 '몰인정하고 인간을 소외시키는' 서양적인 것을 배척하고 동양적인 것을 되살리자"라는 식으로 주장하는 사람들도 있을 수 있죠. 그렇게 해서 가치관의 타락을 극복하고 정신문명을 일으킬 것을 주장할 수도 있습니다. 그런데 이런 주장도 굉장히 위험합니다. 원래 사람은 남과 똑 떨어져서 살 수는 없습니다. 마찬가지로 다른 것의 영향을 받지 않은 동양적인 것이 있고, 그것이 가장 좋다는 사고방식은 굉장히 균형을 잃은 사고방식이라고 할 수 있습니다.

예컨대 한의학과 서양의학에 대한 관념들이 있죠. 저희 아버지는 한의학을 신봉하셨습니다. 양의학에 대해서는 극단적으로 불신을 하시고, "양의는 다 도둑놈들이다"라는 극단적인 표현도 하시곤 했습니다. 한번은 그러시는 아버지에게 한 말씀 드린 적이 있습니다. 한의학이 그렇게 뛰어나면 왜 홍역이나 천연두 같은 병을 거의 잡지 못했느냐구요. 전에는 동네에 홍역만 돌면 아이들이 죽어 나갔죠. 제 누나도 홍역에 죽었습니다. 그렇게 한의학이 힘을 쓰지 못했는데, 서양의학이 들어와서 그런 질병들을 잡았습니다. 이런 면에서 보면 한의학에 비해 서양의학이 월등한 면이 있는 거죠.

그런데 또 서양의학이 지배를 하다 보니 서양의학의 단점이 드러납니다. 서양의학은 기본적으로 환부에 균이 침투하면 거기를 치료하면 된다고 생각을 하죠. 서양의학의 바탕에는 그런 사고방식이 알게 모르게 깔려 있다고 생각합니다. 그런 사고를 바탕으로 과학적 방법론을 통해 크게 발전한 것입니다. 동양의학에서는 사고방식이 아예 다릅니다. 균이라는 것은 천지에 깔려 있는데, 왜 하필이면 거기에 환부가 생겼냐는 겁니다. 그건 내 육체의 조화가 어딘가 약해져서 깨졌기 때문이고, 육체의 균형을 회복하면 병이 나을 것이라고 보는 거죠. 물론 이런 식의 구분도 서양의학과 한의학에 대한 피상적인 구분일 수도 있지만, 어쨌든 그런 경향성이 아주 많습니다. 그래서 서양의학으로 국부만 계속 치료하고 다른 부위와의 균형을 잃어버리면, 다른 합병증이나 부작용이 나타날 수도 있습니다. 하지만 동양의학은 균형을 회복시켜 준다는 관점에서 치료를 하니까 서양의학이 지배하고 있는 상황에서 동양의학의 가치가 도리어 살아난다고 할 수 있습니다.

요는 균형 잡힌 사고를 해야지, 동양이 좋다, 서양이 나쁘다, 이런 식의 관점은 일단 떠나야 한다는 겁니다. 이 강의를 들으시는 분들도 동양이 좋은 것이고 서양은 나쁜 거니까 동양사상에서 어떤 진리를 찾아야겠다, 라는 식으로 접근하시지 말기를 부탁드리고 싶습니다.

있는 그대로 보자

이렇게 어느 한쪽이 좋다고 맹목적으로 달려가기보다 일단은 '아는 것'이 중요합니다. 좋든 나쁘든 과거에 우리의 정신세계는 동양적인 가치관이 지배하고 있었습니다. 끊어진 것 같아도 우리 정신의 바닥에 흐르고 있죠. 그런데, 마치 기억상실증에 걸린 것처럼 갑자기 단절이 되다 보니 혼돈스러울 수밖에 없습니다. 기억이 완전히 없어진 것도 아니고 불쑥불쑥 옛날 기억이 떠오르면, 이건 건강한 정신이라고 할 수 없겠죠. 지금 우리의 상황도 비슷합니다. 표면적인 것과 전통적인 것이 조화를 이루지 못하면서 우리 민족 전체가 그런 병을 앓고 있다고 볼 수 있어요.

그래서 우선은 사실을 있는 그대로 알아야 된다는 게 첫째 명제예요. '있는 그대로 우리를 보자'라는 목표를 세워야 합니다. 동양사상은 좋다거나 나쁘다거나 하는 선입견을 버리고, 우리 의식에 잠재해 있는 사상에 대해 공부할 필요가 있습니다. 제가 이 강의에서 동양사상을 말씀드리겠지만, 동양사상이 좋다고 해서 강의를 하는 게 아니에요. 그런 선입견을 드리고 싶지 않습니다. 우선은 가치 평가를 빼고 있는 그대로 알아보자라는 데서 출발하자는 겁니다. 지금 우리 사회에서 동양사상을 있는 그대로 아는 사람이 별로 없습니다. 알지도 못하면서 '구닥다리'라고 하는 사람도 바보고, '동양사상이 최고'라고 하는 사람도 바보예요. 다시 말씀드리지만 저는 동양사상을 전도하려는 것이 아닙니다.

이 강의에서 다룰 사상들이 그렇게 잘난 사상이 아닐지도 모릅니다. 다만 여러분이 강의를 듣고 나서 "아, 그중에 이런 점이 쓸모가 있더라. 이런 점은 참 의미가 있겠더라" 하는 것을 발견하시길 바랍니다. 물론 저는 담담하게 이야기한다고 하더라도 어느새 힘을 주고 동양사상이 가진 장점을 많이 이야기하겠지만, 듣는 여러분이 건강하게 판단해 주시길 바랍니다.

『서유기』와 동양사상

학교에서 동양사상을 강의하는 첫 시간이 되면 학생들에게 꼭 하는 질문이 있습니다. 먼저 『삼국지』 읽어 본 사람 있으면 손을 들어 보라고 합니다. 그래도 몇 명은 손을 듭니다. 그런데 『서유기』 읽어 본 사람 손을 들어 보라고 하면 거의 없어요. 그러고 나서, 『서유기』는 읽을 생각도 하지 말라고, 좀 과격한 이야기를 하면서 강의를 시작하곤 했는데요. 『서유기』를 읽어 내려면 불교와 도교에 관한 기본적인 상식이 있어야 하기 때문입니다. 『서유기』는 핵심이 불교적인 이야기이고, 도교가 곁다리로 끼어 있는 작품입니다. 표면적으로는 삼장법사와 손오공, 저팔계, 사오정이 서역으로 여행을 가는 이야기이지만, 사실은 불교에 도교를 가미해서 수행의 과정을 소설로 엮은 것이죠. 여정에서 나타나는 험난한 지형과 요괴들은 수행을 가로막는 장애들을 상징하는 것이고요.

삼장법사를 따라 수행을 떠나기 한참 전에, 손오공은 도술을 배워서 무서운 줄 모르고 날뛰고, 결국 천상 세계를 뒤집어엎기까지 하죠. 이 이야기는 인간의 정신이 오만에 빠진 것을 상징합니다. 서양에는 비슷한 전설로 바벨탑 이야기가 있죠. 하늘에 닿으려고 쌓다가 무너졌다는. 이렇게 오만에 빠져 난동을 부리던 손오공이 석가모니 부처님을 만나 시련을 겪죠. 근두운을 타고 한 번에 십만팔천 리를 날아갔다 올 수 있다고 하지만, 결국 부처님 손바닥을 벗어나지 못한다는 말이죠. 그렇게 손오공은 석가여래에게 잡혀서 오행산에 깔려서 고생을 합니다. 『서유기』의 이 이야기는 인간의 지성이 자기의 한계에 부딪힌 걸 뜻합니다. 자기의 한계를 안 거죠. 그리고 오만하게 날뛴 업보로 고통을 겪습니다. 그러고 나서 부닥쳤던 한계를 극복하기 위한 길을 떠나게 되지요. 삼장법사를 만나 인도로 불경을 구하러 가는 길은 바로 올바른 수행의 길이 되는 겁니다.

『서유기』의 비유

이렇게 수행을 시작하는데, 길을 나서서 첫번째로 인간의 여섯 가지 감각기관을 의인화한 안이비설신의(眼耳鼻舌身意)라는 도둑을 만납니다. 그 각각의 이름이 안간희(眼看喜), 이청노(耳聽

怒), 비후애(鼻嗅愛), 설상사(舌嘗思), 신본우(身本憂), 의견욕(意見欲)이죠. 손오공은 이 여섯 도둑을 물리치고서 여정을 시작하고요. 이건 뭘 상징할까요? 불교에서는 수행에 있어서 첫번째 장애는 감각기관의 유혹과 희로애락의 파도라고 봅니다. 감각기관의 유혹을 못 벗어나면 수행이 안 돼요. 심원육창(心猿六窓)이라는 말이 있습니다. 마음 원숭이가 여섯 창문을 내다보느라고 제자리를 못 찾는다는 말이죠. 이때 여섯 창문이 안이비설신의(眼耳鼻舌身意)라는 여섯 감각기관이에요. 그러니까 여섯 감각기관의 유혹을 첫번째로 물리쳐야만 제대로 수행이 된다는 의미를 담고 있는 이야기인 겁니다.

　이 외에도 『서유기』에 나오는 마왕들이 많은 경우 수행 과정의 장애를 의미합니다. 참 기막힌 비유들이 곳곳에 나오는데 불교나 도교에 대한 이해가 없다면 대강 짐작하기도 어렵습니다. 그런 비유 중에 '바닥이 없는 배'라는 것도 있죠. 삼장법사 일행이 부처님 계신 뇌음사에 다 와서 강을 건너가려고 배를 타는데 배가 뱃전만 있고 바닥이 없어요. 바닥이 없는 배, 무저선(無底船)이에요. 불교에서는 흔히 언어로 표현되기 힘든 진리를 얘기할 때 이런 비유가 많이 등장합니다. 구멍 없는 피리, 밑바닥 없는 밥그릇, 줄 없는 거문고라는 비유가 나와요. 이게 다 똑같은 비유예요. 피리에 구멍이 있으면 한정된 소리밖에 나오지 못하죠. 하지만 구멍 없는 피리는 온갖 소리가 다 내장된 피리라는 의미입니다. 밑바닥이 없는 배도 그런 역설적인 비유입니다. 이 바닥 없는 배를 타고 강을 건너죠. 강을 건너는데 강에 시체가 떠내려가서 보니까 삼장법사의 시체가 떠내려가고 있죠. 이 역시 육체적인 구속을 벗어났다는 비유입니다.

마지막에 석가모니를 뵙고 경을 달라고 하니까 부처님이 수고했다고 하시면서 제자인 아난 존자한테 경을 주라고 하죠. 그랬는데 아난 존자가 뇌물을 안 줬다고 심통을 부리면서 글자 없는 경전, 백지경을 줍니다. 부처님의 제자가 뇌물 때문에 심통을 부리는 것도 이상하고 백지경도 이상하죠. 어쨌든 그렇게 백지경인 줄도 모르고 구름을 타고 당나라로 돌아가는데 다른 보살이, 속아서 백지경을 가져가는 것을 보고 쫓아가서 글자 있는 경전과 바꿔 주죠. 그러고는 백지경을 빼앗아 허공에서 산산이 흩어서 땅에 뿌려요.

이 비유를 읽으면서 저는 굉장히 감동을 했습니다. 어떤 점에서 감동을 했느냐? 저는 백지경이야말로 진짜 경전이라고 생각하거든요. 앞으로 동양사상 공부를 하겠지만, 동양에서는 언어라든지 문자에 대한 시각이 대부분 상당히 부정적입니다. 노장사상도 그렇고 불교도 그렇고 인도 쪽도 그렇습니다. 문자라는 것에는 절대적인 진리가 담길 수가 없습니다. 불교에서는 흔히 문자를 달을 가리키는 손가락이라고 하죠. 손가락에서 아무리 달을 찾으려고 해도 그건 헛된 짓이죠. 마찬가지로 언어 또한 수단일 뿐이고, 언어에는 절대적인 진리가 담기지 못하는데 사람들은 언어에 매달려서 절대적인 진리를 찾는 잘못된 시도를 하고 있다는 것이 동양사상이 가진 언어에 대한 인식입니다. 그래서 이런 게송이 있어요. "나에게 한 권의 경전이 있는데 종이나 먹으로 쓰여진 경전이 아니다. 그 속에 한 글자도 없지만 항상 끝없는 광명을 내뿜는다"(我有一卷經 不因紙墨成 展開無一字 常放大光明). 이 게송에서 '한 권의 경전'은 마음을 상징하기도 하는데, 어쨌든 간에 종이와 먹으로 쓰여지는 것은 상대적이라는 거예요. 그러니까 백지경이야말로 문자로 표현되지 않은 절대적인 진리가 담긴 경전인데 우리 일반인들은 알아볼 수가 있나요? 그러니까 가져가도 모른다고 글자 있는 걸로 바꿔 준 거예요. 더 높은 수준의 경전을 좀 나쁜 경전으로 바꿔 준 겁니다. 우리가 못 알아보니까요. 그러고서 백지경을 산산이 부수어서 세계에다 뿌렸습니다. 그럼 이 세계는 어떤 세계예요? 백지 경전이 들어온 세계예요. 문자로 표현될 수 없는 최고의 진리가 이 세계 속에 뿌려졌어요. 『서유기』가 마지막에서 하고 있는 이야기가 이것이라고, 저 나름으로는 무릎을 쳤던 기억이 있습니다.

이렇게 『서유기』에는 불교와 도교의 비유들이 겹겹이 싸여서 등장하고 있습니다. 이걸 현대 사회를 살아가는 우리가 읽어낼 수 있을까요? 못 읽습니다. 우리에게는 동양적인 것을 아는데 이만큼의 장애가 있다는 것을 보여 드리려고 『서유기』를 길게 설명드렸습니다. 너무나 오랫동안 동양적인 것과 떨어져 있었기 때문에 서양적인 걸 이해하는 것보다도 동양적인 걸 이해하는 게 더 힘듭니다. 초등학교 때부터 대학까지 배운 개념이라든지 학문적인 언어들이 전부 서양 언어로 되어 있습니다. 그러니까 이제 동양의 사상을 이해하려면 오히려 서양적인 개념으로 바꿔서 이해를 해야 되는 상황인 겁니다.

동양과 서양의 차이

하지만 그래도 우리는 서양 사람들보다는 동양사상을 공부하기가 수월할 겁니다. 우리는 자연스럽게 받아들이지만 서양 사람들로서는 죽었다 깨어나도 이해를 못하는 게 있어요. 『서유기』 이야기가 나와서 말인데, 제가 『서유기』를 가지고 게임을 만들어 보면 좋겠다고 해서 정말 게임을 만드는 사람들을 만난 적이 있습니다. 그런데 서양적인 방식의 게임으로 만들기는 힘들다고 해서 포기한 적이 있는데요. 그 사람들 말이 서양적 게임에서는 선과 악이 분명히 나눠져야 된대요. 말살시켜야 되는 적 개념이 나와야 하는 거죠. 정말로 많은 게임이 선과 악, 빛과 어둠, 음(陰)과 양(陽)… 같은 것을 대비하면서 게임의 구도를 설정하죠. 이때 양과 음은 각각 선과 악에 배속되는 개념이 되는데, 동양에서 음양은 선악이 아니거든요. 하지만, 서양에서는 그런 식으로밖에 이해할 수가 없는 겁니다.

동도서기(東道西器)는 가능한가

도(道)와 기(器)는 떨어질 수 없다

앞에서도 이야기를 했지만, 서양적인 것이 막 들어왔을 때, 여기에 대해 동양적인 것들을 가지고 어떻게 대응을 해야 될지에 대해 중국을 비롯해, 우리나라나 일본에서도 고민이 많았습니다. 거기에 처방들이 여럿 나오는데, 중국에서는 '중체서용'(中體西用)이라는 입장이 있었죠. 중국을 몸통으로 삼고 서양적인 것들을 사용하자는 뜻인데, 중국의 전통적인 사상이나 가치관을 바탕으로서 해서 서양의 발달된 기술을 받아들여서 쓰자는 말이죠. 이런 입장을 동도서기(東道西器)라고도 하죠. 동양의 도(道)를 바탕으로 해서 서양의 도구들을 사용하자는 뜻입니다. 이런 중체서용이나 동도서기론은, 중국 것을 전부 버리고 완전히 서양화되어야 한다는 전반서화론(全盤西化論)과 서양 것은 철저히 배척해야 한다는 두 극단적인 주장의 절충론처럼 보입니다. 하지만 동도서기라고 할 때, 어디에 의미를 둔 것일까요? 아무래도 동쪽에 더 의미를 부여한 말입니다. 더 근본적인 정신은 동쪽의 것을 따르자는 말이니까요. 그런데 우리는 이게 괜찮은 주장인지를 따져 볼 필요가 있습니다.

물론 이렇게만 될 수 있으면 얼마나 좋겠습니다. 그런데 '도'(道)와 '기'(器)가 떨어질 수 없다는 것이 문제입니다. 도구라는 것은 정신과 전혀 관계없이 만들어지는 것이 아닙니다. 정신에 따라 만들어지는 도구가 달라지고, 또 사용하는 도구에 따라 정신이 달라질 수밖에 없습니다. 그러니 동양의 도에 서양의 도구를 딱 붙여 보겠다고 해도 잘 안 맞습니다. 감나무는 고욤나무에 접을 붙여서 자라게 해야 탐스러운 과실이 열립니다. 이렇게 접을 붙여야 잘되는 게 있는 반면, 정신과 도구는 그렇게 되지 않습니다.

이건 개인도 그렇습니다. 육체와 정신이 똑 떨어져 있는 것이 아니에요. 우리가 어떤 육체를 가지고 있다면, 거기에 맞는 정신을 가진 것이고, 또 어떤 정신을 가지고 있다면 그 정신대로 쓰여지는 몸이 있는 겁니다. 그래서 정신을 다른 몸에 가져다 심는다고 해서 그 몸을 잘 부릴 수 있는 것이 아닙니다. 그래도 비슷한 구조를 가진 몸에 들어간다면 어느 정도 살아가는 게 가능하겠지만, 갑자기 개나 고양이 몸으로 들어간다면 그 정신도 온전히 유지가 될 수 없습니다.

사상과 토양

마찬가지로 동양의 정신에 서양의 도구를 그대로 접붙일 수는 없다는 말입니다. 동양의 정신이나 가치관은 그것들이 잘 역할을 하던 사회 구조나 풍토가 따로 있었던 겁니다. 가령 유학에서는 예와 덕을 중시하고, 효를 강조하죠. 이런 가치를 좋다고 여기면서 지금 현대 사회에서 효의 정신을 되살려서 망가진 가치관을 건강하게 바꾸자라는 주장을 하는 사람이 있을 수 있습니다. 말은 좋죠. 그렇게만 될 수 있다면 얼마나 좋겠습니다.

그런데 그건 잘될 수가 없는 일입니다. 예나 덕, 효와 같은 가치들은 어떤 사회 형태를 전제하고 있습니다. 그런 가치가 좋다고 해서 무조건 사회에 적용할 수 있는 것이 아닙니다. 예와 덕은 사람과 사람이 서로 잘 알고 지내는 사회에서 쓰일 수 있는 것이죠. 사회학에서 게젤샤프트(Gesellschaft, 이익사회)와 게마인샤프트(Gemeinschaft, 공동사회)를 나눕니다. 게젤샤프트는 이익을 매개로 해서 뭉친 사회를 말하고, 게마인샤프트는 혈연이나 지연 등으로 엮여 인정과 정감을 함께하는 사회를 말합니다. 이런 구분으로 보면 유교적 가치들은 게마인샤프트에서 적용 가능한 가치관이라는 거죠. 옛날의 향토적인 공동체에서는 남의 눈치를 보고 비난을 두려워할 수밖에 없습니다. '호로자식'이라는 소리를 들으면 그 공동체에서 살기가 무척 힘들어지는 거죠.

그런데 우리가 지금 살고 있는 사회가 그런가요? 특히 많은 인구가 모여 사는 대도시는 더욱 예전의 사회와 사정이 많이 다르죠. 제일 다른 사람 눈치를 보고 사는 직업이 선생님하고 성직자라고 할 수 있는데요. 저도 교수를 했지만, 서울에서는 그렇게 눈치를 볼 필요가 없습니다. 지하철도 많이 타고 다니는데, 서울에서는 가르쳤던 제자를 길에서 만나는 일이 일 년에 한두 번도 없습니다. 지금까지 제 강의를 들은 학생이 수천 명은 되겠지만 그렇다는 거죠. 그러니까 도시에서의 삶은 남 눈치 안 보고 행동 해도 별 탈이 없는 사회라고 할 수 있습니다. 그런데 여전히 지방 에 가면 좀 달라진다고 합니다. 지방에서 교수로 있는 동학의 이 야기였는데, 예전에 다방이라는 곳이 있죠. 거기서 좀 시시덕거 리며 농담을 주고받았더니 지역사회에 소문이 나서 눈치가 보이 더래요. 기본적으로 유교적 가치라는 것이 이렇게 평판을 중시 하는 공동사회에서 작동하는 것이라는 말씀을 드리고 싶은 겁니 다.

그러니 현대 사회에서 유학적인 가치관을 부활하자고 해도 그게 되겠습니까. 지금 유학적인 가치관대로 살자고 하면 망할 수밖에 없습니다. 옛날에는 혈연이 중요했고, 지식 발전도 늦었 기 때문에 노인들의 지식이 쓸모가 많았습니다. 그런 사회에서 효라는 가치가 잘 작동을 했던 거죠. 그런데 요즘은 노인들의 경 험이라는 것이 쓰일 데가 없습니다. 그래서 무조건 노인을 공경 하자고 외친다고 해도 그렇게 되지 않습니다. 그렇다고 이대로 노인들을 무시하는 사회가 또 바람직한 사회는 아니겠지요. 누 구나 다 늙고 노인이 되고, 또 노인 인구가 점점 늘어나는 고령화 사회에서 어떻게 하면 노인들의 경험과 지혜를 더 값이 나가게 만들 수 있을까를 고민해야 한다고 생각합니다.

우리가 동양사상을 공부한다고 할 때도, 거기에 빠져들어서 동양사상을 현대 사회에도 되살리자고 해서는 안 된다는 겁니다. 그 사상이 세상이 왜 나왔고, 그 당시에 사상이 어떤 역할을 했는지를 따져 보고, 그중에 훌륭한 점이 있다면 그것이 현대적으로 어떤 의미가 있는지, 그러기 위해서 어떤 토양이 필요한지를 균형 있게 따져 봐야 한다는 겁니다.

가령 유학을 공부한다고 해 볼까요? 유학은 기본적으로 '수기치인'(修己治人)을 목표로 삼는 학문입니다. 자기를 닦고 남을 다스린다는 말이죠. 『장자』「천하」 편에는 당시 중국의 학술 전반을 "내성외왕지도"(內聖外王之道)라고 표현하기도 했습니다. 수기치인과 같은 말이죠. 안으로 성인이 되고, 밖으로는 왕이 되는 것, 중국의 학문은 이런 것을 이상적인 인격이라고 여겼다는 겁니다.

그런데 여기서 '치인'이나 '외왕'의 목적은 뭘까요? 바로 이상적인 세계를 이루는 것입니다. 이런 걸 보면 중국의 사상, 특히 유학은 기본적으로 보통 사람들이 배우는 학문이 아닙니다. 벼슬을 해서 사람들을 다스리는 것을 목표로 하는 선비들이 배우는 학문이었던 거죠. 선비 사(士) 자에 사람 인(亻)을 붙이면 벼슬할 사(仕)가 되죠. 『맹자』에는 "사지사야, 유농부지경야"(士之仕也 猶農夫之耕也)라는 말이 나옵니다. 선비가 벼슬을 하는 것은 농부가 밭을 가는 것과 같다는 말이죠. 벼슬하는 것이 선비가 평생 추구해야 하는 것이라는 말입니다. 이렇게 유학을 배우는 이들은 사명감을 가지고 있었습니다. 학문을 통해 자기 인격을 완성하고, 좋은 정치를 통해 좋은 세계를 이루겠다는 사명감이죠. 이를 위해서 반드시 벼슬을 해야 했던 겁니다.

　우리는 흔히 동양의 학문이 너무 관념적이라고 비판을 하곤 하는데, 동양사상의 관심은 대체로 현실적이고 실천적인 데에 맞춰져 있습니다. 그런데 지금 동양사상을 공부한다고 하면, '치인'이나 '외왕'은 전부 사라지고, '수기'와 '내성'만 남아 있습니다. 우리가 사는 세상을 올바르게 세우자는 측면이 굉장히 중요한 부분이고, 이 부분이 빠져서는 학문이 성립되지 않는데, 지금 동양적인 것을 살리자고 하면서 이런 부분을 도외시한다는 말이죠. 이상적인 사회와 이상적인 인격은 떼려야 뗄 수가 없는 관계에 있습니다. 이상적인 인격은 어떤 사회를 전제로 하고 있기 때문입니다.

　동양철학을 공부한다고 할 때 빠지기 쉬운 함정이 이 두 가지가 분리되어 있다는 생각입니다. 가령 "사회가 너무 삭막한데, 도가적인 가치관은 참 멋진 것 같아, 저대로 살고 싶다"는 마음을 가지고 공부를 시작하는 분들도 많은 것 같습니다. 하지만 이런 식의 접근은 굉장히 위험할 수 있습니다. 앞서 말씀드렸듯이 사상은 토양과 분리될 수 없기 때문이죠. 그래서 학교에서 강의할 때는 학생들에게 한 학기 동안 강의 잘 듣고 시험까지 보고 나면, 배운 걸 싹 까먹으라고 이야기를 하기도 했습니다. 강의를 들고 동양적인 사유가 멋있다고 그대로 살려고 하다가는 망하기가 십상이라고 농담 투로 이야기하곤 하는데, 농담이기는 하지만 나름 뼈가 있는 말입니다.

욕망과 사명감

텔레비전 광고를 보다가 깜짝 놀랄 때가 있는데, 한번은 음식을 10명이 먹어도 배가 터질 만큼 차려 놓고 그렇게 먹어도 소화제가 있으니 걱정 없다는 식으로 광고를 하더라고요. 그 광고를 보고 충격을 받았습니다. 배 터지게 먹고 소화제로 해결하자는 것은 함께 죽자는 말이거든요. 그렇게 자기 몫이 아닌 만큼 먹는 것은 다른 생명의 몫을 우리가 훔친 겁니다. 음식이라는 것도 그냥 생기는 것이 아니라 자연에서 다 가져오는 거잖아요. 인간이 자기 생명을 유지하는 데 필요한 것보다 몇 배, 수십 배를 가져다 쓰니 다른 생명들은 멸종할 수밖에 없는 겁니다. 인간을 지구의 종양이라고 하는 말도 틀린 말이 아니죠. 휴대폰을 예로 들어볼까요? 그렇게 성능 좋게 잘 만들어진 제품 사고 나서 얼마나 오래 쓰지요? 신제품이 나오면 금방금방 바꾸지 않나요? 정말 못쓸 물건이라 바꾸는 건 아니지요? 지금 세상은 이렇게 욕망을 극대화시키는 자본주의 세상입니다. 이런 세상에 대해 문제의식을 가지고 어떻게 살아야 할지 고민할 필요는 있지만, 동양사상을 배우고 욕망을 아예 없애겠다는 식으로 살면 자칫 지금 사회에서 망하자는 소리가 될 수 있습니다.

어떤 것에 대해서든 한마디로 이야기를 하면 틀리기가 쉽습니다. 그래서 동양사상은 어떻다라고 한마디로 말하는 것이 좀 걱정스럽습니다만, 그래도 거칠게 말하자면 동양사상에서 욕망을 전면적으로 긍정하는 사상은 찾기가 어렵습니다. 맹자는 "양심막선어과욕"(養心莫善於寡欲)이라는 말을 했습니다. '마음을 기르는 데 욕망이 적은 것보다 좋은 것은 없다'라는 뜻이죠. 노자나 장자도 모두 '절욕'이나 '과욕'을 말했죠. 불교는 어떤가요? 욕망에서 자유로워져야 한다고 합니다. 그러니까 유교든 도교든 불교든 욕망을 마음껏 충족시키라고 말한 사상은 없습니다.

그래서 동양적인 가치관에서 많이 이야기되는 행복의 공식이 있죠. 욕망을 분모로 하고 소유를 분자로 하라고 합니다. 이 말은 맞죠. 욕망이 적으면 적을수록 적은 소유에도 행복을 느낄 수 있습니다. 그런데 이건 혼자 사는 세상에서만 맞는 말입니다. 아무리 가진 것이 없어도 주관적으로는 행복할 수 있지만, 이 말대로 인생을 살고자 하면 객관적으로 행복한 삶이라고 할 수는 없을 겁니다. 물론 이런 철학을 말해 줄 필요가 있는 사람들이 있죠. 재산을 수십억 가지고서도 부족하다고 헐떡거리는 사람들을 보면 참 불쌍합니다. 그런 사람들에게는 이런 걸 말해 주는 것이 좋아요. 그런데 당장 호구도 어려운 사람에게 욕망을 줄이라고 이야기하는 것은 비참함을 부추길 뿐입니다. 그래서 학생들에게 강의를 듣고 시험 치면 다 잊어버리라고 이야기를 하는 겁니다. 동양사상을 잘못 받아들여서 욕망을 없애는 삶을 살겠다고 하면 난감한 일이니까요.

그럼 동양사상을 어떻게 받아들여야 할까요? 동양사상에는 이렇게 욕망을 줄이라는 것 외에 다른 중요한 내용들이 있습니다. 앞에서 유학은 평민들이 아니라 벼슬을 하려는 선비들이 하는 학문이라고 말씀을 드렸죠. 그래서 사명감을 가지는 것이 중요한 가르침입니다. 지도자가 되려는 사람들이기 때문에 이 사명감을 뼈대로 해서 가난하더라도 든든하게 삶을 꾸릴 수가 있습니다. 불교에는 서원이 있죠. 개인의 자잘한 욕망이 아니라 이 세계의 모든 중생이 더 선하게 되고 더 행복해지는 차원 높은 세계를 만들겠다는 목표를 세우는 것이 서원입니다. 이런 큰 목표가 있기에 욕망에서 자유로워지는 노력을 하는 거죠.

이렇게 모든 사상에는 욕망을 줄이라는 것에 대한 보정이 있습니다. 이런 요소까지 전반적으로 살펴보지 않으면 동양사상은 망하는 사상이 되기가 딱 좋습니다. 사상이 사회에서 어떤 역할을 하는지, 어떤 문제의식에서 나온 사상인지를 꼼꼼히 따져 가면서 공부를 해야 하고, 그럴 때, 현대 사회에서 이 사상이 어떤 의미를 가질 수 있는지, 어떻게 실천할 수 있는지도 검토할 수 있다고 생각합니다.

1장

인도 고대사상의 흐름과 『바가와드 기타』

이번 시간에는 『바가와드 기타』를 중심으로 인도사상에 대한 이야기를 하려고 합니다. 제목부터 볼까요? '바가와드'는 '지고(至高)한 자'라는 뜻이고 '기타'는 '송가'라는 뜻으로 '지고한 자의 노래'라고 번역할 수 있겠습니다. 인도 힌두교의 중요한 경전 중에 한 권으로 간디가 평생 애송했던 것으로도 잘 알려져 있죠. 이 강의에서는 이 『바가와드 기타』에 대해 여러 이야기를 해 볼 텐데요. 『바가와드 기타』가 어떤 맥락에서 나온 사상인지를 이해하기 위해서는 인도사상에 대한 선이해가 필요합니다.

인도 문명의 형성

아리안족의 이주

인도라는 나라는 좀 특이하게 생겼죠. 삼각형 모양으로 생긴 반도입니다. 그런데, 원래 이 땅은 독립된 대륙이었다고 하죠. 이 대륙판이 점점 북쪽으로 올라와서 유라시아 판과 충돌을 하고, 그 충돌의 여파로 주름이 잡힌 것이 히말라야산맥이라고 합니다. 그 높은 산지에서 조개의 화석이 발견되는 것도 그 지역이 원래는 바닷가였다는 것을 말해 주죠. 그렇게 높은 산악지대가 인도의 위를 가로막고 있고, 그 양옆에 조금 트인 형태의 통로가 존재하는 형태로 지형이 형성되어 있습니다. 긴 국경선을 가지고 있지만, 어떻게 보면 고립된 지형이라고 할 수 있는 땅입니다.

이 인도 대륙 양쪽으로 갠지스강과 인더스강이 흐르고 있죠. 이 중 인더스강 유역은 세계 4대문명의 발상지 중 하나로 도시와 문화가 발달했습니다. 그런데 이 문명은 우리가 이 시간에 이야기하려 하는 인도사상과 바로 이어지는 문화는 아닙니다. 원래 인더스강이나 갠지스강 유역에서 발달한 고대의 문명은 피부색이 짙은 농경민족이 만든 문명이었습니다. 이렇게 선주민의 문명이 형성되어 있었는데, 여기에 인도아리아어족의 사람들이 이주를 해옵니다. 이들이 원래 살았던 곳이 어딘지는 밝혀지지 않았지만, 어쨌든 중앙아시아 쪽에서 세계 각지로 퍼져 나갑니다. 인도아리아어족이 세계에서 가장 넓게 퍼진 어족이라고 하죠. 고대 희랍어나 독일어, 영어까지도 큰 범위에서는 인도아리아어족입니다. 이렇게 세계로 퍼져 나가면서, 동쪽으로 방향을 잡은 인도아리아어족이 이란과 인도로 갈라져 이동하게 됩니다.

이렇게 인도 대륙으로 새로 들어온 이들은 유목민족이었습니다. 원래 있었던 선주 문화는 농경문화입니다. 우리가 인도라고 했을 때 떠올리는 게 뭐죠? 대표적인 이미지로 요가가 있습니다. 그런데 요가와 같이 정적인 수양의 모습은 유목민족에서는 나오기가 어렵습니다. 동물들을 끌고 이동을 해야 하는데, 다리를 꼬고 앉아 있을 틈이 없었을 겁니다. 따라서 요가나 이와 관련된 사상, 또는 수행법 등은 선주 문화인 농경문화 쪽에 기원을 둔 것으로 보아야 할 것 같습니다. 이렇게 농경을 중심으로 하는 선주 문화, 그것도 아주 발달한 선주 문화가 있었는데, 거기에 아리안족이 쳐들어오면서 이들을 쳐부수고 정착을 하는 겁니다.

유목문화와 농경문화의 결합

이런 과정에서 인도에서는 유목문화와 농경문화가 교묘하게 뒤섞인 특유의 문화가 꽃피기 시작합니다. 아리안족이 들어오면서 선주민들이 아리안족에게 편입되고, 원주민의 문화 역시 저변에 잠복하게 되는 거죠. 이런 과정을 인드라 신의 이미지가 변하는 것으로도 확인을 할 수 있습니다. 우리나라 단군신화에는 제석천이 나오는데, 이 제석천이 인도신화에 나오는 인드라라는 신입니다. 그리스 신화에서 제우스와 비슷한 지위를 가진 신으로, 인드라 역시 제우스처럼 벼락의 신입니다. 아리안족이 인도로 들어오는 과정에서 시대마다 이 신의 이미지가 바뀝니다. 아리안족이 막 들어와서 선주민들과 격렬하게 투쟁을 할 때는 이 인드라 신이 전쟁의 신으로 나타납니다. 검은 피부의 적들을 죽이는 신이죠.

그런데 시간이 지나면서 이 신이 가뭄의 악마를 벼락으로 없애는 역할을 하는 것으로 바뀝니다. 이 시기가 아마 아리안족이 선주민 문화와 결합하면서 농경에 정착하기 시작한 때라고 볼 수 있을 겁니다. 본격적으로 농경을 하게 되면서 가장 급한 게 뭘까요? 바로 비가 제때 오는 거죠. 인도인들은 하늘에는 물이 가득 있는데, 그 물을 가뭄의 악마가 막고 풀어 놓지 않아서 가뭄이 생긴다고 생각을 했거든요. 그래서 인드라 신이 벼락을 쳐서 이 가뭄의 악마를 없애면 천상에 있던 물이 지상으로 내려온다고 생각을 한 겁니다. 이렇게 인드라의 이미지가 변한 것이 농경, 그리고 선주민 문화와의 결합과 관계가 있다고 볼 수 있습니다.

나중에 힌두사상과 불교의 관념이 되는 윤회라는 관념도 농경문화에서 나올 수 있는 관념입니다. 기술문화가 중요한 곳에서는 무언가 의도를 가지고 자연물을 가공해서 만든다는 관념이 강합니다. 이런 문화에서는 세계를 만들어 내는 조물주로서의 신 관념이 나오기가 쉽죠. 가령 농경이 잘 발달하지 않은 고대 그리스에서는 데미우르고스라는 신이 의도를 가지고 세계를 만드는 신화가 있죠. 이데아의 세계를 본떠서 세계를 만듭니다. 사막 쪽의 종교들도 마찬가지죠. 유대교와 기독교에서는 의도를 가지고 세계를 창조한 신이 나옵니다. 이런 신관에서는 시작과 끝이 분명한 직선 사관이 함께 등장하는 경우가 많고요.

하지만 농경문화에서는 자연적으로 씨에서 싹이 트고 열매를 맺었다가 떨어져서 시들고, 다시 싹이 트는 순환을 봅니다. 직선적인 사고방식보다는 순환적인 사고방식이 나오기 쉬운 환경이라고 할 수 있습니다. 그런 사고방식 속에서 윤회라는 관념도 나오는 것이죠. 그래서 윤회라는 관념은 유목민족인 아리안 쪽이 가져온 것이 아니라 농경 쪽에서 나온 것이라고 보는 게 타당하다고 할 수 있습니다.

베다와 제사만능주의

이렇게 인도로 들어온 아리안족은 최고의 경전으로 베다를 가지고 들어왔습니다. 베다에는 『리그베다』, 『사마베다』, 『야주르베다』, 『아타르바베다』, 이렇게 네 개의 베다가 있습니다. 또 각각의 베다는 여러 부분으로 구성되는데요. 삼히타, 브라마나, 아라냐카, 우파니샤드가 각 베다를 구성하고 있습니다. 신에 대한 송가가 있는가 하면, 숲에 가서 수행을 하면서 깨달은 내용을 담은 부분도 있습니다. 아주 복잡한 구조로 이루어진 경전이라고 할 수 있습니다. 어쨌든 이 베다가 신의 계시를 담은 최고의 권위를 가진 경전으로 받들어지고 있는데요. 이 베다의 신들은 초기에는 그리스의 신들과 비슷한 성격을 가집니다. 그리스에서와 마찬가지로 인도에서도 자연물이나 현상을 신으로 숭배합니다. 앞에서 보았던 인드라가 벼락의 신인 것처럼 강의 신, 바람의 신, 불의 신 등등의 신들을 숭배하는 내용이 베다에 담겨 있습니다.

그런데 이런 신화들이 시간이 지나면서 묘한 발전을 합니다. 여러 신들 중에서 하나의 신이 최고신의 지위를 갖게 되는데요. 그런데 그 최고신이 영원히 그 자리를 유지하는 것이 아닙니다. 일정 시간이 지나면, 다른 최고신이 등장을 합니다. 이렇게 최고신이 바뀌는 것을 교체신론이라고 하죠. 여기서 더 나아가면 신들이 다양한 모습을 가지고 있지만 신들의 속성은 공통적이라고 하면서, 그 속성을 추려 내어서 신으로 모시는 경우도 생깁니다. 창조주이자 만물의 주인인 프라자파티 같은 신이 나타나는 겁니다.

신의 성격이 변하는 것과 동시에 신을 숭배하는 인간들의 관념에도 변화가 일어나는데요. 베다는 제사를 지내는 절차 같은 걸 세세하게 규정하고 있습니다. 인도 사람들은 베다의 규정에 따라 굉장히 복잡한 절차로 제사를 지내는데요. 절차마다 걸음 수까지도 규정을 해 놓았다고 합니다. 그런데 이렇게 제사가 복잡하다 보니 역설적으로 신보다도 제사 자체가 권위를 가진다는 생각이 자리 잡게 됩니다. 절차에 따라 철저하게 제사만 잘 지내면 신은 복을 주지 않을 수 없다는 것인데, 이건 다시 말해 제사라는 의식을 통해 신을 구속할 수 있다는 겁니다. 신은 마치 복 창고를 지키는 창고지기 같은 것이고, 문서를 잘 꾸려서 가져가면 복을 내줄 수밖에 없는 존재가 되는 거죠. 이런 관념을 제사만능주의라고 할 수 있습니다. 사실 제사만능주의는 우리도 가지고 있죠. 제사나 종교적인 의식 같은 것을 잘 치르면 복을 받고, 어긋나는 것이 있으면 재앙을 받을 수 있다는 생각이 지금 사람들에게도 다 있어요.

이렇게 제사만능주의가 되면 누가 권위를 가지게 될까요? 바로 제사를 주재하는 제사장의 힘이 강해지게 됩니다. 인도에서 제사장은 브라만 계급이죠. 인도는 잘 알려져 있다시피 사성 계급이 아주 뚜렷하게 구별됩니다. 브라만, 크샤트리야, 바이샤, 수드라, 이 네 개의 계급은 태어난 곳 자체가 다르다고 이야기됩니다. 브라만 계급은 신의 머리에서 태어나고, 크샤트리야는 옆구리에서, 바이샤는 배에서, 수드라는 발에서 태어났다고 합니다. 이 네 계급 중에서 브라만 계급이 제사를 집행하는 역할을 하는데, 제사만능주의가 되면서 브라만이 지상의 신 역할을 하게 되는 거죠.

『우파니샤드』와 범아일여

이렇게 브라만의 권위가 강화되다 보면, 당연히 거기에 반동하는 철학이 나오게 됩니다. 브라만 계급이 지상의 신처럼 군림하는 것에 반발하는 철학이 나오는데, 그것이 바로 『우파니샤드』의 철학입니다. 『우파니샤드』는 각 베다의 마지막 부분을 말합니다. 모든 베다의 끝에는 '우파니샤드'라는 부분이 있는데, 여기에는 숲에서 명상을 통해 얻은 지혜 같은 것들이 기술되어 있습니다.

이 『우파니샤드』에 담긴 내용들을 중심으로 전개된 것이 우파니샤드 사상인데, 이들은 굉장히 심각한 근본적인 반성을 합니다. 제사가 신을 구속하고, 제사만 잘 지내면 잘 산다는 것이 말이 되냐고 문제를 제기하는 겁니다. 이 말은 지혜롭지 않아도 신에게만 잘 보이면 행복할 수 있다는 것인데 이게 말이 되지 않는다는 거죠. 그러면서 '신은 인간이 지혜를 터득하는 것을 싫어한다. 인간이 지혜를 터득하면 제사가 별 쓸모없다는 것을 알게 되기 때문이다'라는 시니컬한 이야기까지도 합니다. 신에게 잘 보이는 것이 관건이 아니며, 진리를 깨달을 때 우리의 행복이 보장된다는 새로운 방식으로 발전이 이루어진 겁니다.

아트만

『우파니샤드』가 추구하는 지혜의 방향은 두 가지입니다. 우선 하나는 자기 내면에 대한 추구입니다. 자기 내면으로 깊이 들어가서, '나의 본질은 무엇인가', '내 속에 무엇이 있는가'를 탐구합니다. 내면 속이 하나의 우주거든요. 그런데 이렇게 자기를 추구하는 데에도 여러 가지 방식이 있습니다. 사람은 태어나서 죽을 때까지 끊임없이 변하는데, 불변의 나라고 할 수 있는 본질은 무엇일까를 찾는데, 그중 하나가 숨에 집중하는 겁니다. 우리가 끊임없이 숨을 쉬잖아요. 이런 식으로 또 누구는 시간이다 뭐다 여러 가지로 탐구를 하는데요. 그러다가 나중에 궁극적인 실체로 나오는 것이 '아트만'(ātman)이라는 것입니다.

아트만을 한자로 번역하면 '아'(我)라고 번역이 되는데, 이게 뭔지를 알기가 참 힘듭니다. 이걸 이해하기 위해 여러 가지 이야기를 하는데요. 우선 아트만은 우리의 의식이 아닌가라고 생각할 수가 있어요. 그런데, 의식이 끊어질 때가 있죠. 쉬운 예로 잠을 자면 의식이 끊어집니다. 내가 어떤 일을 하고서도 까맣게 잊을 때도 잊죠. 건망증이 심하거나 기억상실이 있거나 할 수도 있는데요.

건망증 이야기를 하니까 우스개가 하나 생각이 나네요. 기억력이 없는 사람을 놀리느라고 자는 동안 머리를 깎고 스님 옷을 입히고 목탁을 쥐여 줬더니, 잠에서 깨서는 "중은 여기 있는데 나는 어디 갔을까, 종은 여기 있는데 나는 어디 갔을까…" 하면서 나무아미타불을 부르면서 갔다는 이야기가 있습니다. 이렇게 '나'를 잊어버리는 경우는 없겠지만, 불안정한 의식을 아트만이라고 할 수는 없다는 말이지요. 우파니샤드 철학자들 역시 아트만은 변함이 없어야 한다고 생각을 합니다. 그래서 의식이나 기억에 의존하는 것이 아니라, 깊은 명상 상태에서 모든 외적인 감각을 다 차단하고 나서도 독자적으로 존재하는 자아, 그것을 아트만이라고 불렀습니다.

범아일여(梵我一如)

이렇게 안으로 향하는 탐구가 있다면, 바깥의 근원에 대한 탐구도 있습니다. 세계의 근원을 탐구해 들어가서, 모든 것을 포괄하고 있는 궁극적인 존재가 있어야 하고 있을 수밖에 없다는 결론에 도달합니다. 그리고 그 존재를 브라흐만(Brahman)이라고 하지요. 브라흐만은 한자로는 '범'(梵)이라고 번역을 합니다. 그리고 내 안의 아트만과 브라흐만이 하나라는 '범아일여'의 사상이 나오는 거죠.

범아일여를 둘러싸고 엄청난 철학적 사유들이 전개됩니다. 가령 아트만이 있다고 할 때, 그 아트만을 알 수 있을까요? 내가 아트만을 알았다고 하면, 그렇게 생각하는 순간 아트만은 나 밖에 있는 것이 됩니다. 아는 나와 앎의 대상이 되는 아트만이 따로 있는 거잖아요. 아는 순간 아트만이 다시 쪼개져 버리는 겁니다. 이렇게 되어서 아트만은 영원히 알 수가 없는 것이 됩니다. 그래서 『우파니샤드』에서는 "아트만을 알았다고 하는 자는 모르고, 모르는 자가 안다"라고도 합니다. 이런 아주 재미있는 논의들이 전개되면서 무궁한 철학적 논의들이 펼쳐지는데요. 그런 의미에서 범아일여야말로 인도 철학의 꽃이라고 할 수 있습니다. 이렇게 우파니샤드 철학은 철저히 관념적이고 지적인 추구로 나아가게 됩니다. 여기에는 신앙의 모습이 별로 없죠. 그런데 후기 우파니샤드 철학으로 가면서 차츰 브라흐만을 신으로 여기고 숭배하는 신앙적인 모습이 다시 나타나기 시작합니다.

　여기서 앞으로 『바가와드 기타』를 다룰 때 본격적으로 이야기할 내용을 조금 당겨서 말씀을 드리겠습니다. 인도 철학의 흐름은 크게 봐서 즈냐나(Jñāna)와 박티(Bhakti)라는 두 측면으로 이루어진다고 할 수 있습니다. 즈냐나는 한문으로 번역하면 '지'(智)이고, 박티는 '신애'(神愛)라고 번역할 수 있습니다. 신앙이라고도 할 수 있겠죠. 이렇게 지적인 측면과 신앙의 측면이 있는데, 이 두 측면이 어떤 시기에는 지적인 추구가, 어떤 시기에는 신애적인 추구가 전면으로 부상하면서 이중나선처럼 꼬아 나아갑니다. 우파니샤드 철학도 이런 흐름을 탑니다. 초기에는 지적인 측면이 우세하지만 조금 시대가 지나면 신애적인 측면이 부상하는 거죠. 인간은 어차피 지적인 측면만을 가지고는 만족할 수가 없습니다. 이 두 요소가 엎치락뒤치락하는 모습은 이후 인도사상사에 계속 나타납니다.

그런데 서양에서는 이 두 요소가 헤브라이즘과 헬레니즘으로 아예 그 뿌리를 다르게 해서 나타납니다. 헤브라이즘은 철저하게 신앙에 바탕을 두고 있습니다. 반면 그리스를 중심으로 하는 헬레니즘은 지적인 측면을 강조하는 전통입니다. 서양의 문화와 사상사를 보면 이 두 경향이 계속 반전하고 영향을 주고받으면서 역사가 전개되는 것을 볼 수 있죠.

이렇게 우파니샤드 철학 안에서도 신애적인 쪽으로 변화의 흐름이 나타나고 있었지만, 얼마 지나지 않아 인도사상사에 지금까지와는 상당히 다른 흐름들이 나타납니다. 지금까지 이야기한 제사에 대한 중시나 우파니샤드 철학은 베다가 신의 계시라는 점을 인정한다는 전제를 공유한 철학의 흐름이었습니다. 그런데 우파니샤드 철학이 전개되고 얼마 지나지 않아, 베다를 신의 계시로 인정하지 않는 새로운 흐름이 나타납니다. 바로 불교와 자이나교가 출현한 것인데요. 기존의 베다를 인정하는 흐름을 '정통', 베다를 인정하지 않는 불교나 자이나교와 같은 흐름을 '비정통'이라고 부릅니다.

『바가와드 기타』, 비정통의 도전에 대한 대답

우파니샤드 철학이 유신론적 경향을 띠게 되고 동시에 불교와 자이나교의 영향을 받으면서, 정통 쪽에서는 『바가와드 기타』를 중심으로 하는 유신론적 경향이 나타나게 됩니다. 『바가와드 기타』는 아마도 새로운 유신론적인 분위기 속에서 '바가와드', 즉 최고의 신을 신앙하는 어떤 교단이 있었고 거기서 불리던 찬가가 경전으로 성립된 것은 아닐까 합니다. 그렇게 성립된 경전이 독립적으로 존재하다가 훗날 『마하바라타』라는 세계에서 가장 긴 서사시 속으로 들어간 거예요. 물론 여전히 독립된 경전으로 읽히기도 합니다.

정통과 비정통의 차이

『바가와드 기타』는 대단히 중요한 의미를 가지는 책입니다. 앞서 말했듯이 베다를 따르는 정통의 입장을 가지면서도 불교나 자이나교와 같은 비정통의 영향을 받았기 때문인데요. 이 점을 보기 위해서는 우선 정통과 비정통의 차이를 생각해 볼 필요가 있습니다.

가장 큰 차이는 해탈에 대한 입장 차이라고 할 수 있는데요. '해탈'은 산스크리트어로 '모크샤'(Moksha)라고 하는데, 정통과 비정통 모두 이 '모크샤'를 궁극적인 목표로 하지만, 거기에 접근하는 방식에는 차이가 있습니다. 우선 정통이라고 불리는 흐름에서는 점진적인 해탈을 목표로 합니다. 정통 쪽에서도 세속적인 삶 자체가 궁극적인 목표는 아닙니다. 하지만 또 그 가치를 무시하지도 않습니다. 세속적인 삶을 무시하면 어떡할 거냐는 거죠. 재산 모으고 자식도 낳고 해야 인류가 이어 나가고 제사도 지내고 할 거잖아요. 그래서 세속적 삶을 무시하지는 않는데, 여전히 궁극적인 목표는 해탈이죠. 그래서 인도에서, 특히 브라만 계급은 인생을 네 개의 시기로 나눠 살았다고 합니다.

네 시기 중 첫번째는 학습기(學習期)입니다. 어린 시절에 스승에게 규범을 배우는 시기를 말하죠. 그다음은 가주기(家住期)입니다. 가주기에 있는 사람들을 '장자'라고 부르는데, 이 사람들에게는 재산을 모으고 제사를 받들며, 아내를 두어서 자식을 낳는 것이 가장 중요한 일입니다. 그다음은 임서기(林棲期)입니다. 이때가 되면 이제 가정일은 버리고 수풀로 들어가서 청정한 생활을 합니다. 마지막으로 유행기(遊行期)가 되면, 이제 머물던 수풀도 버리고 떠돌면서 완전한 해탈을 추구합니다. 이렇게 인생의 시기마다 각각 추구하는 것이 다릅니다. 가주기에는 부부 사이에 애욕을 추구하기도 하고 재산을 모으기도 하지만 차츰 해탈이라는 궁극적인 목표를 지향해 나가는 것이 바로 정통에서의 이상적인 삶의 모습입니다.

그런데 자이나교와 불교는 그렇지 않다는 거죠. 단번에 모든 것을 끊어 버리고 초세간적인 세계로 나아갈 것을 말합니다. 정통에서처럼 점진적인 방법을 통해서는 진리나 해탈에 도달할 수 없으며, 그런 세속적이고 덧없는 것에 더 이상 연연해하지 말자는 것이 비정통적 흐름의 주된 내용이죠.

불교보다는 자이나교에서 이런 성향이 더 강하다고 할 수 있습니다. 자이나교는 정말 철저한 무소유를 주장하죠. 자이나교 승려들 가운데서는 옷 한 벌과 밥그릇 하나 정도는 소유를 해야 한다는 입장도 있지만, 옷 한 벌도 갖지 못하게 하는 극단적인 파도 있습니다. 이들을 공의파(空衣派)라고 하는데요. 벌거벗고 살아야 하는 거죠. 그래서 자이나교 승려가 성지 순례를 할 때에는 벌거벗고 움직여야 하니까 신도들이 에워싸고 걷는다 합니다. 그만큼 자이나교는 세속적인 것에 전혀 신경을 쓰지 말고 오직 해탈을 향해서만 나아가야 한다고 말하는 종교입니다. 불교는 자이나교만큼 심하지는 않습니다만 역시 출가자 중심이라는 것 자체가 출세간적인 모습을 띠고 있는 거죠. 역시 덧없는 것은 단번에 끊어 버리고 궁극적인 해탈로 나아가라는 강력한 주장을 하고 있습니다.

이런 비정통의 흐름은 인도사상사에 있어서 중요한 도전이라고 할 수 있습니다. 기존의 점진적인 해탈을 주장하는 정통의 측면에서는 뭔가 답을 하지 않을 수 없겠죠. 그 응답으로 등장한 것 가운데 하나가 바로 『바가와드 기타』입니다. 『바가와드 기타』에서 중요하게 다루는 문제가 바로 세속적인 것과 초세간적인 것을 어떻게 조화시킬 수 있는가 하는 문제거든요.

그런데 이런 조화의 문제는 철학사까지 이야기할 필요 없이 우리 삶에서도 자주 부딪치는 문제입니다. 여러분은 이 강의를 왜 듣고 계신가요? 동양사상에 대해서 공부를 한다고 당장 돈이 생기는 것도 아니고 먹을 게 생기는 것도 아니죠. 우리가 세상에 살면서 직접적인 혜택을 주는 것은 돈이나 명예 같은 것들입니다. 그런데 살다 보면 그런 것만 추구하면서 사는 것이 제대로 사는 건 아니라는 생각이 들죠. 본질적인 것, 이상적인 것을 추구하는 마음이 누구에게나 조금이라도 있습니다. 열심히 세속적인 삶에 몰두하다가도 어느 순간 허공에 떠 있는 느낌, 막막한 바다에 떠 있는 느낌이 들 때도 있고, 나의 근원에 대한 의문이 문득 떠오르기도 하는 것이 인간이죠. 이렇게 인간은 갈등할 수밖에 없습니다. 바로 이런 충돌에 인도 철학도 대답을 구했다고 할 수 있습니다. 이런 관점에서 『바가와드 기타』를 들여다보면 우리가 삶에서 필요한 이야기들을 많이 건질 수 있을 듯합니다.

『바가와드 기타』의 무대, 『마하바라타』

앞에서 『바가와드 기타』가 『마하바라타』라는 대서사시의 일부분이라고 말씀을 드렸죠. 그래서 『바가와드 기타』의 배경을 이해하기 위해서는 『마하바라타』의 내용을 살펴보지 않을 수 없습니다. '마하바라타'에서 '마하'는 '마하반야바라밀다심경'이나 '마하야나'[大乘] 같은 곳에서 볼 수 있죠. '크다'라는 말입니다. '바라타'는 왕족의 이름입니다. 그러니까 바라타 대왕이라는 왕의 왕족들의 이야기를 담은 것이 바로 『마하바라타』입니다. 굉장히 많은 이야기들이 담겨 있는 대서사시인데, 그중에서 『바가와드기타』의 내용과 직접적인 관계가 있는 이야기부터 보겠습니다.

바라타 대왕의 후손 중에 판두라는 왕이 있었습니다. 이 왕에게는 다섯 왕자가 있었는데, 왕자들이 아직 어릴 때 왕이 일찍 죽습니다. 그래서 판두 왕의 동생이자 다섯 왕자의 숙부인 드리타라슈트라가 왕위를 일단 계승합니다. 원래 왕위는 다섯 왕자의 맏이인 유디슈티라에게 가야 하는데, 숙부가 잠시 왕국을 맡았던 겁니다. 그런데 드리타라슈트라 왕에게는 두료다나라는 맏아들이 있었습니다. 아주 악역으로 나오죠. 자기가 왕권을 계승하려고 판두의 다섯 아들을 박해하고 온갖 모함을 다합니다. 다섯 형제의 맏형인 유디슈티라는 성인의 깊은 지혜를 가진 사람인데, 또 묘하게도 도박을 아주 좋아하는 것으로 묘사가 됩니다. 그러다 보니 두료다나의 계략으로 도박에 져서 6년간 숨어 사는 고난을 겪기도 하죠. 그러면서 여러 일을 겪는데, 재미있는 이야기들이 많아서 몇 가지만 소개하고 넘어가겠습니다.

다섯 형제가 사막을 헤매다가 물을 못 찾아서 거의 다 죽게 된 상황에 처한 일이 있었습니다. 그래서 한 사람씩 차례로 물을 찾아 나서는데, 곧 물이 가득 찬 호수를 발견합니다. 그래서 물을 마시려고 하는데, 야마라는 신이 자기가 하는 질문에 대답을 해야만 물을 마실 수 있다고 경고를 하죠. 하지만 목이 마른 형제들은 호수를 발견하는 족족 물을 마시고 죽어 버립니다. 마지막으로 유디슈티라가 돌아오지 않는 형제들을 찾아 나섭니다. 호숫가에 가니 형제들이 모두 쓰러져 있고, 역시 야마의 목소리가 들려오죠. 다른 형제들과 달리 자기 통제력이 강한 유디슈티라는 야마의 질문에 대답을 합니다.

야마는 여러 가지 질문을 하는데요. 그중에 인상 깊은 것으로 "도저히 납득이 되지 않는 불가사의한 일이 무엇이냐?"라는 질문이 있습니다. 여기에 대해 유디슈티라가 "모든 사람이 죽는다는 것을 모든 사람이 다 압니다. 하지만 자기는 죽지 않을 것처럼 삶을 삽니다. 그것이야말로 불가사의입니다"라고 대답을 합니다. 이런 식으로 야마의 질문에 모두 대답을 해서 물도 얻고 형제들도 다시 살아나는 이야기가 있습니다.

또 어떤 왕국에서 활쏘기로 부마를 간택하는 일이 있었습니다. 여기에 다섯 왕자 중 셋째인 아르주나가 도전을 합니다. 아르주나는 『바가와드 기타』에서 주인공으로 등장하는 인물인데요. '큰 활을 쏘는 이'라는 별명이 있을 정도로 활을 잘 쏘는 사람입니다. 그래서 부마를 간택하는 왕궁에서 아무도 당길 수 없는 큰 활을 단숨에 당겨서 과녁을 맞추고 드라우파디라는 공주의 남편이 됩니다. 그런데 이때는 다섯 형제가 어머니를 모시고 숲에서 살 때였거든요. 그래서 다섯 형제가 돌아오면서 "어머니, 나와 보세요. 우리가 귀한 보배를 얻었어요"라고 외칩니다. 셋째가 공주를 신부로 얻었다는 말을 자랑스럽게 이야기한 것이죠. 그런데 그 어머니가 집에서 나오면서 엉겁결에 "그럼 싸우지 말고 사이좋게 나눠 가져라"라고 말을 하죠. 그런데 인도에서는 한 번 뱉은 말을 뒤집을 수가 없거든요. 그래서 드라우파디 공주는 다섯 형제 모두의 배필이 됩니다. 일처다부가 된 거죠.

마지막에는 다섯 왕자가 전부 신의 나라를 찾아서 여행을 떠나는 이야기도 있습니다. 그런데 중간에 다 죽고 유디슈티라만 개 한 마리를 데리고 신의 나라에 도착합니다. 어렵게 관문까지 도착을 했는데, 문지기가 막아서죠. 개는 함께 갈 수 없다는 겁니다. 그러자 유디슈티라는, 나를 믿고 따라온 개를 버려야 한다면 나는 신의 나라에 들어가지 않겠다고 합니다. 그런데 이게 시험이었던 거죠. 개를 버리고 혼자 들어가려 했다면 신의 나라에 들어갈 자격이 없었던 겁니다. 그렇게 신의 나라에 들어가서 천국과 지옥을 보여 주는데, 보니까 자기 형제들과 가족들이 모두 지옥에 있는 겁니다. 그러자 유디슈티라는 또 지옥으로 가겠다고 하죠. 형제와 가족이 모두 저기 있는데, 나 혼자 천국에 있다면 그곳이 바로 지옥이라는 거죠. 이것도 시험이었던 겁니다. 유디슈티라가 시험을 통과하자 모두가 천국으로 올라오게 되죠.

전쟁을 앞둔 아르주나의 비통함

『마하바라타』에는 이렇게 재미있는 이야기들이 많이 담겨 있는데, 가장 핵심이 되는 내용은 판두의 다섯 아들과 드리타라슈트라의 백 명의 아들들 간의 전쟁입니다. 백형제의 맏이인 두료다나가 왕국의 정당한 계승권을 부당하게 빼앗으려 하다 보니까 마지막에 사촌 간의 전쟁이 벌어지는데요. 이 대립에 전 인도가 편이 갈려서 참전을 하게 됩니다. 쿠룩셰트라라는 곳에서 양 진영이 포진을 하고 전쟁이 막 시작되려 하는데요. 바로 이 전쟁 직전을 배경으로 하는 것이 『바가와드 기타』입니다.

『바가와드 기타』는 이 전쟁을 마주한 아르주나의 비통함에서 시작합니다. "내가 사촌과 친척들의 피를 내 칼에 묻혀서 무엇을 얻으려 하는 것인가?"라고 고심을 하죠. 이 전쟁에 무슨 의미가 있는가, 참으로 추악스러운 전쟁이 아닌가라고 하면서, 자신은 전쟁에서 빠지겠다고 마음을 먹습니다. 이때 아르주나의 전차를 모는 차부인 크리슈나가 나섭니다. 크리슈나는 비슈누라는 신의 화신입니다.

힌두교와 관련해서 상식적으로 알아 두시면 좋은 것이 삼신 숭배입니다. 인도에서 최고의 신격으로 숭배하는 세 신이 있습니다. 브라흐마, 비슈누, 시바 신을 일컬어 삼신이라고 하는데요. 브라흐마는 창조를 맡은 신, 비슈누는 유지, 시바는 파괴의 신입니다. 그중 비슈누는 세계의 유지를 위해 육신을 가지고 세계에 들어오는 경우가 있습니다. 이걸 영어로는 인카네이션(incarnation)이라고 하고, 화신(化身), 아바타라고도 하죠. 바로 이 비슈누의 화신 중 하나가 크리슈나입니다. 이 크리슈나가 전쟁을 앞두고 고민에 빠진 아르주나에게 신성을 드러내면서 "나가서 싸워라"라고 충고를 합니다.

신의 말씀인데 내용이 이상하죠. 아르주나가 전쟁의 무상함을 깨닫고 아주 고상한 감정에 빠져 있는데, 신이 그걸 무시하고 나가 싸우라고 하니까요. 크리슈나의 말은 이렇습니다. 아르주나가 덧없는 것에 대한 무상함을 느꼈다고 하지만, 그 말투에 묻어 나오는 짙은 슬픔의 감정은 무엇이냐는 겁니다. 진정 초탈한 자에게는 슬픔이 없는데, 너의 말투에 슬픔이 있는 것은 두려움 때문에 도망가려는 것을 말해 준다는 겁니다. 그러니 나가서 싸워야 하는 너의 의무를 다하라고 충고를 하고 있습니다.

그러면서 또 아주 무서운 말들을 합니다. 전쟁터에서 너의 맞은편에 서 있는 저들은 신에 의해서 이미 불의한 자로서 죽도록 운명 지어져 있는 이들이다. 네가 죽이지 않아도 그들은 죽는다. 또 그들은 네가 죽이려 해도 죽일 수 없다고도 합니다. 왜냐하면 힌두 신앙에서 영혼은 죽지 않고 윤회하거든요. 그러니 이미 신에 의해서 심판 지어진 역사 속에서 쓸데없는 비탄에 잠겨 있지 말고 너의 역할을 수행하라고 합니다.

사실 우리도 그런 느낌을 받을 때가 있거든요. 열심히 먹고 살기 위해 살다가도 '왜 이런 짓을 하고 살아야 하나'라고 생각할 때가 있죠. 다 때려치고 도망가고 싶을 때가 있습니다. 그럴 때 크리슈나라면 도망가려 하지 말고 해야 할 일을 당당하게 하라고 이야기를 하겠죠. 바로 여기에서 『바가와드 기타』가 출발합니다. 그러니까 현실과 떨어진 추상적이고 관념적인 가르침을 주는 것이 아니라, 우리 삶의 현장에서 벌어지는 일에 대한 가르침이라는 점에서 생생하게 와닿을 수 있는 이야기입니다.

『바가와드 기타』와 요가

『바가와드 기타』를 한마디로 하면 요가 책이라고 할 수 있습니다. 이때의 요가는 우리가 흔히 알고 있는, 육체적인 조율을 중심으로 하는 요가와는 다른 말입니다. 그런 육체적인 요가를 가리키는 말은 하타 요가라고 하죠. 요가는 원래 정신을 잘 통제해서 신과의 합일, 혹은 자아의 실현을 꾀하는 것을 말합니다. 그러기 위해서 어떻게 해야 할까요? 우선 육체적인 통제가 필요합니다. 감관의 지배를 받아서는 합일로 나아갈 수 없다는 것이 요가 철학의 출발점이죠. 그렇기 때문에 몸의 움직임을 조절하고 호흡에 집중하는 등의 훈련을 통해 육체나 감각을 통제하는 것을 반드시 전제로 하고 있습니다. 우리는 이런 측면만을 보고 요가를 이해하는 경우가 많죠. 우리나라에 많이 소개된 것은 가장 기본적인 요가라고 할 수 있습니다. 그래서 제대로 된 요가 도량에서는 거기에서 그치지 않고 명상을 통해 자아의 발견이나 신과의 합일의 체험으로 나아가는 것이 기본 코스라고 할 수 있습니다.

다시 말해 『바가와드 기타』에서 얘기하는 요가의 뜻은 '합일'입니다. 그럼 무엇과의 합일이냐를 따져 봐야 하는데, 이 『바가와드 기타』라는 책이 단일한 철학체계를 논리적으로 서술한 책이 아닙니다. 그래서 그 안에 다양한 사상이 들어가 있습니다. 이 중에서 큰 두 가지 경향은 유신론적인 경향과 무신론적인 경향입니다. 이 중 어떤 입장을 따르느냐에 따라 합일의 목적이 달라집니다. 유신론을 전제로 하는 요가라고 하면 신과의 합일을 뜻합니다. 무신론적 경향을 전제로 하면 그 합일은 자아와의 합일입니다. 이때의 자아는 보다 높은 자아를 뜻하고요.

『바가와드 기타』의 우주관

이런 합일이 의미하는 바를 이해하기 위해서는 『바가와드 기타』가 깔고 있는 우주관을 이해할 필요가 있습니다. 앞에서 말씀드린 대로, 지고한 존재인 신은 우주와의 관계 속에서 세 개의 신격으로 드러난다고 했죠. 브라흐마는 창조, 비슈누는 유지, 시바는 파괴를 맡고 있는 신입니다. 『바가와드 기타』에서는 이 중에서 비슈누 신을 지고의 신으로 숭배합니다.

비슈누 신은 프라크리티(Prakṛti)라는 힘을 가집니다. 이 힘은 '마야'라고도 부르는데, 자기를 어떠한 모습으로도 드러낼 수 있고, 실제로 있지 않은 것을 중생들에게 보여 줄 수도 있는 능력입니다. 이때는 프라크리티 혹은 마야를 '환'(幻)이라고 부르기도 하죠. 신은 이 마야의 힘으로 얼마든지 자기 모습을 다르게 해서 드러낼 수 있습니다. 이건 그리스 신화에서도 마찬가지죠. 제우스가 백조로 변하는 것도 환, 다시 말해 프라크리티의 작동이라고 할 수 있습니다. 이 세계도 신이 우리에게 보여 주는 환, 즉 거짓된 환상이라고 볼 수 있고요.

프라크리티를 통해서 신이 변하는 것뿐만 아니라 세계가 전제됩니다. 신 자체는 세계를 있게 하는 존재이면서 동시에 세계 밖에 있는 존재입니다. 다시 말해 세계 자체가 신이기도 한데 신은 세계 밖에 존재한다는 역설이 가능한 것이죠. 이걸 초월적 내재라고 합니다. 보통 세계 속에 들어와 있는 것을 내재라고 하죠. 그러니까 모든 세계는 신의 현현이요, 신의 프라크리티가 현현한 것입니다. 그러면서 신은 그 세계의 밖에 초월적으로 존재합니다. 그게 신이에요.

결국 우리가 보고 듣고 느끼는 이 다양한 세계는 전부 신의 프라크리티, 환의 힘, 마야의 힘에 의해서 드러난 세계예요. 프라크리티로부터 세계가 전개되는데, 이 프라크리티에는 세 개의 성질이 있다고 합니다. 바로 선성(善性), 동성(動性), 암성(暗性)

인데요. 산스크리트어로는 선성은 사트바(sattva), 동성은 라자스(rajas), 암성은 타마스(tamas)라고 하고, 이 세 가지 속성이 어떻게 섞이느냐에 따라서 갖가지 사물이 생겨난다고 생각을 했습니다. 선성이 많이 반영된 존재일수록 지성이 발달하고, 암성이 지배적이면 바위와 같은 무생물적인 것이 생성된다고 본 것이죠. 인간의 정신 역시도 이 세 속성 중에 어느 것의 지배를 받느냐에 따라서 상태가 결정된다고 보았습니다. 사람이 기쁘고 행복할 때는 선성의 영향을 받고, 열정에 빠져 있을 때는 동성의 영향을 받습니다. 졸거나 멍하니 있을 때, 무지의 상태에 있을 때는 암성의 영향을 받고요.

이렇게 세 가지 속성이 어떻게 섞이느냐에 따라서 만물이 구성되는데, 그렇게 세계가 구성되는 과정은 다음의 과정을 따릅니다. 먼저 프라크리티에서 마하트(mahat)라고 하는 개인 지성의 근본이 성립됩니다. 그다음에 붓디(buddhi)라고 하는 물체를 식별하는 힘이 나오고 이어서 아함카라(ahamkara)라고 하는 의식의 근본이 나온다고 봅니다. 거기에서부터 갖가지 감각기관이 성립되고 세계가 전개된다는 이야기가 『바가와드 기타』에 나오는데, 이 과정 자체를 이해하는 것은 그렇게 중요하지는 않고요. 다만 이 세상의 전개가 『우파니샤드』의 영향하에 있다는 것은 생각해 볼 필요가 있습니다.

우파니샤드 철학에서 가장 중요한 명제가 뭐라고 했었죠?

'브라흐만과 아트만이 하나다', '범아일여'가 가장 중요하다고 했었죠. 『바가와드 기타』에서의 진정한 자아도 『우파니샤드』의 아트만처럼 신과 거의 같은 속성을 가지고 있습니다. 그런데 이 진정한 자아는 프라크리티 속에 들어와 있지 않습니다. 프라크리티에 의해 변화하는 환(幻)의 세계에 속하지 않고 밖에 있는 거죠. 그런데 앞서 보았던 도식에서 마하트나 붓디 같은 것들은 미세한 프라크리티로 구성이 되어 있습니다. 선성으로 가득한 프라크리티로 구성이 되어 있는 건데요. 그렇다고 해서 이 자체가 발광하는 존재가 아닙니다. 신과 진정한 자아는 스스로 빛을 내지만, 프라크리티가 만들어 낸 마하트나 붓디 같은 것들은 빛을 내는 존재가 아니죠. 프라크리티 밖에 있는 신이나 자아의 빛을 받아서 반사시키는 것뿐입니다. 그런데 인간들은 그것을 자아라고 여겨서 매달립니다. 그럼 어떻게 될까요? 착각에서 출발한 것이니 결과는 뻔합니다. 미망의 세계에 빠져서 고통을 겪고 울고 짜고 하는 윤회 속으로 들어가게 되는 겁니다.

그러니까 자아를 회복하거나 신과 합일하기 위해서는 프라크리티에 의한 존재들이 진정한 자아가 아니라는 것을 바로 알고 넘어서야 합니다. 그 거짓된 자아를 넘어선 진정한 자아를 푸루샤(Puruṣa)라고 하는데, 이들은 프라크리티의 다양한 현상 속에 들어오지 않은 방관자입니다. 이들과 합일을 하는 것이 바로 요가입니다. 이런 과정을 재미있게 이야기한 것이 있죠. 인간들은 모두 현란하고 유혹적인 프라크리티의 춤에 빠져 있다는 겁니다. 그것을 바라보는 사람이 그 유혹에 더 빠질수록 춤은 더 현란하고 강력해진다고 하죠. 하지만 그것을 냉철하게 바라보고 있으면, 프라크리티가 스스로 쑥스러워져서 유혹의 춤을 그만둔다는 겁니다. 빠져들지 않고 냉정하게 방관자의 자세를 유지하는 것, 그것이 바로 합일로 가는 길인 겁니다.

인간이라는 존재는 나락으로 떨어져 짐승의 길을 갈 것인지, 아니면 신의 세계로 올라갈 것인지를 결정하는 갈림길에 항상 서게 된다고 생각합니다. 그래서 누군가는 인간은 거미와 같다고 하죠. 거미가 줄을 늘어뜨리고 그 끝에 매달려 있으면 그 거미가 올라갈까요, 내려갈까요? 거미 마음입니다. 올라가고 싶으면 올라가는 거고, 내려가고 싶으면 내려가는 거죠. 인간도 마찬가지입니다. 고상한 마음을 먹거나 고상한 동기로 어떤 행위를 할 때 우리는 그 순간 더 높은 자아 혹은 신과 합일하고 있다고 보는 겁니다. 저열한 마음을 자꾸 먹으면 짐승으로 가는 거고요. 이렇게 진정한 자아와의 합일을 도모하는 요가를 가르치는 것이 바로 『바가와드 기타』의 본지라고 할 수 있습니다.

카르마 요가, 너의 의무를 행하라

『바가와드 기타』에서는 세 가지 요가를 가르칩니다. 즈냐나 요가, 박티 요가, 카르마 요가인데요. 즈냐나와 박티에 대해서는 앞에서 먼저 말씀을 드렸죠. 즈냐나는 지(智), 박티는 신애(神愛)라고 했습니다. 이 두 측면에 각각 중심을 둔 요가가 성립합니다. 즉 지적인 측면을 중심으로 이루어지는 요가는 즈냐나 요가가, 신애의 측면을 중심으로 이루어지는 요가는 박티 요가가 됩니다. 『바가와드 기타』에도 이 두 요가가 말해지는데, 이 두 요가 외에 카르마 요가를 말하는 것이 『바가와드 기타』가 인도 철학사에 던지는 매우 중요한 시사입니다. 『바가와드 기타』의 가장 독특한 가르침이 담겨 있는 것이 바로 카르마 요가라는 말이지요. 카르마는 주로 불교를 통해서 번역이 되었는데, '업'(業)이라고 번역을 해 왔습니다. '업'은 결국 '행위'입니다. 카르마 요가는 '행위의 요가'인 거죠. 앞에서 요가는 '합일'이라고 했죠. 그러니까 행위의 요가라는 것은 행위를 통한 합일이라는 의미입니다. 요가가 지향하는 합일은 두 가지 방향이 있었죠. 신과의 합일이거나 아니면 더 높은 자아와의 합일을 목표로 합니다.

『바가와드 기타』의 배경을 앞에서 살펴봤었죠. 친척과의 전쟁을 앞에 두고 행위를 할 것이냐 말 것이냐를 결정해야 하는 상황이죠. 초세간적인 가르침에서는 가능하면 행위를 하지 말자는 쪽으로 가기가 쉽습니다. 그 전형적인 예가 자이나교입니다. 자이나교에서 볼 때는 행위를 하면 반드시 그 과를 받게 됩니다. 결과가 생긴다는 거죠. 그 결과에 또 반응을 하면 다시 과를 받고, 이런 과정을 끝임없이 반복하는 것이 윤회죠. 그런데 윤회가 좋은 건가요? 끝없이 사니까 좋다고 하는 사람도 있을 텐데, 천만의 말씀입니다. 고통의 윤회거든요. 그래서 인도의 거의 모든 종교는 윤회의 굴레에서 벗어나는 해탈을 목표로 합니다. 하지만, 업을 지으면 지을수록 윤회의 굴레에서 벗어나기는 어렵겠지요.

그래서 자이나교에서는 업을 차단하는 데 힘을 기울입니다. 기왕에 들어온 업은 고행을 해서 녹여 없앤다고 합니다. 고행을 하면 열이 일어나서 과거의 업이 빨리 녹는다고 하네요. 이렇게 과거의 업을 없애는 한편으로 새로운 업을 짓지 않아야 합니다. 그래서 소유를 철저히 금합니다. 소유를 하는 것이 바로 업이거든요. 그래서 옷 한 벌도 가지지 않겠다는 극단적인 금욕생활을 합니다. 그런데 역설적이게도 현대 인도의 상업을 자이나교도가 장악하고 있다고 하죠. 농사를 지으면 업을 지을 수밖에 없어서 살생을 안 하는 직업으로 장사를 택하다 보니, 역설적으로 부자가 많아졌다고 합니다. 어쨌든 이렇게 행위를 하지 않는 것을 목표로 합니다.

그런데 정통적인 흐름에서는 업이 당연시됩니다. 가주기에는 애욕도 추구하고 재산도 축적하고 하는 것이 당연한 것이기 때문에 업을 피할 길이 없죠. 그래서 이 업에 대한 해결책으로 『바가와드 기타』에서 제시된 것이 카르마 요가입니다. 행위를 통해 업을 짓더라도 해탈할 수가 있다는 이야기죠. 굉장히 독특한 가르침이라고 할 수 있습니다. 『바가와드 기타』의 전제는 행위를 하지 않을 수 없다는 겁니다. 왜냐하면 행위를 하지 않는 것도 행위이기 때문입니다. 아무것도 하지 않겠다고 하는 것도 일종의 반대 행위죠. 죽겠다고 하는 것도 엄청나게 무서운 행위일 수밖에 없습니다. 그래서 행위를 안 한다는 생각을 하지도 말라는 겁니다. 인간이 프라크리티 영역에 속해서 육체를 가지고 개체로 존재하는 한 행동을 안 한다는 것은 불가능한 일입니다.

중요한 것은 행위를 하는 마음의 자세입니다. 행위가 업을 짓고 고통을 일으키는 것, 다시 말해 행위를 통해서 괴로워지는 건 행위에 끼어드는 저열한 욕망이나 동기 때문이라는 거예요. 행위를 하면서 '이걸 통해서 내가 무엇을 얻겠다'라는 결과에 대한 집착을 가지고 행위를 일으킬 때 고통이 생긴다는 거죠. 어떤 사람이 목표를 세우고 어떤 일을 하면 그 목표가 달성되지 않을까 해서 끊임없이 불안해하죠. 어떤 일의 결과를 자기가 가지려고 하는 저열한 욕망이나 동기가 개입을 하고 있기 때문에 이렇게 불안하고 고통스럽다는 말입니다. 바로 이걸 차단해야 한다는 겁니다. 어떤 의식이나 동기 없이 행하라는 것이 카르마 요가의 가르침이죠.

또 이때 '행위'는 단순한 행동이 아니라 의무입니다. 너에게 주어진 의무적인 행위를 담담하게 그 자체를 목적으로 삼아서 하라는 거죠. 다시 『바가와드 기타』의 장면으로 돌아가 볼까요. 아르주나가 전장에 섰을 때 그에게 주어진 의무가 뭐예요? 전사의 일입니다. 아르주나는 크샤트리야로서 싸우는 것이 의무이죠. 크리슈나의 가르침은 그 의무를 다하라는 것이었고요. 거기에는 어떤 행위가 옳은지 그른지를 판단하는 것을 멈추라는 의미도 들어 있습니다.

여기서 생각해 볼 것이 있습니다. 인간에게는 참으로 옳은 행위를 선택할 수 있는 능력이 있을까요? 있다고 하기는 어렵죠. 우리는 옳은 것을 택하려고 하지만, 『바가와드 기타』에서는 그것도 오만이라고 이야기를 합니다. 인간이 애를 쓰기는 하지만 그럴 능력을 갖추고 있지는 않다는 겁니다. 그러니 그런 생각을 버리고 신분에 주어진 의무를 담담한 마음으로 행해야 한다고 이야기를 합니다.

박티 요가

이렇게 들으면 다 맞는 이야기 같지요? 그런데 어떤 주장을 들을 때는 마음속에 물음표를 가지고 들을 필요가 있습니다. "과연 동기 없이 행위한다는 것이 가능한가?"라는 질문을 던져 보아야 합니다. 동기 없이 행위가 될까요? 안 되겠죠. 인간은 아무 목적 없이 어떤 행위를 할 수 없습니다. 사람이 행동을 하기 위해서는 동력원이 있어야 됩니다. 인간을 움직이는 동력원은 대체로 욕망이에요. 우리의 생각이나 관념은 동력원이 될까요? 생각은 동력원이 아닙니다. 동력원을 이끄는 역할을 합니다. 가령 먹고 싶다라는 욕망 또는 의지가 동력원이 되겠죠. 생각은 어디로 가면 그 욕망이나 의지를 실현시킬 수 있을지 이끄는 핸들의 역할을 하지 그것이 엔진의 역할을 하는 것은 아닙니다.

어쨌든 동력원, 즉 동기가 없다면 우리는 어떤 행위도 할 수 없습니다. 그것이 의무로 해야 하는 행동이라도 마찬가지입니다. 동력원이 있어야 하는 거죠. 카르마 요가에서 담담한 마음으로 의무 자체를 목적으로 삼아서 행위하라고 하지만 거기에는 암암리에 다른 동력원이 숨어 있습니다. 그 동력원이 바로 앞에서 다루었던 즈냐나 요가와 박티 요가입니다.

우선 유신론적인 경향인 박티 요가에서는 그 동력원을 신에 대한 사랑에서 찾습니다. 신에 대한 헌신과 봉사, 사랑이 행위의 동력원이 됩니다. 너의 행위는 너의 것이 아니라 신에게 바치는 공양이자 희생이라고 보는 거죠. 이런 생각은 기독교의 사상과 굉장히 비슷합니다. 기독교에서 가장 궁극적인 이상이 신의 뜻이 자기를 통해 역사하는 거잖아요. 이럴 때 지고한 행복을 얻을 수 있습니다. 이때 내가 뭘 하거나 얻는 것이 중요한 것이 아닙니다. 내 행위의 결과를 내가 가지는 것이 아니라 신에게 바치는 것이라는 이런 생각은 사실 기독교뿐만 아니라 모든 종교적 심성에 들어 있죠. 불교건 기독교건 마찬가지입니다. 이렇게 함으로써 나는 신과 합일하는 거예요. 이게 바로 신애의 요가입니다.

그러니까 카르마 요가가 독립되어 있는 것이 아닙니다. 카르마 요가는 그 자체로 완전할 수가 없어요. 담담하게 저열한 욕망에 끌려가지 말고 행위를 하라는 카르마 요가의 가르침에는 드러나지 않은 큰 동기가 있어요. 그 동기 가운데 하나를 밝혀 주는 것이 바로 신애의 요가에 있습니다. 내 행위를 신에게 바친다는, 신에 대한 거룩한 공양물로 여김으로써 저열한 욕망을 벗어나는 요가가 하나의 축으로 자리하고 있는 것이죠.

즈냐나 요가

이런 유신론적 경향이 있다면, 무신론적인 경향도 있습니다. 바로 자아의 실현을 궁극적인 목적으로 삼는 흐름이죠. 자아라는 것이 세계 속에 존재하는 것 같지만, 그건 프라크리티가 만든 세상에 있는 열등한 자아의 욕구일 뿐이라고 말씀드렸죠. 진정한 자아는 프라크리티가 만든 세상 바깥에 있는 순수한 관조자이자 방관자입니다. 이 순수한 관조와 방관의 자세로 행위를 할 때, 순수한 자아와 합일이 됩니다. 완전한 자아가 실현되는 거죠. 이때 진정한 자아는 신적인 것입니다. 여기에서 브라흐만과 아트만이 하나라는 범아일여의 사상이 제시가 되는 거죠.

그런데 이 브라흐만과 아트만이 하나라는 생각 속에도 여러 견해들이 있습니다. 브라흐만과 아트만이 완전히 하나인지, 아니면 브라흐만에 더 의의를 두고 브라흐만의 속성을 지닌 여러 자아가 있는 것인지를 생각해 볼 수 있겠지요. 만약 브라흐만과 아트만이 완벽하게 일치한다면 어떻게 될까요. 나의 자아와 다른 사람의 자아가 나눠질 수 없겠죠. 진정한 범아일여에서는 너와 나의 자아가 따로 있다는 것도 환상에 불과합니다. 초기 우파니샤드 철학에서 이런 식으로 생각을 했습니다. 물에서 파도가 일어나는데, 그 파도를 네 파도 내 파도로 나눌 수 있냐는 겁니다. 물론 파도의 입장에서야 구분이 되는 듯 보이지만, 물이라는 입장에서는 나의 파도와 너의 파도를 구분할 수 없습니다. 물이라는 하나의 실체만 있는 거고, 나와 남을 구별하는 것 자체가 착각이고 헛것이라는 주장이죠.

그런데 이런 사상은 받아들이기가 참 어렵죠. 자기 잘난 맛에 사는 것이 사람이기 때문에, 당신의 자아까지도 착각이라는 말은 받아들이기가 쉽지 않죠. 그래서 나의 자아는 신적인 것을 나눠 가져서, 신의 속성은 그대로 가지고 있지만 다른 자아와 구분되어서 독립적으로 존재한다는 사상이 나옵니다. 그리고 이런 자아들을 전체적으로 포괄하는 신적인 자아를 따로 설정하는 식으로 단계를 나누는 사고들이 발달을 하게 되는 거죠.

어찌 되었든 프라크리티가 만든 세상 바깥에 어떤 자아가 있다는 것은 마찬가지인데요. 우리는 프라크리티 속에 있는 자아를 진짜 자아라고 착각하는 경우가 많습니다. 진정한 자아에서 오는 빛을 반사시키고 있을 뿐인 것들을 진정한 발광체라고 믿고 매달려 있는 거죠. 그런 저열한 자아에서 벗어나 관조하고 방관하는 자아의 입장에서 행위를 하게 되면 진정한 자아와의 합일이 일어난다는 겁니다. 이게 바로 카르마 요가와 결합한 무신론적 경향, 즉 즈냐나 요가입니다. 이렇게 행위를 버리고 초탈하려는 비정통의 흐름을 부정하고, 우리는 행위를 할 수밖에 없으며 행위를 하는 가운데 해탈을 성취할 수 있다는 것을 두 가지로 제시하고 있다고 할 수 있습니다.

그런데 이런 사상적 공방은 여기에서 그치지 않습니다. 인도 사상사를 보면 계속해서 정통과 비정통이 공방을 주고받습니다. 그러다 보니 서로의 사상이 침투를 하게 되죠. 나중에 선불교에도 보면 "행역선좌역선"(行亦禪坐亦禪), "행주좌와(行住坐臥)가 다 선이다" 같은 말들이 나오잖아요. '행역선좌역선'은 '돌아다녀도 참선을 하는 것이고, 앉아 있어도 참선을 하는 것'이라는 뜻이고, '행주좌와가 다 선'이라는 말은 걷고[行] 멈추고[住] 앉고[坐] 눕는 것[臥]이 모두 선을 행하는 것이라는 말이죠. 쉽게 말해 매일 하는 모든 행위가 다 선이라는 말입니다. 여기에 요가라는 말을 넣어도 되겠죠. 먹고 자고 하는 모든 행위가 다 요가입니다. 이런 독특한 철학을 카르마 요가라는 이름으로 제시한 것이 바로 『바가와드 기타』입니다.

새로운 척도의 등장

이런 사상이 어떤 배경에서 나왔느냐를 이해하는 것도 대단히 중요합니다. 앞에서 『바가와드 기타』가 자이나교나 불교의 공격에 대한 대응으로 초세간적인 경향과 세간적인 경향을 결합시키는 의의를 가진 경전이라고 말씀을 드렸는데요. 자이나교나 불교가 끼친 영향은 정신적인 측면에만 국한되지 않습니다. 이들 초세간적인 종교들은 당시의 계급성을 부정합니다. 정통에서 이야기하는 사성계급은 없다는 겁니다. 이걸 '불은 모든 섶에서 일어난다'라고 비유적으로 설명을 하죠. 어떤 존재든 깨달음을 얻을 수 있다는 말입니다. 또 브라만 계급에게 당신들이 그 자체로 고귀한 것이 아니라 어떤 행위를 하느냐에 따라서 고귀함이 결정된다는 이야기도 합니다. 그래서 자이나교와 불교 모두 천민도 차별 없이 승려로 받아들입니다. 한마디로 계급사회를 총체적으로 부정하는 거죠.

『바가와드 기타』에서 지금 주어진 신분의 의무에 충실하라고 하는 것은 바로 비정통의 주장에 대한 답을 하고 있는 것이기도 합니다. 그런데 기존의 정통의 입장에서처럼 무조건 의무만 행하라고 할 수는 없습니다. 그렇게 함으로써 구원의 기회가 주어진다는 것이 부각됩니다. 너의 의무를 다한다면 네가 어떤 신분이든 신과 합일할 수 있다는 것이죠. 신과 만나는 데는 신분의 차별도 없고 남녀의 차별도 없다고 이야기를 하고 있습니다. 이렇게 남녀의 차별까지도 없다고 한 것은 굉장히 파격적인 이야기입니다. 왜냐하면 이 당시 여자는 사람이 아니었거든요. 석가모니 교단에서 비구니를 받았다는 것도 당시로는 혁명적인 일이었습니다. 이런 시대에 남녀가 동등하게 신과 합일할 수 있는 기회를 가지고 있다고 한 것이 『바가와드 기타』였죠. 이런 식으로 구원이라는 초세간적인 정신과 세속적인 의무에 충실하라는 세간적인 내용을 결합시켰다고 할 수 있습니다.

이렇게 어찌 보면 혁명적인 선언을 하고 있는 듯 보이는데요. 사실 여기에는 사회적인 갈등 구도를 무마하려는 시도가 숨겨져 있다고 볼 수 있습니다. 당시 비정통의 공격에 『바가와드 기타』는 불만을 해소할 수 있는 해방적인 논리를 가져오죠. 요가를 통해서 신과 합일하거나 진정한 자아를 실현하는 데에는 귀천의 차별이 없다고 하죠. 유신론을 가져오면서 신 앞의 평등이라는 개념이 나옵니다. 가장 하층의 천민 계급에 속해 있어도 신과 직접 합일할 수 있는 기회를 주는 거예요. 이렇게 보면 신분 사회를 무시하는 것 같은데, 현실적으로는 신분질서가 합리화됩니다. 신분에 불만을 갖지 말고 열심히 너의 의무를 다하라는 메시지가 되기 때문이죠. 신분 갈등 구도를 무마시키고, 신분 제도를 공고하게 하려는 의도가 숨어 있다고 볼 수 있습니다.

그렇다고 해서 비판적으로만 볼 필요는 없을 듯합니다. 일단 신 앞에서 누구든 평등하다는 명제를 내세운 것만 해도 상당히 중요한 발전일 수가 있어요. 그 전에는 신 앞에서 평등하지가 않았거든요. 브라만 계급은 살아 있는 신이었습니다. 이런 상황에서 신 앞에서의 평등, 혹은 진정한 자아를 실현하는 데 있어서의 평등은 그 자체로 중요한 진전이라고 할 수 있습니다. 정통의 입장에서도 하층 계급이나 천한 신분에 있는 사람이 인격의 완성이라는 측면에서는 성자도 될 수 있다는 거죠. 처음에는 신분 격차에서 오는 갈등을 무마하는 역할을 하지만, 점점 비천한 신분이라고 해서 무시할 수 없다는 의미가 생겨나게 됩니다.

어떻게 보면 사회에 척도 하나가 더 생긴 것이라고 할 수 있습니다. 예전에는 신분, 부귀 같은 것들만 척도였는데, 이제는 인격, 자아의 완성이라는 새로운 척도가 생긴 겁니다. 이렇게 하나의 생각, 하나의 척도가 역사 속으로 들어오면, 그것들은 가만히 있지 않고 어떤 역할을 합니다. 그리고 궁극적으로는 외적인 신분질서까지도 흔들 수 있는 힘을 가지는 때가 올 거예요. 사상의 발전이라는 것은 한 번에 주어지지는 않아요. 갑자기 확 세계를 다 뭉개 버리고 다른 세계를 만들 수는 없지만, 이렇게 암암리에 도입된 요소가 작동을 하면서 큰 힘으로 전환될 수도 있는 거죠.

이렇게 모든 종교는 신자 개개인에게 내면의 평화를 주는 측면도 있지만, 사회적인 기능도 한다는 것을 항상 염두에 두고 있어야 합니다. 우리나라에 불교가 들어왔을 때, 제일 먼저 가장 널리 퍼진 학설이 뭔지 아세요? 바로 인과응보 사상과 업(業) 설입니다. 이 사상들이 당시의 신분구조를 합리화하는 데 쓰입니다. 지금 세상에서 왕이 된 사람은 과거에 업을 훌륭하게 지어서 왕이 된 것이고, 천민들은 과거에 업을 나쁘게 지어서 지금 신분이 낮은 것이니 불만을 갖지 말라는 걸로 받아들여지는 거죠.

원래 불교의 교리가 그렇지 않지만, 처음 불교가 들어왔을 때 이런 식으로 활용이 되었던 겁니다. 그런데 사실 지금 불교인들도 비슷한 분들 많죠. 장애인들에게 과거에 업이 나빠서 그런 것이니 고생을 해야 업을 씻는다는 사람까지 있을 정도니, 불교가 정말 웃기는 사상이 되고 마는 겁니다. 하지만 불교는 업을 벗어나는 사상이거든요. 이런 점이 진정으로 드러나게 되면 기존의 신분이나 빈부, 불평등의 구조를 흔들 수 있는 힘까지도 가진 것이 불교라고 할 수 있습니다.

이렇게 『바가와드 기타』의 내용과 의의를 살펴보았습니다. 정리하자면, 『바가와드 기타』는 우리가 행위를 포기할 수 없다는 것에 착안해서, 행위를 버리지 않고 세속적인 삶을 당당하게 살아가면서도 거기에서 해탈의 이상을 달성할 수 있는 길을 제시하는 중요한 의미를 가진 책이라고 할 수 있습니다. 그 탄생에는 신분구조를 옹호하고 안정시키려는 의도가 숨겨져 있다고도 할 수 있지만, 동시에 신 앞에서의 평등, 자아실현의 평등이라는 개념을 사상사에 도입하고, 인격이라는 새로운 척도를 신분제도가 공고한 사회에 제시했다는 점에서 『바가와드 기타』는 대단히 중요한 사상적 흐름이라고 할 수 있습니다.

2장

불교, 괴로움을 없애는 길

이번 시간에는 불교를 얘기해 볼까 합니다. 강의에 들어가기 전에 객담을 좀 하자면, 어떤 독실한 크리스천이 서양의 신학교로 유학을 갔다고 하죠. 그런데 그 대학에서 한국에서 왔다고 하니까 한국의 문화나 전통과 밀접한 관계에 있는 불교에 대해서 자신들에게 이야기를 좀 해 달라는 부탁이 들어왔답니다. 거기다 대고 그 학생이 "나는 크리스천이라서 불교를 모른다"고 대답을 했다고 합니다. 그래서 자기 나라 문화도 모르면서 크리스천이라 불교 모른다는 소리를 저렇게 당당하게 한다고 졸업할 때까지 무시를 당했다고 하죠.

실제로 우리 문화의 대단히 많은 부분이 불교와 연관이 있습니다. 그렇기 때문에 교양을 갖추겠다고 생각한다면 자기가 믿는 종교와 상관없이 불교에 대해서 어느 정도라도 알고 있어야 합니다. 거꾸로 불교인들도 기독교를 꼭 알아야 한다고 이야기를 하곤 합니다. 세계에서 가장 많은 신자를 가지고 있는 기독교를 모르고서 어떻게 다른 사람들과 소통을 할 수 있겠어요. 그래서 기본적으로 내가 믿는 종교가 아니더라도 어느 정도 알아 둘 필요가 있다고 생각을 합니다. 특히 한국인이라면 우리 정신세계의 대부분을 차지하고 있는 불교를 모른 채로 치워 버려서는 정말 곤란합니다.

기독교 이야기를 꺼냈습니다만, 기독교는 가장 전형적인 종교라고 할 수 있습니다. 기독교처럼 완벽한 일신론 사상까지 간 종교가 흔치 않습니다. 그러니까 종교적인 측면에서 굉장히 발전된 모습을 보이는 종교라고 할 수 있는데요. 불교는 그 반대쪽에 있지 않을까 싶습니다. 기독교와는 굉장히 다른 모습이어서, 처음에 서양의 종교학에서 불교를 보았을 때, 불교를 과연 종교로 볼 수 있는가를 가지고 상당히 오랫동안 논의를 했다고 합니다. 철학에 더 가깝지 않냐는 이야기가 있었던 거죠. 그만큼 불교는 기독교와는 전혀 다른 측면에서 어떤 궁극에 있는 종교라고 말할 수 있습니다.

깨달은 인간, 붓다

우선 붓다인 석가모니에 대해 살펴보면 이런 차이가 분명히 드러나죠. 기독교에서 예수는 성령이 육화한 신의 아들입니다. 분명히 신성을 지니고 있죠. 하지만 석가모니에게는 그런 신성이 전혀 없습니다. 석가모니는 인간으로 태어나서 진리를 깨달았습니다. 그러니까 기독교는 주로 신의 권능이나 계시를 중심으로 합니다. 이에 비해 불교는 사실을 사실대로 보자는 이야기를 하는 종교입니다. 석가모니는 진리에 대해서 깨달은 자이기 때문에 그 깨달음이 강조가 되는 거죠. 한마디로 불교는 '깨달음의 종교'라고 할 수 있습니다. 진리를 깨달았다는 측면만 강조될 뿐 부처님의 권능이나 전능함 같은 게 부각되는 종교가 아닙니다.

이렇다 보니 기독교 쪽에서 좀 심한 분들은 예수님은 모든 사람의 죄를 대신해 돌아가셨는데, 부처님은 이질에 걸려서 돌아가시지 않았냐고 공격을 하기도 합니다. 석가모니가 열반에 들기 전에 상당히 오랫동안 복통과 설사 같은 걸로 고생을 했습니다. 춘다라는 사람이 준 공양을 드시고 탈이 나서 고생을 하신 건데, 그렇게 죽는 것은 법답지 못하다고 생각하셔서 삼매의 상태에 들어서 병을 극복하셨다고 합니다. 그러고 나서 제자들을 불러 모아서 "이제 내 몸은 낡은 수레와 같다. 이제 열반에 들 것이다"라고 이야기를 합니다. 제자들이 이 이야기를 듣고 비통해하니까, 부처님이 육체가 무상하다고 가르쳤는데 왜 그렇게 비통해하느냐고 하시면서 열반에 드셨다고 하죠. 확실히 예수님의 죽음하고는 굉장히 다릅니다.

또 하나 예를 들겠습니다. 본격적인 이야기에 들어가기 전에서론이 긴데, 불교는 이런 일화들을 통해서 이해하는 게 오히려 더 쉬울 수가 있어서 조금 더 말씀을 드리겠습니다. 어느 날 부처님에게 자식을 잃은 고타미라는 여인이 비통에 잠겨서 옵니다. 죽은 아들을 살려 달라고 애절하게 빕니다. 인도에서는 깨달은 분이나 도가 높은 분들, 오래 수행한 요기들에게는 기본적으로 신통력이 있다고 믿었습니다. 그래서 석가모니에게 아들을 살려 달라고 온 겁니다.

그러자 석가모니가 살려 주겠다고 하죠. 하지만 조건을 겁니다. 성안으로 들어가 사람이 죽어 나간 적이 없는 집을 찾아서 겨자씨를 모아 와라. 그러면 아들을 살려 주겠다고 합니다. 그 말을 들은 고타미는 자식 살리겠다는 열망에 앞뒤 생각도 없이 성으로 뛰어갑니다. 성중을 돌아다니는데, 아무리 돌아다닌들 사람이 죽지 않은 집을 찾을 수가 있겠어요. 그래서 겨자씨도 못 얻고 석가모니에게 돌아오죠. 그렇게 '네 아들만 죽은 것이 아니다, 무상함을 왜 받아들이지 않느냐'라고 깨우침을 주는 겁니다. 이 여인은 크게 깨달아 출가하여 훌륭한 스님이 됩니다.

이렇게 자연스러운 사실을 우리가 부정하고 받아들이지 않는 데서 오는 고통이 굉장히 크다는 것이 불교의 가르침입니다. 지난 시간에 『바가와드 기타』 강의에서 말씀드렸던 것이 있죠. 세상에서 가장 큰 불가사의가 무엇이냐고 했을 때, 모든 사람이 죽는다는 것을 모든 사람이 아는데, 사람들이 자기만은 안 죽을 것처럼 살아가는 것이 최대의 불가사의라고 이야기하는 장면이 있었죠. 마찬가지입니다. 불교 역시 사실을 제대로 보는 데서 출발하는 종교라고 할 수 있습니다. 신의 권능이나 전능함을 중심에 놓는 서양의 종교들과는 굉장히 다른 모습을 보이는 종교죠.

그래서 석가모니에 대해서도 인간과 다른 존재라는 이야기가 전혀 없었습니다. 하지만 후대에 불교가 발전을 하면서 석가모니를 신앙의 대상으로 떠받들다 보니, '본생담'(本生譚) 같은 것도 만들어지고 했죠. '본생담'은 '자타카'라고 하는데, 붓다의 전생에 대한 이야기들입니다. 석가모니 같은 위대한 인격이 이번 생에서 한 번에 이루어졌을 리가 없다고 생각해서 만들어진 경전으로, 무수히 많은 생 동안 보살로서의 수행을 한 후에 이번 생에 붓다가 된 것이라는 내용이 담겨 있는 겁니다. 이 외에도 석가모니를 둘러싼 여러 신화적인 이야기들이 만들어지는데, 그렇다고 하여 석가모니가 인간으로서 진리를 깨달은 존재라는 점이 부정되는 것은 아닙니다.

불교와 인도의 신들

인도인의 상상력

전 시간에 살펴본 것처럼 인도의 전통적인 신관에서는 많은 신들이 등장합니다. 비슈누도 있고 브라흐마나 시바 같은 신도 있죠. 그 밖에도 여러 신들이 있는데, 불교의 세계관에도 이 신들이 들어옵니다. 이 신들은 인간보다 굉장히 뛰어난 능력을 가집니다. 인간의 수명과는 비교도 할 수 없는 수명을 가지고 있죠. 수명이 수백억 년에 이르기도 합니다. 이런 걸 보면 인도인들의 상상력이 정말 대단하다고 감탄하게 되는데요. 중국의 과장이 대단하다고 하지만 인도에 비하면 새 발의 피라고 할 수 있습니다.

인도의 상상력을 얘기할 때 제일 많이 듣는 얘기로 '겁'(劫)에 대한 것이 있죠. 겁은 굉장히 긴 시간의 단위인데, 이 겁을 묘사하는 상상력이 대단합니다. 한 변의 길이가 40리 되는 큰 바위를, 선녀가 3년마다 한 번씩 내려와서 부드러운 옷자락으로 바위를 스치고 돌아간다고 합니다. 그렇게 해서 바위가 다 닳아 없어지면 그 시간이 1겁이라고 하는 거죠. 우주나 지구가 한 번 생겼다가 소멸하는 아득히 긴 시간을 재미있게 묘사하고 있죠.

이 1겁만 해도 엄청나게 긴 시간인데, 또 항하사겁(恒河沙劫)이라는 것도 있습니다. 항하라는 것은 갠지스강을 말합니다. 이 갠지스강에 있는 모래가 항하사죠. 그만큼의 겁이라는 겁니다. 거기서 더 나아가죠. '갠지스강의 모래 수만큼의 세계에 있는 모든 강의 모래 수만큼의 겁', 이런 이야기들이 나옵니다. 갠지스강의 모래도 많은데 그만큼의 세계가 있고, 그 세계의 모든 강에 있는 모래의 수만큼의 겁이라는 겁니다. 인도에서는 우리가 사는 이 세계만이 전부가 아니라고 생각을 하거든요. 무수한 세계가 있는데, 그 세계의 모든 강의 모래 수만큼의 겁이라고 하면 도대체가 상상이 불가능한 수준이죠.

또 인도인들에게는 역사가 없다는 이야기도 있습니다. 석가모니 붓다가 태어난 연대가 그나마 인도 역사에서는 가장 정확히 기록된 연대라고 할 수 있습니다. 그 외에는 정확한 연대를 기록하는 경우가 거의 없습니다. 마찬가지 이유에서 인도의 성인(聖人)의 전기는 믿을 수가 없어요. 가령 어떤 위대한 성인이 태어나면, 그 성인이 태어날 때 어떤 조짐이 있었는지를 묘사합니다. 그런데 또 다른 성인이 태어나잖아요? 그럼, 그 전 성인에게 붙었던 이야기들이 다시 와서 붙습니다. 그래서 인도철학사에서 굉장히 위대한 인물이라 하더라도 어떻게 살고 죽었는지, 언제쯤 살았던 사람인지가 잘 파악되지 않습니다. 개개인의 인생은 보편적인 진리에 무엇을 기여했는가보다 중요한 것이 아니기 때문입니다. 하지만 석가모니의 전기는 비교적 정확하게 남아 있습니다. 『중성점기』(衆聖點記)라는, 불멸(佛滅) 후 상좌부의 아라한들이 율장에 매년 점을 하나씩 찍어 온 기록이라는 것이 있죠. 물론 이것이 완전히 정확하다는 것은 아니지만, 비교적 연대 추정의 근거가 될 수 있는 기록입니다. 그래서 인도 역사의 기준점이 되고 있다고도 볼 수 있지요.

윤회하는 신들

불교의 신 이야기를 하려다가 인도의 상상력 이야기로 좀 헤맸는데요. 다시 돌아와 보죠. 불교가 인도사상사에서 비정통의 흐름을 대표하는 종교인데, 불교에도 기존의 인도 신들이 등장을 합니다. 앞서 말했듯이 이 신들은 인간이 상상할 수 없을 정도로 월등한 능력과 긴 수명을 가지고 있었는데요. 불교적인 세계관에서는 이런 신들도 유한한 존재입니다. 불교에서 가장 중요한 기준은 진리를 깨달았느냐 못 깨달았느냐거든요. 신들이 지적인 능력이 뛰어나다 하더라도 그들은 진리를 깨닫지는 못한 존재들입니다. 이들 역시 윤회의 수레바퀴 속에 들어와야 하는 존재인 겁니다. 오직 붓다만이 진리를 깨달은 존재라는 거죠. 그래서 신들도 붓다에게 와서 설법을 청합니다.

인도신화에 의하면 어떤 신들은 우주가 몇십 번 생성 소멸하도록 수명이 깁니다. 수백억 년을 사는 신도 있죠. 하지만 이들도 역시 죽는다는 것은 같습니다. 여기서 한번 생각해 볼 것이 있습니다. 하루살이는 하루를 살고 죽으니까 내일이라는 것을 모르죠. 한 달을 못 사는 동물은 보름달이 다시 뜨는 것을 못 보겠죠. 그런데 하루살이는 그 하루를 평생으로 살지 않을까요? 하루살이가 되어 보지는 않았으니 잘 모르지만 그럴 것 같아요. 인간이 예전에는 육십 년을 사는 게 오래 사는 거라고 했지만, 앞으로는 백오십 년을 살게 될지도 모른다고 하죠. 그때가 되면, 아 옛날에는 60살만 되어도 오래 살았다고 했는데, 백오십 년이나 살았으니 지겹게도 오래 살았구나, 하면서 죽을까요? 아니죠. 그래도 죽음이 아쉬울 겁니다. 그럼 예를 들어 1백만 년을 사는 존재가 있다고 합시다. 그럼 자신이 1백만 년을 사는 것을 당연하게 생각하고 그에 맞춰 평생을 설계하고 살겠죠. 죽을 때 1백만 년이나 살았으니 충분하다라고 만족하면서 죽을 것 같지 않습니다. 시간은 굉장히 주관적입니다. 일각여삼추(一刻如三秋)라는 말이 있죠. 일각은 15분입니다. 15분이 삼추(三秋), 3년 같다는 말입니다. 이렇게 15분을 3년처럼 느낄 수도 있고, 3년을 15분처럼 느낄 수 있는 게 시간이죠. 그렇기 때문에 오래 사는 신이라고 해서 해탈에 다다를 수는 없다는 겁니다.

결국 윤회를 벗어나야 하는 거죠. 인도인들에게 윤회라는 것은 수레바퀴처럼 무한히 구르는 것인데, 계속 삶을 살 수 있다고 해서 좋은 것이 아니라고 말씀드렸죠. 윤회는 고통의 윤회입니다. 그래서 불교나 인도철학에서는 대개 이 윤회에서 벗어남을 목표로 합니다. 이 벗어난 세계에 대해서는 앞으로 말씀을 드리겠습니다.

석가모니의 삶과 가르침

붓다의 일생에 대해서는 많이 알려져 있습니다. 왕자로 태어났는데 환락에 염증을 느꼈고, 성문 밖에서 생로병사의 실상을 목격하고 밤에 성을 나가죠. 그렇게 고행을 몇 년 하다가 이렇게는 안 되겠다 싶어서 다시 보리수 아래에서 명상에 들어 샛별 뜰 때 깨달아서 붓다가 됩니다. 그 이후로 49년 동안 열반에 들기까지 쭉 설법을 하고 다니죠. 이게 아주 간단히 정리한 석가모니의 일생입니다. 그런데 이런 내용에도 교정할 것들이 좀 있죠. 그중에서도 석가모니가 왕자로 태어났다고 하니까 엄청나게 큰 왕국의 왕자로 태어나서 어린 시절에는 부족한 것 없이 살았을 거라고 오해를 하는데, 그렇게 보기가 어렵습니다. 석가모니가 태어난 카필라바스투, 카필라성이라고 하는 왕국은 굉장히 조그만 나라입니다. 거대 왕국 사이에 낀 작은 나라인데, 그나마 석가모니 생전에 망해 버립니다. 그렇기 때문에 물질적인 부족까지는 겪지 않았을지 모르지만, 정치적으로 불안한 상황 속에서 고민이나 갈등이 많았을 거라는 추정이 가능합니다. 게다가 굉장히 예민한 감수성을 가지고 살아 있는 존재들의 고통을 아주 뿌리 깊은 곳까지 본 겁니다. 그래서 이 문제를 해결하겠다고 나섰고, 결국 깨달음을 이루었다는 거죠.

　석가모니의 가르침은 지금은 팔만대장경이라는 엄청나게

방대한 분량의 경전으로 전해지고 있습니다. 이 경전들은 크게 경(經), 률(律), 론(論)이라는 세 종류로 나눠지는데요. 이걸 경률론 삼장(三藏)이라고 부르죠. 이 세 종류의 경전이 모두 다 석가모니의 설법은 아닙니다. 삼장 중에서 경이 석가모니가 설한 것을 그대로 기록한 것입니다. 률은 계율에 관한 가르침을 모아 놓은 것으로, 물론 석가모니가 설했다고 하지만 주로 행위의 원칙 그리고 해서는 안 되는 행위에 관한 이야기입니다. 그다음에 론이라고 하는 건 석가모니가 직접 얘기한 것이 아니라 석가모니가 말씀하신 것을 세세하게 분류하고 따져서 논문식으로 다시 쓴 것입니다.

이렇게 삼장이 불교의 경전이라고 할 수 있는데, 다시 소승의 경률론이 있고 대승의 경률론이 따로 있습니다. 석가모니 사후 몇 세기가 지나서 대승불교 운동이 벌어집니다. 그리고 이 운동을 중심으로 새로운 대승경전이 결집되기 시작하는데요. 소승에서는 이 대승경전들이 석가모니의 말씀이 아니라고 이야기를 합니다. 문헌학적으로 보면 이 말이 맞습니다. 예컨대 『화엄경』 같은 경전은 인간 세상에 있을 수가 없는 경전입니다. 『화엄경』은 석가모니가 깨닫자마자 그 보리수 아래에서 그 깨달은 경지에 관해서 직설적으로 쫙 풀어놓은 경전입니다. 그런데 문제는 석가모니가 깨달을 때 그 주변에 인간은 하나도 없었다는 겁니다. 듣고 기록할 사람이 없는데 어떻게 전해졌을까요? 바로 신들이 들었다고 합니다. 신들이 들은 내용을 기록한 『화엄경』이 용궁에 보관되어 있었는데, 용수 보살이 용궁에 들어가서 꺼내왔다고 하죠. 이 말은 그때까지는 『화엄경』이라는 경전이 인간 세상에 없었다는 겁니다.

삼법인

이렇게 방대한 경전에 정말 소털처럼 많은 가르침이 전해져 오고 있는데요. 이 가르침을 몇 마디 말로 정리하기에는 어려움이 있습니다. 하지만 삼법인(三法印)과 사성제(四聖諦)를 이야기하면 불교의 특징을 대략이나마 파악할 수는 있을 듯합니다.

우선 삼법인부터 간단히 이야기를 해 보겠습니다. '법인'(法印)은 '진리[法]의 도장[印]'이라는 뜻입니다. 진리의 표준이라는 말이지요. 이걸 떠나면 불교가 아니라고도 할 수 있는, 불교의 가장 특징적인 가르침을 일컫는 말입니다. 제행무상(諸行無常), 제법무아(諸法無我), 일체개고(一切皆苦). 이 세 가지를 일컬어 삼법인이라고 하는데, 우선 제행무상은 굉장히 간단한 말입니다. '행'(行)이라는 것은 조건 지어진 존재라는 뜻인데, 이렇게 조건 지어진 존재들은 무상하다는 거죠. 무상은 항상됨이 없다는 말이고요. 그다음 제법무아에서 '법'(法)은 '존재'라고 이해하면 됩니다. 모든 존재들에게 '아트만'[我], 곧 자아가 없다는 것이 제법 무아의 뜻입니다. 아트만에 대해서는 지난 시간에 『바가와드 기타』를 이야기하면서 설명을 드렸죠. 어떤 타자와 관계없이 독자적으로 존재하는 자아를 말합니다. 그런 것이 없다는 겁니다. 마지막으로 일체개고는 '존재하는 모든 것은 괴롭다'는 뜻이죠. 이 세 가지가 불교의 가장 기본적인 가르침입니다.

이 세 가지 중 일체개고는 우리 주체와 연관된 이야기지만, 앞의 두 가지는 사실에 관한 내용입니다. 그래서 부정하기가 힘듭니다. 석가모니의 가르침은 굉장히 독특한데, '나를 믿어라'고 이야기한 적이 없습니다. 나를 믿으면 복을 받고 편안해진다고 한 적이 없어요. 대신 눈 있는 자는 와서 보라고 합니다. 심지어 붓다인 자신이 이야기하는 것도 성찰하고 따져 보라고 이야기를 합니다. 이게 불교의 가르침이죠. 이렇게 사실을 있는 그대로 보았을 때 나오는 것이 삼법인입니다.

있는 그대로의 나를 보기

제행무상이라고 했는데, 무상하다는 것을 부정할 수가 있습니까? 우리가 경험할 수 있는 세계 속에서 변하지 않는 것은 어떤 것도 없습니다. 논리적으로 증명할 수가 없죠. 그러니 무상합니다. 그런데 우리는 그걸 그대로 받아들이지 않습니다. "거시적인 측면에서 보면 무상하지만, 그 속에는 변하지 않는 무엇이 있을 거야." 이렇게 생각하지 않습니까? 불교에서 제행무상이라고 하는 것은 그것까지도 부정하는 것입니다. 변하는 속에 무언가 변하지 않는 것이 있을 것이라는 믿음까지도 철저하게 부정하는 것이지요. '행'을 조건 지어진 것이라고 했는데, 우리 경험세계의 모든 것들은 조건 지어진 것이지요? 다른 요소들에 의존해서 있지요? 그렇지 않은 것은 없습니다. 있다면 그것은 인간의 관념이 만들어 낸 존재겠지요. 신이라든가 자아라든가 하는 것들은 모두 그 출생부터 조건 지어지지 않은 것으로 설정한 것입니다. 관념의 산물인 셈이지요. 그렇지 않은, 경험적인 세계에서의 모든 존재들은 조건 지어져 있고, 그것들은 모두 잠시도 고정되어 있지 않고 변화한다는 것이 제행무상의 가르침입니다.

그다음에 제법무아는 '모든 존재에는 아트만이 없다'는 뜻이라고 말씀드렸죠. 불변하는, 자기만 똑 떨어져 있는 어떤 것이 있나요? 가령 제가 들고 있는 분필을 보죠. 이 분필은 가루를 뭉쳐 놓은 것이지, 이 분필만의 불변의 요소는 없죠. '분필성'이라는 것은 찾을 수 없습니다. 분필이나 종이 같은 물건은 다 마찬가지죠. 그리고 '나'도 마찬가지라는 겁니다. 앞에서 『우파니샤드』에서의 아트만을 말씀드렸었죠. 잠을 잘 때도 변함없이 유지되는 영혼의 본질 같은 것, 궁극적으로는 우주와 하나인 아트만을 말합니다. 불교에서는 그런 본질적인 존재로서의 나가 없다는 겁니다.

그런데 이렇게 이야기하면 좀 섭섭하죠. 우리는 태어나서 죽을 때까지 '나'를 붙들고 살잖아요. 모든 것이 '나'라는 것을 중심으로 이루어집니다. 내 가족, 내 집, 내 재산, 내 생각, 내 마음…. 이러고 살고 있습니다. 그런데 '나'라는 본질이 없다고 하면 뭔가를 도둑맞은 것처럼 섭섭할 수 있습니다. 그러나 우리는 '나'라는 존재를 볼 수 없어요. 경험할 수도 없고 논리적으로 증명할 수도 없습니다. 이걸 논리적으로 규명했다는 사람으로 데카르트가 있습니다. 끝까지 파고들어서 '나'를 자명한 것으로 증명했다고 하는 게 데카르트죠. '코기토, 에르고 숨'(cogito, ergo sum), '나는 생각한다, 고로 나는 존재한다'라는 유명한 문장이 여기서 나오죠. 그런데 이 말은 불교적으로 보면 틀린 말이 됩니다. "생각한다, 고로 생각이 있다"라고 말해야 합니다. '나'가 갑자기 왜 붙냐는 거죠. 우리가 생각을 한다면 그 생각하는 것만 알 수 있지 거기서 나를 어떻게 찾을 수 있습니까. 그래서 우리는 '나'를 경험할 수도 없고 증명할 수도 없다고 하는 겁니다. 제법무아는 이런 얘기와 통합니다. 석가모니는 과감하게 얘기하는 거죠. '나'는 논리적으로도 증명이 안 되고 경험적인 것도 아닌데 그런 걸 믿고 인생을 설계하면 위험하지 않겠냐고 묻고 있는 겁니다. 사람들이 그렇게 하기 때문에 결국 고통을 낳는다는 것이고요.

그래서 그런 아트만이 없다는 것을 알고, 여러 존재들이 인연으로 있는 전체를 나라고 인정해야지, 불변의 알맹이가 톡 하나 떨어져 있다고 생각해서는 안 된다는 생각. 이것이 바로 무아(無我)입니다. 사실을 사실대로 보고, 어떤 관념을 전제해서 '나'를 생각하지 말아야 한다는 겁니다. 이 역시 '있는 그대로 보라'라고 말하고 있는 거죠.

'있는 그대로의 나'는 수없는 연관성의 그물 속에 있는 나입니다. 여러분이 지금 강의를 들으러 와서 앉아 계시지만, 오면서 오늘 강의를 할 저라는 사람에 대해 생각을 한 번이라도 하셨을 겁니다. 저 역시 강의를 하러 오면서 오늘 강의를 듣는 분들에게 어떤 이야기를 해야 하나 오래 생각을 하고 왔겠죠. 이렇게 생각을 하는 동안에도 저와 여러분은 관계성 속에 있는 겁니다. 또 저는 아버지로서 자식들과의 관계 속에, 남편으로서 아내와의 관계 속에 존재하는 거죠. 우리는 모두 그런 존재들입니다. 육체를 더 나눠 보면, 세포 하나하나도 다른 세포나 기관들과의 연관성 속에서 육체를 구성하고 있는 거죠. 그럼 마음이라든가 의식이라 부르는 것은 내 것이냐? 천만의 말씀입니다. 제가 지금 이렇게 강의를 하고 있지만, 이렇게 이야기하는 것도 거의 다 남에게서 빌려 온 것입니다. 저 혼자만의 생각으로 하는 독창적인 이야기는 별로 없습니다.

존재하는 모든 것은 괴롭다

이렇게 보면 몸부터 시작해서 머릿속 정신까지 모두 빌려 온 것이고 독립된 알갱이처럼 존재하는 것이 아닙니다. 석가모니는 이런 '나'를 그대로 나라고 인정하면 된다는 겁니다. 인정하지 않고 불변의 나를 찾으려 할 때, 그 생각과 삶은 참 위험해집니다. 우리는 무상하다는 것을 알아도, 늙지 않고 죽지 않으려고 용을 씁니다. 나를 중심으로 해서 누에고치가 집 짓듯이 울타리를 치고 들어앉습니다. 그러고는 너와 나를 따지고 분별을 하잖아요. 이렇게 무아를 거부하고 사실에 등지고 살죠. 이렇게 살면 어떻게 되죠? 결과적으로 '고'(苦)가 나오게 됩니다. 이 고는 애착과 감정을 가지고 있는 모든 존재들, 살려는 의지를 가진 존재들이 무상과 무아라는 사실과 마주했을 때 근본적으로 나올 수밖에 없어요.

이게 삼법인의 마지막인 일체개고입니다. 일체개고는 '존재하는 모든 것은 괴롭다'라는 말인데, 고라는 말이 여기서는 조금 잘못 쓰였어요. 고는 팔리어의 '두카'(dukkha)를 번역한 말인데, 이 말은 '고통'이라기보다는 '불만족스러움'이라는 뜻이 더 강합니다. 그래서 직접적인 고통이나 괴로움뿐만 아니라 전반적인 불만족까지도 포괄하는 것으로 '고'를 이해하는 것이 좋습니다. 무상이나 무아를 그것에 반하는 경향을 가지고 마주치면 불만족이 발생할 수밖에 없다는 거죠.

이렇게 말씀을 드리면, 우리가 살다 보면 즐거운 일도 있지 않냐는 반론을 이야기하는 분들이 있습니다. 그런데 즐거움은 큰 틀에서 보면 괴로움의 다른 표현입니다. 어떤 즐거움이 있으면 그것이 영속하기를 바라지만, 그 즐거움 역시 무상함 속에 있죠. 그럼 즐거움이 바로 괴로움이 되는 겁니다. 이걸 비유로 표현한 이야기가 있죠.

어떤 죄수가 죄를 짓고 쫓기고 있습니다. 왕의 군대가 코끼리를 타고 쫓아와서 황야로 도망을 갑니다. 도망을 가다 보니 오래된 우물이 있고, 칡덩굴이 그 안으로 드리워져 있습니다. 그래서 그 덩굴을 타고 우물로 내려가죠. 한참 내려가다 보니까 우물 바닥에 독룡이 잡아먹겠다고 입을 벌리고 있는 게 아닙니까. 그래서 다시 올라가려고 보니 흰 쥐와 검은 쥐가 칡덩굴을 입구에서 쏠아 먹고 있습니다. 덩굴은 언제 끊어질지 모르고 혹 밖으로 나가도 왕의 군대에게 잡혀서 죽는 건 마찬가지죠. 이렇게 급박한 상황에 몰려서 '이제 죽었구나' 하고 입을 딱 벌리는데, 마침 칡덩굴 옆에 있던 벌집에서 꿀이 넘쳐 입안에 똑 떨어진 겁니다. 이 사람이 그 단맛에 자기 처지를 잊어버리고 꿀방울 떨어지기만 기다리죠.

바로 이런 것이 삶의 모습이라는 겁니다. 뒤에서 쫓아오는 코끼리 군대는 무상입니다. 우리가 나이 먹는 것은 어쩔 수가 없죠. 그다음에 칡덩굴은 목숨이고, 흰 쥐와 검은 쥐는 해와 달, 그러니까 시간이나 세월을 말하겠네요. 그리고 우물 아래의 독룡은 죽음을 의미합니다. 언제 목숨이 끊어져서 죽음으로 떨어질지 우리는 아무도 모릅니다. 또 죽고 난 다음의 세계에 대해서도 우리는 전혀 모르죠. 모르는 것은 우리에게 굉장히 두려운 겁니다. 그래서 독룡으로 묘사가 됩니다. 이렇게 우리는 무상함에 쫓겨서 칡덩굴에 매달려 있는 존재와 같아요. 그런데 우리는 우리 처지를 잊고 꿀방울이 떨어지기를 기다리고 있습니다. 꿀방울의 맛이 아무리 달아도 우리가 처한 근본적인 상황을 생각하면 그 꿀방울을 즐거움이라고 표현할 수 없겠지요.

이렇게 일체개고라고 이야기를 하면 불교를 염세적인 종교라고 생각하고 불교도라면 인상을 쓰면서 살아야 한다고 생각하는 사람들이 있습니다. 그건 천만의 말씀이죠. 석가모니 부처님은 고라는 사실을 바로 보라고 했죠. 그렇게 바로 보는 것이 고에서 벗어나는 출발점이 됩니다. 그래서 불교를 믿는 사람은 인상을 쓰지 않습니다. 석가모니의 명호가 여럿 있는데, 잘 알려지지 않은 명호 중에 '항상 웃으시는 이'라는 명호가 있다고 합니다. 당시 석가모니 교단을 방문했던 이들 중에 어떤 사람은 이렇게 밝고 명랑하고 자유가 넘치면서 확신에 차 있는 집단은 처음 봤다고 기록을 하고 있습니다. 그러니까 불교를 믿는다고 하면서 세상 고뇌를 혼자 짊어진 것처럼 인상을 쓰고 다니면 그건 사이비에 가깝다고 말씀을 드릴 수 있습니다.

사성제

붓다라는 말은 '깨달은 자'[覺者]를 가리키는 말입니다. 석가모니 붓다는 바로 고를 벗어나는 길을 깨달은 사람이죠. 그리고 그 깨달음의 길을 가르치는 게 바로 불교입니다. 석가모니가 깨달은 것을 가장 압축적으로 이야기한 것이 바로 사성제(四聖諦)라고도 합니다. '사제'(四諦)에 성스러울 성(聖) 자를 붙여서 사성제라고 하죠. 사성제의 맨 첫번째는 일체개고에서 이야기한 '고'(苦)이고, 그다음에 '집'(集), '멸'(滅), '도'(道)가 이어져 네 개의 진리를 말하고 있습니다. 이 네 가지는 불교의 교안(敎案)이라고도 할 수 있어서 불교의 모든 가르침은 이 틀 안에서 다 이야기를 할 수 있습니다.

사성제를 간단히 비유적으로 이야기하자면 의사가 환자를 진단하고 치료하는 과정과 같다고 할 수 있습니다. 첫번째 '고'는 의사가 환자를 진단하고 무슨 병인가를 알아내는 것에 비유할 수 있습니다. 먼저 병이 있다는 것을 발견하는 거죠. 그다음 '집'은 병의 원인을 말합니다. '멸'은 진료의 목표입니다. 의사는 진료를 통해서 환자를 건강한 상태, 병이 없어진 상태로 만들어야 하죠. 이걸 '멸'이라고 합니다. 마지막으로 '도'는 환자를 건강하게 만드는 치료 방법에 해당합니다. 그러니까 모든 존재는 괴로움, 혹은 불만족스러움이라는 근본적인 상황을 가지고 있는데

[苦], 그 원인은 '집'(集)입니다. 여러 가지 연기적인 원인으로서 고가 이루어진다는 거죠. '멸'(滅)은 고통이 완전히 사라진 상태를, '도'(道)는 고를 소멸하게 하는 방법을 말합니다.

고통의 원인, 갈애

사성제 중 맨 처음 나오는 고에 대해서는 앞의 '일체개고'를 설명하면서 말씀을 많이 드렸죠. 모든 존재는 '불만족스럽고 괴롭다'라는 상황에 있다는 겁니다. 이 고통의 원인으로 여러 경전에서 이야기되는 것이 '갈애'(渴愛)입니다. '목마를 갈'(渴)과 '사랑 애'(愛)가 합쳐진 말이죠. 불교에서 많이 쓰는 말인데, '사랑 애'(愛) 자는 좋은 의미로 쓰이는 경우가 없습니다. 불교에서 집착을 떠난 사랑을 말할 때는 '애'라는 말이 아니라 '자비'라는 말을 주로 씁니다. '애'에는 기본적으로 '착'이 붙어서 애착의 의미를 갖습니다. 욕망이나 집착과 연결된 사랑을 '애'라고 하는 거죠. '갈애'는 여기에 목마르다는 뜻이 붙어서 의미가 더 강해졌습니다. 이 갈애가 바로 고통의 원인이라는 거죠. 생명이 있는 '유정'(有情)들은 욕망을 추구합니다. 그리고 그 추구의 가장 큰 문제는 그것이 사실에 반하는 추구라는 겁니다. 모든 것이 무상한데 '상'(常)을 추구하고, 무아인데 '아'를 중심으로 세계를 엮죠. 이게 갈애의 근본적인 문제입니다. 이 경향성이 있기 때문에 사실과 충돌하면서 고가 발생하게 되는 겁니다.

제행무상을 설명할 때도 말씀드렸지만, 모든 존재들은 무상의 바다 위에 떠 있는 셈입니다. 뿌리가 든든하지 않고 불안정합니다. 어떻게 생각하면 굉장히 무서운 이야기입니다. 그런데 우리는 끊임없이 자기 존재가 든든한 자리에 서서 영속되기를 바랍니다. 그리고 그게 되지 않으면 자꾸 무언가로 메우려 하죠. 소유하고 채우면 뭔가 든든할 것 같다는 생각을 합니다. 그런데 그렇게 해서는 무상을 극복할 수 없죠.

『논어』에는 "젊을 때는 혈기가 아직 안정되지 않아서 색에 빠지는 것을 경계해야 하고, 나이가 먹으면 혈기가 씩씩하고 힘이 있어서 싸움을 경계해야 한다, 늙으면 혈기가 쇠약해지기 때문에 재물을 얻으려 하는 것을 경계해야 한다"[少之時, 血氣未定, 戒之在色; 及其壯也, 血氣方剛, 戒之在鬪; 及其老也, 血氣既衰, 戒之在得] 라는 말이 있습니다. 늙고 쇠약해지면 허무의 바다에 떠 있다는 불안감 때문에 재물 같은 걸로 자기를 채우려고 하는데, 그 모습을 잘 표현한 구절이죠. 이렇게 인간은 자기를 중심에 두는 뿌리 깊은 경향성 때문에 있는 그대로 보지 못하고 고가 생겨납니다. 이것이 중생이 중생인 이유, 계속 윤회를 반복하는 이유입니다.

집성제와 십이연기
이런 고가 생성되는 '집'의 과정을 좀더 세련된 체계로서 설명하고 있는 것이 십이연기(十二緣起)입니다. 십이연기는 '무명(無明)-행(行)-식(識)-명색(名色)-육입(六入)-촉(觸)-수(受)-애(愛)-취(取)-유(有)-생(生)-노사(老死)'라는 열두 개의 과정을 말합니다. 그 첫번째 고리가 무명입니다. '무명'은 '밝지 않다'라는 뜻인데, 쉽게 무지(無知)라고 이해하면 되겠습니다. 진리에 대해서 알지 못하는 상태를 말하죠. 있는 그대로를 보지 못한다는 뜻도 있습니다.

'무명' 다음에 오는 것은 '행'입니다. 행 앞에 오는 무명의 상태는 비유하자면 차의 운전수가 장님인 것과 같습니다. 그 상태로만 있으면 윤회는 일어나지 않죠. 무명이 그 자체로 힘을 가진 건 아니기 때문인데요. 하지만 우리는 끊임없이 윤회에 들게 하는 원동력을 가지고 있습니다. 그게 바로 행입니다. 불교의 이론 중 하나인 오온설(五蘊說)에서는 '색(色)-수(受)-상(想)-행(行)-식(識)'으로 모든 존재를 설명하는데, 지금 십이연기에서 말하는 행은 제행무상의 행이 아니라 오온설의 행이라고 할 수 있습니다. 깊은 의미를 풀기는 이 자리에서 힘드니까 간단하게 말씀드리고 넘어가죠.

나를 움직이는 힘을 가진 경향성을 모두 행이라고 보면 크게 잘못된 이해가 아닐 것 같네요. 『바가와드 기타』 강의에서도 잠깐 설명을 드렸는데, 인간에게는 인간을 움직이게 하는 원동력이 있다고 말씀을 드렸습니다. 앞에서 의식이나 지각의 작용 같은 것은 원동력이 될 수 없고, 욕망이나 의지 같은 것들이 원동력이 된다고 했었죠. 인간의 정신적 면을 지·정·의(知·情·意)라는 세 가지 요소로 이뤄졌다고 보기도 하는데, 이때 정(情)과 의(意)는 우리를 움직이는 힘으로 작동을 합니다. 감정[情]이 일어나면 어떤 행동을 하게 됩니다. 의지[意]를 가져도 그렇죠. 이게 다 행입니다. 지는 판단을 하는 것을 말합니다. 먹고 싶다는 욕망이 일어나면, 어디에 가면 먹을 수 있다는 안내를 하는 것이 지라고 했었죠. 그러나 원동력은 아닐 거예요. 무명에 이런 행이 붙어서 엔진에 발동이 걸리면 마치 장님이 운전하는 자동차와 같이 되는 겁니다. 이제 윤회의 수레바퀴를 도는 거예요. 그래서 십이연기 중에서 무명과 행을 가장 근본적인 원인이라고 봅니다. 이렇게 시작된 연쇄가 죽 이어져서 마지막에 '노사', 즉 늙고 병들어 죽는 것으로 끝나는 겁니다. 그렇게 끝날 수 있다면 좋겠지만, 그렇게 되지가 않죠. 노사는 다시 무명과 행으로 이어집니다. 어딘지도 모르고 달려가는데, 거기에 계속 가속이 붙으면서 윤회에서 빠져나오는 것이 점점 어려워지는 겁니다.

연기설

십이연기가 나온 김에 여기서 연기설(緣起說)에 대해서 조금 더 설명을 드리고 다시 사성제로 돌아갈까 합니다. 연기설 역시 불교의 가르침의 핵심이라고 할 수 있습니다. '연기'에서 '연'(緣)은 의존적인 조건들을 이야기합니다. '기'(起)는 그런 조건들을 통해서 생긴다는 말이고요. 모든 존재는 의존적인 조건들에 의해서 생겨나고 존재한다는 것, 즉 연기적으로 존재한다는 것이 불교의 기본적인 관점입니다. 어떤 존재든 다른 것과 관계없이 있는 것은 없습니다. 십이연기도 그렇습니다. 늙고 병들고 죽는 결과가 마지막에 나타나겠지만, 이런 식의 연쇄가 영원한 것은 아닙니다. 고가 연기적으로 다른 것에 의존해서 나온다는 것은 그 조건을 없애면 고도 없어진다는 것을 뜻하겠죠. 만약 고가 독립적으로 존재하는 것이라면 정말로 그걸 없앨 길이 없습니다. 참으로 있는 것은 없앨 길이 없어요. 하지만 고는 연기적으로 나와요. 어떤 조건에 의해서 나오기 때문에 그 조건이 사라지면 괴로움도 없다는 것이 연기설이 말하고 있는 것입니다.

다시 말해 십이연기는 무명이 있으므로 행이 있고 행이 있으므로 식이 있고 … 늙고 죽음이 있다고 하지만, 이 말은 곧 무명이 사라지면 행이 사라지고, 식이 사라지고…, 이런 식의 길도 가능하다는 겁니다. 이렇게 고의 원인을 설명하는 것과 동시에 거기서 벗어날 수 있는 방법을 말하고 있기 때문에 불교에서 연기설이 중요합니다. 그런데 연기설은 흔히 인과설과 착각을 하는 경우가 많습니다. 원인이 있고 결과가 있는 것을 인과라고 하죠. 이런 인과와 연기는 다릅니다. 물론 연기설도 큰 틀에서 보면 인과론의 일종이라고 할 수 있지만, 연기설은 언제나 서로 의존적이라는 점에서 인과설을 벗어나는 지점이 있습니다.

연기설은 처음에는 시간적인 연기에서 출발을 합니다. '무명-행-식…'으로 나아가는 연기가 시간적인 연기죠. 그런데 연기설은 나중에 공간적인 연기로 확장이 됩니다. 여기 분필이 있다고 하면, 공간적으로 여러 요소들이 상호 의존해서 잠시 이런 모습으로 나타나고 있다는 겁니다. 연기설이 자성(自性)을 부정하는 데까지 나아간 겁니다. 분필이 부스러졌다면, 분필이 존재하도록 하는 여러 요소의 조합이 깨졌기 때문입니다. 이런 공간적인 연기가 화엄에서 이야기하는 인드라망 연기로 이어지죠. 인드라는 제석천, 즉 하느님을 말하죠. 이 신이 그물을 가지고 있는데, 우주를 덮는 엄청나게 큰 그물입니다. 이걸 인드라망이라고 하죠. 이 그물에는 그물코마다 마니주라고 하는 보배로운 구슬이 달려 있는데, 그 구슬이 굉장히 투명하고 밝아서 다른 구슬들이 비쳐 들어옵니다. 그렇게 비친 그림자가 또 다른 그림자에 비치고 비치고 하다 보면 하나의 구슬에 모든 구슬의 그림자가 다 들어와 있는 거죠. 그리고 그 그림자가 또 다른 구슬에 비치는 것이 무한히 반복됩니다. 이걸 중중무진연기(重重無盡緣起)라고 합니다.

연기설이 이렇게까지 뻗어 나가는 건데요. 이런 불교적인 관점에서의 연기가 인과설하고 다른 점은, 인과설이 원인과 결과를 분리된 것으로 본다면, 연기설은 각 요소가 상호 의존적이라는 겁니다. 내가 있어서 상대가 있다면, 또 상대가 있어 내가 있다고 하는 것이 연기입니다. 연기에서는 똑 떼어서 어디까지는 원인이고 어디까지는 결과라고 구분할 수가 없습니다.

서양철학에서도 이와 비슷한 두 가지 흐름이 있죠. 하나는 참되게 존재하는 것을 중심으로 해서 세계를 설명하는 흐름이 있습니다. 대표적인 것이 플라톤의 이데아론이죠. 우리는 플라톤의 이데아론과 같은 사고방식을 많이 가지고 있습니다. 가령 우리는 감기를 본 적이 없습니다. 기침하는 사람, 콧물 흘리는 사람, 열나는 사람은 있지만, 참된 감기를 본 사람은 없을 겁니다. 그럼 우리는 여러 증상들의 공통점을 추려서 그걸 감기라고 이름 붙인 것일까요? 아니면 감기라는 이데아가 있고, 실제로 증상이 있는 사람들은 그 원본 감기의 모방들인 걸까요? 그건 이상한 생각 아니냐는 반응이 금방 나오겠지만, 한번 반성해 보세요.

또 다른 예를 들어 볼까요? '물은 섭씨 100도에서 끓는다'라는 말은 진리로 받아들여집니다. 그런데 하나씩 따져 보면 이 간단한 말에도 쉽지 않은 문제들이 숨어 있습니다. 우선 우리가 순수한 물을 보거나 경험할 수 없습니다. 어떤 조건에서도 불순물이 분자 하나라도 섞이지 않은 순수한 물을 보거나 만질 수 없습니다. 시험관에 담기는 순간 극미량이라도 다른 물질이 섞여 들어갈 수밖에 없겠죠. 그리고 또 정확한 1기압이라는 것을 만들 수 있을까요? 미세하게 덜하거나 더하지 딱 1기압이라는 것은

만들 수도 경험할 수도 없습니다. 섭씨 100도라는 것도 마찬가지
죠. 정확하게 잴 수 없습니다. 하지만 우리는 다 '물은 섭씨 100도
에서 끓는다'는 것을 진리로 받아들입니다. 이런 생각들이 모두
이데아적인 사고방식에서 생겨나는 것들이죠.

그 반대편에 헤라클레이토스가 있습니다. 만물은 흐른다는
관점에서 세계를 설명하는 것이죠. 불교는 플라톤보다는 헤라클
레이토스 쪽에 가까운 사유체계라고 할 수 있겠죠. 이런 사고방
식에서는 여기까지가 어떤 존재이고, 그 너머는 이 존재와 관계
가 없다고 자를 수가 없습니다. 그렇게 공간적으로도 모든 것이
의존성과 연관성 아래 놓여 있습니다. 그럴 뿐만 아니라 모든 존
재들은 시간적으로도 딱 잘라서 끊어 낼 수 없는 흐름 속에 놓여
있습니다. 지금 순간과 다음 순간의 나를 딱 나눌 수 없는 거예
요. 이런 흐름으로서의 존재와 세계의 모습을 설명하는 것이 불
교의 연기인 겁니다. 모든 존재들은 상호의존적으로 존재하고,
그런 의존적인 관계 속에서 괴로움도 산출된다는 것. 따라서 그
조건들을 제거함으로써 괴로움도 없앨 수 있다는 것이 이런 연
기의 관점에서 도출되는 겁니다. 이것이 사성제 중에 집성제입
니다.

멸성제와 열반

그다음으로 사성제 중에서 멸성제에 대해 보겠습니다. 멸은 인

도적인 전통에서 '모크샤', 즉 해탈이라고 할 수 있습니다. 그런데 불교에서는 '모크샤'라는 말보다는 '니르바나'라는 말을 즐겨 씁니다. 한문으로는 '열반'이라고 번역되는 말이죠. 그 의미는 번뇌의 불꽃을 불어서 꺼 버린 상태를 말합니다. 번뇌의 원인이 되는 에너지원을 소멸시켜 버린다는 의미인데, 앞에서 보았던 십이연기 중에 무명과 행을 소멸시키는 것을 의미합니다.

그런데 이 열반이라는 말을 스님들이 돌아가실 때도 쓰다 보니, 요즘은 죽는 것을 열반이라고 아는 분들도 많습니다. 왜 죽음을 열반이라고 하는 걸까요? 도를 이룬 사람이 가지고 있는 마지막 찌꺼기가 육신이기 때문입니다. 육체 역시 과거의 생으로부터 조건 지어진 것이죠. 유한한 세상 속에서 가지고 있던 마지막 찌꺼기인 육신까지 털어 버린다는 의미에서 열반이라는 말을 쓰는 거죠. 아무것도 남지 않았다는 뜻에서 '무여열반'이라는 말을 쓰기도 합니다. 죽는 것을 가리키는 부정적인 말이 아닙니다.

이 열반의 상태에 대해서는 말로 표현할 수가 없습니다. 열반은 궁극적인 경지인데, 이 경지를 말로 표현하는 순간 말의 구속을 받게 됩니다. 말은 무언가를 가리키기 위한 수단이죠. 그래서 불교에서 자주 하는 비유가 '달을 가리키는 손가락'이죠. '표월지'(標月指)라고 합니다. 제가 강단에서 형광등을 손가락으로 가리킨다고 해 보죠. 여러분도 저와 똑같은 방향을 가리키면 형광등을 가리킬 수 없습니다. 말이라는 것이 이 손가락과 같다는 거죠. 수단이라는 말입니다.

여기서 더 나아가면 석가모니가 말한 모든 가르침도 고통을 벗어나기 위한 수단이라고 이야기를 합니다. 석가모니가 제자들에게 행한 뗏목의 비유가 유명하죠. 뗏목을 타고 거센 강을 건넜는데, 뗏목이 너무 고맙다고 강을 건넌 다음에도 등에 지고 다니면 되겠냐는 겁니다. 그럼 어떻게 해야 하죠. 강을 건넜으면 뗏목은 그 자리에 놔두면 됩니다. 석가모니는 자신의 가르침 역시 고통의 바다를 건너게 해 주는 수단이라고 이야기를 하고 있는 겁니다. 이걸 방편설이라고 하죠. 가르침 전체가 방편이라는 말입니다. 기독교에서는 '말씀이 진리요 생명'이라고 말하죠. 이렇게 말 자체의 권위를 강조하는 관점과 불교적 관점 사이에는 큰 차이가 있습니다. 불교가 종교적으로 관용적이라고 하는데, 방편설이라는 입장을 취하면 관용성이 나올 수밖에 없습니다. 석가모니의 가르침 자체가 방편이라고 했기 때문에 석가모니의 말씀만 맞고, 나머지는 다 이단이다, 독약이다, 이렇게 말을 할 수가 없습니다. 그러다 보면 자연스럽게 관용성이 나올 수밖에 없는 거죠.

어쨌든 말은 방편이기 때문에 궁극적인 경지인 열반을 말로 설명하기가 어렵습니다. 그래서 주로 부정적인 말로 표현을 합니다. "열반이 ~이다"라고 하지 않고, "고통이 없다", "번뇌가 없다", 이런 식으로 표현하는 거죠. 그래서 부정적인 것으로 오해를 하기도 하는데, 열반 자체가 부정적인 것은 아닙니다. 굉장히 긍정적이고 지고의 경지이지만, 그렇게 표현할 수밖에 없는 거죠.

또 석가모니는 "열반을 말로 설명하는 것은 물고기에게 걷는 것을 가르치는 것과 같다"라고 말하기도 합니다. 거북이는 물과 뭍을 왔다 갔다 할 수 있죠. 어느 날은 땅에 올라가 산보를 하고 돌아왔는데, 물속에 있던 물고기 친구가 뭐 하고 왔는지 묻죠. 걸어다니다 왔다는 대답을 하니까 물고기는 아 "지느러미를 흔들다 왔다는 말이지"라고 대꾸를 합니다. 이렇게 지고의 경지는 말로 설명할 수가 없고, 말로 설명하려 할수록 쓸데없는 오해만 불러일으키기 십상입니다.

그렇다고 모르는 채로 있을 수는 없으니, 여러 경전을 통해서 열반의 경지가 어떤 것인지를 추적해 볼 수는 있겠습니다. 석가모니는 성도를 함으로써 이미 열반에 든 분이죠. 그래서 석가모니의 생애를 보면 열반의 모습을 짐작할 수 있습니다. 석가모니의 생애가 보여 주는 열반은 자비심에 충만한 긍정적인 모습이죠. 고통이 사라진 상태입니다. 그래서 우리는 보통 이 상태를 환희, 즐거움 같은 말들로 표현을 하기도 하는데, 앞서 말한 대로 이렇게 표현을 하는 순간 우리가 일상적으로 느끼는 즐거움과 연결이 됩니다. 그런데 즐거움에도 차원이 있죠. 열반의 즐거움[樂]은 다른 차원에 있다는 겁니다. 그걸 함부로 '즐겁다'라고만 이야기하면 우리가 생각하는 그 즐거움과 착각을 해서, 물고기가 걷는다는 걸 오해하는 것과 같은 결과를 가져오기 때문에 그래서 그냥 '괴로움이 없다', '번뇌가 없다', 이렇게 표현할 뿐인 겁니다.

도성제, 삼학과 팔정도

사성제의 마지막은 '도'입니다. 대학에서 학생들을 가르칠 때, 불교학 수업을 하면 사성제를 시험 문제로 내지 않을 수 없습니다. 그러면 꼭 '도'를 '도통하다'라는 의미로 적어 내는 학생들이 있습니다. 열심히 강의를 했는데, 이런 답변을 내는 학생들을 보면 참 힘이 빠지기도 하는데요. 고집멸도에서의 도는 '도통하다' 할 때의 도가 아닙니다. 멸에서 열반을 말했다면, 그 열반을 성취하는 방법이 바로 도죠.

이 도는 단적으로 말해서 계·정·혜(戒·定·慧) 삼학(三學)과 팔정도(八正道)라고 할 수 있습니다. 팔정도는 정견(正見), 정사유(正思惟), 정어(正語), 정업(正業), 정명(正命), 정정진(正精進), 정념(正念), 정정(正定), 이 여덟 가지를 가리키죠. 바르게 보고[正見], 바르게 생각하고[正思惟], 바르게 말하고[正語], 바른 행위를 하고[正業], 바른 직업을 가지고[正命], 바르게 노력하고[正精進], 바르게 마음을 챙기고[正念], 바르게 마음을 안정시킨다[正定]는 뜻입니다.

불교의 수행은 나중에 대승불교에 가서 육바라밀이라는 것이 나오기 전에는 삼학과 팔정도로 요약할 수 있습니다. 그리고 더 압축하면 계정혜 삼학으로 불교 수행을 이야기할 수 있습니다. 삼학 중 첫번째인 '계'(戒)는 계율, 곧 삶의 원칙을 말합니다. 가장 기본적인 것으로 오계가 있습니다. 살생하지 말고[不殺生], 도둑질하지 말고[不偸盜], 그릇된 성행위를 하지 말고[不邪淫], 거짓말하지 말고[不妄語], 술을 마시지 말라[不飮酒]. 이 다섯 가지가 오계인데, 마지막 불음주는 지금은 꼭 술이라기보다 마약 같은 것에 의해 정신이 지배받지 말라는 뜻으로 새기는 것이 좋을 듯합니다. 어쨌든 이 다섯 가지가 불교도로서 지켜야 하는 가장 기본적인 계율이라고 할 수 있죠. 이런 계율을 포함해서 삶의 기본적인 윤리가 깨지면 고통이 온다는 겁니다.

그다음 '정'(定)은 쉽게 이야기해서 마음의 집중과 안정입니다. 평정심을 유지하는 것이죠. 마지막 '혜'(慧)는 바르게 보고 바르게 아는 것입니다. 바른 견해로 세상을 보고 언제나 마음이 흐리멍덩하지 않고 바르게 성찰하는 것, 이것이 혜입니다. 이 계정혜 삼학이 수행의 기본입니다.

이 중에서도 특히 인도적인 전통과 불교에서 독특한 것이 '정학'입니다. 인도적인 전통에서는 요가나 명상 등 '정'에 대한 성취가 비중이 크지요. 석가모니가 출가를 하고 성도를 하기 전에 여러 스승들을 찾아가서 배웠는데요. 그때 배운 것이 선정의 경지에 드는 것이었습니다. 굉장히 몰입하고 집중하는 상태에 들어가는 것인데, 그 상태에 들어가면 고통이 없는 평화로운 체험을 한다고 합니다. 이런 수행을 배워서 최고 경지까지 이르렀지만, 석가모니는 이런 수행으로는 안 된다고 생각했습니다. 왜냐하면 선정에서 깨어나 다시 삶으로 돌아오면 그런 고통이 없는 상태를 유지할 수가 없기 때문입니다. 그래서 거기에 머물지 않고 다시 깨달음을 추구해서 깨달은 자, 붓다가 되었다고 하죠. 그만큼 정학이 인도적인 전통에서 강하게 자리 잡고 있었다는 것을 석가모니의 수행 과정에서도 확인할 수 있죠.

물론 다른 종교에도 이런 선정 체험과 비슷한 요소들이 있습니다. 나름의 수양 전통 속에서 이런 요소들을 발견할 수 있는데, 불교나 인도 전통에서 나온 종교들의 상세한 안내를 능가하지는 못하죠. 그래서 요즘에는 천주교 신부님 같은 분들도 선 수행을 많이 한다고 합니다. 그 종교의 체험에도 이런 수행이 상당히 도움이 된다는 거예요.

고요하지만 깨어 있는

그런데 이런 정학의 요소를 공유한다고 해도, 인도 전통의 정학과 불교의 명상 사이에는 분명한 차이도 있습니다. 제가 강의를 할 때마다 자주 드는 예인데요. 인도의 요가 전통에서 선정의 체험은 비유하자면, 옆에서 벼락이 떨어져도 모르는 몰입의 상태라고 합니다. 육체적 통제를 중심으로 하는 하타 요가는 요가의 기본이라고도 할 수 있지요. 거거서 더 나아가 정신의 통제로 나가게 되는데, 그 궁극에 가면 모든 감각을 차단하고, 모든 생각의 흐름까지 완전히 차단하여 오롯하게 순수한 의식만이 홀로 존재하는 경지에 이를 수 있다고 합니다. 그러니 옆에서 무슨 일이 있어도 모른다는 거죠.

이에 비해 불교의 선정은 십 리 밖에서 바늘 떨어지는 소리까지 들리는 고요함이라고 이야기를 합니다. 한 군데 몰입하는 것이 아니라 사실이 있는 그대로 드러나는 선정의 단계에 들 수 있다는 겁니다. 검객이 상대방과 검을 마주하고 있는 비유를 들기도 합니다. 검술의 경지가 낮은 하수일수록 초식을 생각한다고 하죠. 상대가 어딜 공격하면 나는 어떻게 막고 그다음에 이렇게 공격해야지, 혹은 눈동자를 봐야지, 발꿈치를 봐야지 같은 생각을 합니다. 그런데 고수로 갈수록 적과 마주 섰다는 느낌까지도 털어 버립니다. 그렇게 완전히 평온하고 지극히 담담한 상태로 있으면, 상대방에게 털끝만 한 빈틈이 드러났을 때 칼이 바로 날아갈 수 있죠. 그러니까 불교의 선정은 고요하지만 한 군데도 그늘이 없는 깨어 있음입니다. 이 깨어 있음이 바로 혜(慧)와 연결됩니다. 차분한 마음에 모든 것이 왜곡 없이 비쳐 들어오는 것이지요. 올바른 생각과 견해도 여기에 바탕합니다. 그것이 바로 혜인 것이지요.

이렇게 다른 종교와 비교할 때는 불교 수행에서 정이 두드러진 특징이 될 수 있지만, 그것은 인도적인 전통과 연결되었기 때문이라고 할 수 있겠습니다. 다른 인도적인 사상의 흐름과 비교하면 불교의 특징은 오히려 혜(慧)에 있다고 할 수도 있지 않을까 싶네요. 불교 수행을 한마디로 요약하면 정혜쌍수(正慧雙修), 지관겸수(止觀兼修)라고 말할 수 있습니다. 인도 전통적인 삼매의 수행이 '정'으로 이어지고, 거기에 붓다가 강화하고 더한 측면이 '혜'라고 볼 수도 있다는 말입니다. 이러한 수행의 특징은 불교가 있는 그대로 바로 보는 것을 중시하는 가르침이라는 데서 나온다고 할 수 있습니다.

『우파니샤드』의 전통을 잇는 가르침에서 가장 중요한 것이 무엇일까요? 잡다한 헛된 것을 벗어나 오직 하나뿐인 참된 존재, 즉 브라흐만이며 아트만인 그 존재를 구현하는 것 아니겠어요? 그러니까 몰입의 삼매를 통해 모든 것을 차단하고 순수한 자기만이 오롯이 존재하는 체험이 가장 중요한 것이 될 수밖에 없습니다. 그에 반해 불교는 그러한 존재를 전제하지 않습니다. 오히려 경험적으로도 논리적으로도 증명되지 않는 그러한 존재에 바탕하여 삶을 설계하는 것은 고를 낳을 뿐이라고 말하지요. 가장 중요한 것은 '있는 그대로' 바르게 보고 아는 것입니다. 당연히 몰입의 삼매에서 한 걸음 더 나아가 깨어 있음과 올바른 견해를 중시하게 되는 겁니다. 물론 몰입의 삼매가 통찰력과 부동심을 기르는 데 매우 효용성이 있다는 것을 인정하고, 굉장히 중요한 수행으로 삼고 있다는 것도 또한 틀림없는 사실입니다. 이 두 가지의 균형을 취하는 것이 불교 수행의 특징이라고 말할 수 있겠네요.

이렇게 불교의 수행은 계정혜로 이야기할 수 있는데, 계정혜 세 가지는 서로 굉장히 밀접하게 연관이 돼 있어요. 우선 계가 기본이 되어야 정이 생기고, 정이 기본이 되어야 혜가 생긴다고 말할 수가 있습니다. 생활이 문란하면서 마음이 고요할 수 없고, 마음이 출렁거리는데 세상을 올바로 볼 수 없겠죠. 이게 계에서 출발하는 설명입니다. 그런데 거꾸로 이야기하면 세상을 바른 눈으로 보지 않는 사람이 올바르게 행동할 수 있을까요? 바르게 보지 못하는 사람이 마음은 안정될 수 있을까요? 안 되겠죠. 이렇게 하면 혜가 먼저가 됩니다. 정이 먼저여도 마찬가지죠. 마음이 안정되지 않은 사람은 계율을 지킬 수도 바른 견해로 세상을 바라볼 수도 없습니다. 이런 식으로 계정혜 삼학은 어디에서 시작하든 함께 돌아갑니다.

이렇게 삼학, 그리고 더 자세히 분류가 되어 있는 팔정도를 보면 불교가 『우파니샤드』와 갈라지는 지점이 분명하게 보입니다. 『우파니샤드』에서는 주로 관념적인 영역에서의 해탈을 이야기합니다. 신과 자아가 하나되는 체험, 집중된 상태에서의 내적인 체험에 의해서 고통을 벗어난 행복의 성취가 가능하다는 것이 『우파니샤드』 철학이었죠. 인간의 내면세계에 치중한 가르침이라고 할 수 있어요. 그런데 석가모니는 그렇지 않다는 거죠. 불교에서는 우리의 구체적인 삶과 연결된 도덕적인 행위, 명상, 바른 견해 등을 골고루 수행해야만 고통에서 벗어날 수 있다고 말합니다. 단순히 내면의 체험만 가지고서는 고통에서 벗어날 수 없다는 거죠.

이런 불교의 견해는 근본적으로 당시의 사성계급을 무시한 것이라고 볼 수 있습니다. 브라만 계층을 중시하는 전통에 반기를 든 굉장히 진보적인 성향의 종교였던 겁니다. 그래서 불교는 농촌의 보수적인 지역보다 상업이 발달하고 자유의식이 강한 대도시에서 더 많이 퍼졌습니다. 나중에는 보수적인 농경사회에 침투하지 못해서 이슬람 침공 때 불교가 오히려 빨리 망했다는 얘기도 있습니다. 이렇게 보면, 불교는 굉장히 중도적인 특징을 가지고 있습니다. 관념뿐만 아니라 일상의 행위, 생활, 윤리까지 총체적으로 바르게 감으로써 멸의 길에 이를 수 있다고 하는 가르침이 바로 불교라고 말할 수 있습니다. 그러니까 모든 불교의 가르침은, 아무리 경전이 많다고 하더라도 사성제 안에 다 들어옵니다. 고에 대한 가르침[苦], 우리 중생들이 앓고 있는 병의 실상을 보여 주는 가르침[集], 고에서 벗어난 세계인 멸(滅)에 대한 찬탄, 고에서 벗어날 수 있는 방법[道], 이 네 가지에 다 들어간다는 말이죠. 불교의 가장 기본적인 가르침입니다.

불교의 역사

이제부터는 불교의 역사에 대해 큰 흐름을 중심으로 말씀을 드리겠습니다. 대승불교에 대해서는 해야 할 이야기가 많지만, 여기서는 간단하게 어떤 흐름 속에서 대승불교가 나왔는지만 간단히 이야기해야 할 듯합니다.

아난 존자와 불경의 집결

부처님의 가장 기본적인 가르침은 불경이죠. 그런데 불경은 석가모니 생전에 기록된 것이 아닙니다. 부처님 사후에 부처님의 제자로 시봉을 가장 오래 한 아난 존자가 기억한 내용을 기초로 해서 기록이 됩니다. 아난 존자는 부처님의 십대 제자 중에 한 명입니다. 십대 제자 중에 상수제자는 마하가섭입니다. 부처님이 우담바라 꽃을 꺾어서 들어 올렸는데, 대중들은 아무도 반응을 하지 않습니다. 마하가섭만이 빙그레 웃었다고 하죠. 그래서 석가모니가 나의 정법안장을 마하가섭에게 전하겠다고 말씀을 하셨죠. 이 두타제일(頭陀第一) 마하가섭을 필두로, 해공제일(解空第一) 수보리, 지혜제일(智慧第一) 사리불, 신통제일(神通第一) 목건련, 천안제일(天眼第一) 아나율, 지계제일(持戒第一) 우바리 등 10명의 제자가 있었는데, 아난 존자가 그 가운데 한 자리를 차지하고 있습니다.

아난 존자의 별명은 '다문제일'(多聞第一)입니다. 석가모니를 오랫동안 시봉하면서 설법을 가장 많이 들었기 때문인데요. 석가모니 사후에 그 가르침이 흐트러질까 봐 제자들이 한자리에 모였다고 하죠. 거기서 아난이 구술을 합니다. "여시아문"(如是我聞), 즉 "내가 이와 같이 들었다"라는 구절을 시작으로 부처님께 들은 이야기들을 구술하면, 모여 있는 사람들이 자신들도 그렇게 들었다고 확정을 하는 식으로 경전이 확립되었는데, 이걸 '결집'이라고 합니다. 1차 결집, 2차 결집까지는 경의 내용을 암송하면서 결집이 이루어졌는데, 이후에 문자화되죠.

시대 상황의 변화와 부파불교

그런데 이렇게 붓다의 가르침을 아무리 잘 결집을 해서 보존한다고 해도, 상황은 변하죠. 시대 상황이 바뀌고, 붓다 사후 오랜 시간이 지나면서 해석을 둘러싼 입장 차이도 생겨납니다. 이 입장 차이라는 것이 아주 사소한 것에서 시작됩니다. 예컨대, 불교는 무소유를 이야기합니다. 스님들은 자기 재산을 가지면 안 되죠. 그런데 누군가가 소금을 많이 보시를 한 겁니다. 이 소금을 어떤 스님이 두고 먹으려고 저장을 합니다. 누군가는 이게 무소유의 계율에 걸린다고 보고, 누구는 버릴 수 없으니 그 정도는 괜찮다고 합니다. 또 불교가 도시를 중심으로 활동을 하는데, 도시 환경이 점점 변하면서 화폐가 유통수단이 됩니다. 예전에 현물

보시를 받아서 그걸로 먹고 자고 다 해결을 했는데 상황이 바뀐 거죠. 신도들도 현물로 주려면 힘이 들기 때문에 스님들에게 돈을 주기 시작한 겁니다. 이건 계율에서 어떻게 처리할지 또 논쟁이 됩니다. 아무리 석가모니의 가르침을 문자 그대로 전한다고 하더라도 시대 상황이 변하면서 문제가 되는 거죠.

게다가 석가모니의 가르침은 방편이라고 했죠. 예전에는 뗏목이면 되었지만, 물살이 더 험하면 배를 만들 수도 있는 겁니다. 어차피 수단이니까 문제가 되지 않을 수 있는 거죠. 이런 문제들이 생기면서 석가모니의 똑같은 교설을 두고 해석의 차이가 나옵니다. 이런 해석의 차이들이 처음에는 소승의 부파불교(部派佛敎) 안에서 경쟁을 하면서 발전을 합니다. 수많은 부파들이 생겨난 거죠. 이렇게 나가다가 부파불교 안에서 기존과는 약간 다른 경향성을 가진 부파가 등장하는데 그게 대중부(大衆部)입니다. 이렇게 대중부가 등장하면서 부파불교는 대중부와 상좌부(上座部)로 나뉩니다. 상좌라는 것은 스승의 높은 제자를 의미하죠. 대중부는 그 이름대로 스님 중심의 상좌부와 달리 대중적인 신앙 행태를 받아들입니다. 석가모니를 신앙의 대상으로 떠받들기도 하고 탑을 신앙의 대상으로 여기기도 합니다.

앞에서 서양 문화전통에 두 가지 뿌리가 있다는 말씀을 드렸죠. 계시를 중심으로 하는 헤브라이즘과 앎을 중심으로 하는 그리스 철학의 전통이 엎치락뒤치락하면서 유럽의 역사가 전개되었다고 말씀을 드렸습니다. 중세 시대에는 계시 쪽이 압도를 하고, 르네상스가 되면 다시 고대 그리스적인 것이 전면에 부상하기도 합니다.

유럽의 이런 양상과 비슷한 것으로 인도에서는 즈냐나 요가와 박티 요가라는 경향이 하나의 전통 안에서 교체하며 일어난다는 말씀도 드렸죠. 부파불교의 분화에서도 이 두 양상의 대립이 보입니다. 아무래도 상좌 쪽은 즈냐나의 경향이 강하겠죠. 반면 대중부는 신앙의 대상을 필요로 합니다. 그래서 석가모니를 단순히 한 명의 깨달은 아라한으로 보기보다는 조금 더 높은 존재, 우리를 이끌어 주는 신앙의 대상으로 여기면서 많은 보살들을 만들어 내기도 합니다.

부파불교(소승불교)의 일반적 특징

부파불교에서 이어져 지금 동북아권에서 소승불교라고 부르는 흐름과 연결되는 불교의 특징을 거칠게나마 살펴봐야 할 것 같습니다. 교단과 신행의 양태, 철학적 특징의 두 측면으로 나눠서 살피기로 하지요.

우선 교단과 신행의 영역을 말해 볼까요? 부파불교 시대가 진행될수록 출가자 중심으로 전문화가 이루어지는 모습이 나타납니다. 붓다의 가르침을 각 부파별로 조금씩 다르게 해석하면서, 그 해석의 차이를 밝히는 이론들이 치밀하게 구성되기 시작합니다. 그것은 결국 '론'(論)이라는 형태로 귀결되는데요. 불교 상식이 있는 분들은 귀에 익은 이름들이 있을 겁니다. 『구사론』이라든가 『성유식론』, 『대승기신론』 등의 이름 들어 보셨겠지요? 이 중 『성유식론』, 『대승기신론』은 대승불교에서 이루어진 론이지만, 아무튼 부파불교에서 이 론이라는 것이 만들어지기 시작하지요. 이 작업은 매우 높은 지식이 필요한 전문적인 작업입니다. 그러하기에 이런 일에 종사하는 출가자들도 매우 전문적인 수행과 연구를 할 수밖에 없습니다. 중요한 론을 편찬하는 경우에는 그 부파의 뛰어난 스님들이 모두 모여 함께 작업을 하기도 했고요.

본디 출가자와 재가자가 함께하는 교단의 경우, 출가자가 높여지고 중심이 되는 것은 어찌 보면 당연한 일이겠지요. 그런데 이렇게 전문화가 진행되면 그 위상과 역할의 차이가 매우 크게 벌어집니다. 대중 속에서 탁발을 하며 그들의 삶 속에 어우러지던 모습이 점점 사라지고, 전문가 집단으로 재가자들의 위에 자리하는 모습이 나타나게 되는 것이지요. 그리고 출가자들의 삶은 재가자들의 삶과 차별되는 고결하고 뛰어난 삶이라는 의식도 자라나게 됩니다. 그렇게 되면 재가자들이 살아가는 모습들, 그 세상은 좀 낮은 세상이 되어 버리죠. 깨달음을 얻기 힘든 더러운 세상, 그 속에 살아가는 재가자들은 쉽게 깨달음으로 나갈 수 없으니 착한 일 하여 복을 많이 짓고, 그 공덕으로 다음 세상에 수

행자가 되어 깨달음으로 나가야 한다. 뭐 이런 생각이 나오게 되는 겁니다. 사람 위에 스님이 있게 되는 셈인가요? 그러니 우리 일반적인 사람들의 세계는 불교의 깨달음과는 멀어지고, 결국 소외되게 마련입니다. 이러한 모습이 드러나면서 당연히 그 반동이 일어나게 되겠지요? 그런 모습을 '소승'이라 질타하면서 우리 삶 전체를 아우르는 불교, 출가 재가를 막론하고 모든 이들을 깨달음으로 나가게 하는 불교를 표방하는 대승이 나오게 된다는 말입니다.

이것이 교단과 신행 측면의 이야기라면, 소승불교라 불리게 되는 불교의 양상에는 그 교리에 중요한 특징이 있습니다. 철학적 특징이라고 말해도 되겠지요? 그것은 바로 '법(法)이 실재한다'는 생각입니다. 부파불교 가운데서 '론'을 중요시하지 않고 오직 '경'(經)에만 의거한다는 경량부(經量部)를 제외하면 거의 모든 부파들이 이 주장에 바탕하고 있습니다.

여기서 말하는 '법'이라는 개념은 정말 설명하기 어렵습니다. 가장 가까운 설명이라고 생각하는 것에 바탕해서 이야기를 이끌어 가 보겠습니다. 우선 여기서의 법은 진리라는 의미가 아닙니다. 존재의 최소 단위, 존재의 기본 요소 정도의 뜻으로 보아야 할 것 같아요. 그때의 존재라는 것은 물질과 정신 두 측면을 모두 포괄합니다. 그렇게 볼 때 '법이 실재한다' 하는 것은 대략 다음과 같은 뜻입니다.

"거시적인 관점에서 보면 모든 존재들은 무상하고 끊임없이 변하지만, 그 존재의 근본 요소이여, 근본 성질을 드러내는 법은 과거, 현재, 미래에 걸쳐 항상 변함없이 존재한다." 그렇게 변함없는 존재의 근본 요소를 매우 자세하게 나누고 있지요. 설일체유부(說一切有部)라는 부파에서는 큰 범주가 다섯 가지이고 그 아래 75개의 법이 있다고 합니다. 모든 변화에서 하나의 법은 그 법으로 변화가 이어질 뿐 다른 법으로 변하는 일은 없습니다. 그것이 '법이 실재한다'는 의미에 가깝습니다.

이러한 주장이 왜 나왔을까요? 여러 가지 측면에서 설명할 수 있겠지만, 아마도 완전한 무상성, 극단적으로 모든 존재들이 찰라에 생기고 찰라에 없어진다는 관점에 서면 인과문제 등을 설명하기 매우 어렵다는 점이 가장 큰 이유가 될 것 같습니다. 그래서 적절한 타협점을 찾은 것이라 할 수 있겠지요. 나중에 대승불교에서는 이러한 입장을 '아공법유'(我空法有)의 가르침이라 하였습니다. "거시적인 존재는 그 실체성이 없지만[我空] 그것을 구성하는 법은 실재한다[法有]"고 주장한다는 말이지요. 물론 이 말이 꼭 맞다고 할 수는 없겠지만, 부파불교 일반의 어떤 측면을 잘 말해 주는 것은 틀림없습니다.

그런 기본 관점을 바탕으로 장대한 법의 체계가 이루어집니다. 그렇게 존재의 근본 요소를 실재하는 것으로 인정하고, 그러한 법을 바탕으로 진리 체계를 구성하는 데로 나갑니다. 이때의 진리 체계는 다른 의미의 법의 체계를 말합니다. 오온, 사성제, 십이연기 등등의 이론들이 이 세상의 참모습을 밝히고 수행을 통해 깨달음으로 나가는 참된 진리의 체계로 등장하게 되는 것이지요. 그것이 바로 많은 부파들의 론에서 이루어지는 진리의 체계인 것입니다.

대승의 출현

좀 앞에서 대중부의 흐름은 부파불교 안에서도 상당히 이질적인 흐름이라고 말했지요? 그 흐름은 출가자 중심의 불교를 비판하고 일반인들의 삶을 바탕으로 하는 불교를 일으키고자 하는 것입니다. 그 당시의 큰 흐름과는 다른 새로운 흐름이라 할 수 있지요. 그런 흐름이 괜히 나온 것은 아닐 겁니다. 부파불교의 교단과 신행 체제, 그리고 교리적 측면에 대한 전반적인 비판의식이 바탕에 있다고 할 수도 있지요. 어느 것이 앞이고 어느 것이 뒤인지는 모르겠지만, 당시 불교의 모습이 붓다의 가르침에 어그러진다는 근본적인 비판과 반성이 있었던 거죠. 그에 바탕하여 새로운 불교운동이 일어나게 됩니다. 이것을 그 운동의 주체들은 '대승'(大乘)이라고 불렀습니다.

　'대승'은 '큰 수레'라는 뜻이죠. 물론 '대승'이라는 말은 대승불교 쪽에서만 쓰는 말입니다. 태국이나 실론(스리랑카) 같은 곳에 있는 불교가 자신들을 '소승'이라고 일컫지는 않습니다. 그쪽

불교에 가서 그렇게 부르면 큰일이 나겠죠. 어쨌든 이 대승이라는 흐름은 앞에서 살핀 소승이라 하는 흐름의 두 측면에 대한 강한 비판을 바탕으로 성립합니다. 우선 신행과 교단의 체제에서 일반적인 삶이 소외되고 출가자들 중심의 불교가 된 모습을 비판합니다. 모든 사람을 태울 수 있는 큰 수레가 아니라 출가자들 중심으로 승객이 구성되는 수레라서 소승이라는 것이지요. 우리 일상인들이 사는 세계를 더러운 것으로 규정하고, 출가자의 삶을 청정한 모델로 설정하는 것도 문제라는 겁니다. 왜 우리가 사는 세상을 꼭 더럽다 하느냐는 것이지요. 갑자기 훌쩍 뛰어넘어 대승불교 초기의 경전이라 할 수 있는『유마경』의 한 구절을 들어 보겠습니다. "연꽃은 진흙 속이라야만 피어난다." 우리 세상을 더럽다 하지 말라는 것이지요. 이곳이야말로 진정한 깨달음이 피어나는 자양이 되는 곳이라는 긍정적인 생각을 담아내고 있는 말입니다. 우리 삶의 모든 영역이 바로 깨달음을 성취하는 땅이 되어야 한다는 생각으로 전환을 하는 것입니다. 대승정신의 중요한 축이 바로 여기 있어요.

다음으로는 교리적 측면에 대한 비판입니다. 소승의 법 체계는 붓다의 가르침을 크게 벗어난 것이라고 하는 겁니다. 아무리 변명을 한다 해도 그 법 이론은 무상성을 바탕으로 하는 가르침에 위배된다는 것이지요. 그리고 그렇게 법이라는 것을 바탕으로 하여 진리의 체계를 세우고, 그 진리의 체계로 세상을 설명하려 하는 시도 자체가 '있는 그대로'를 근본으로 하는 붓다의 가르침을 벗어난 것이라 비판합니다. 언어라는 것은 수단일 뿐입니다. 그것을 아무리 정교하게 짜 맞춰도 단지 세상의 한 측면을 잘 드러내기 위한 수단일 뿐, 그 언어로 짜여진 이론 체계가 진리라고 믿는 순간, 그것은 '있는 그대로'가 아니라 참모습을 어그러뜨리는 왜곡에 지나지 않는다고 하는 겁니다.

짧은 시간에 이 이야기를 파헤치는 것은 애초에 될 일이 아닙니다. 좀 뒤에 이야기할 중관불교 대목에서 조금 심도 있는 이야기를 해 보기로 하지요.

이렇게 대승과 소승이 갈라졌는데, 대승에서는 소승 부파들이 붓다의 근본 가르침을 어긴 것을 바로잡는다 하면서, 붓다 가르침의 참된 의미를 담아낸 새로운 경전들을 편찬해 냅니다. 많은 대승 경전들이 나오게 되는 것이지요. 『유마경』, 『금강경』, 『화엄경』, 『법화경』, 『열반경』…. 이런 경전들이 모두 이때 만들어진 대승 경전입니다.

그래서 이 경전들이 붓다의 말씀을 그대로 기록한 것이냐를 따지면, 분명히 아니라고 할 수 있습니다. 물론 이쪽에서는 '소승'이라고 하는 남방불교의 경전은 부처님 말씀을 그대로 기록한 것이냐 하면, 그것도 또 아닐 겁니다. 긴 역사를 내려오면서 많이 첨가되기도 하고 수정되기도 했다는 것은 인정하지 않으면 안 됩니다. 그렇지만 대승 경전이라고 하는 것들은 소승 경전이라고 하는 것들과는 비교를 할 수 없을 정도로 사실성에 있어서 차이가 크지요. 대승 경전 역시 붓다의 가르침에 바탕을 두고 있는 것은 틀림없겠지만 거의 재구성 내지 창작이라고 볼 수 있습니다. 그렇다고 "이것은 가짜야!"라고 던질 수는 없는 것 또한 틀림없습니다. 당시 소승 부파들이 어떻게 잘못된 길로 가고 있었던가, 그리고 그것을 어떻게 타파하고 붓다의 참된 가르침을 실현해 낼 것인가에 대한 깊은 성찰과 치열한 모색을 담은 귀한 가르침이 가득 차 있기 때문입니다. 그리고 그 뿌리를 더듬어 가 보면 붓다의 근본교설에 뿌리를 두고 있고요. 그러한 경전을 대승 경전이라고 인정하는 입장이 아전인수식의 괜한 주장이 아니라는 것 또한 분명합니다.

중관과 유식

이렇게 대승의 흐름이 시작되었는데, 여기서도 크게 중관(中觀)과 유식(唯識)이라는 두 가지 흐름이 등장합니다. 이 흐름들은 굉장히 복잡한 내용을 담고 있지만, 여기서는 아주 간단하게 소개만 하고 넘어가겠습니다.

우선 중관은 중도(中道)와 공(空) 사상을 강조합니다. 공 사상에 대해서는 '색즉시공'(色卽是空)이라는 말이 유명하기 때문에 많이 들어 보셨을 겁니다. 색즉시공은 '색은 바로 공이다'라고 해석할 수 있는데, 한마디로 존재하는 모든 것은 고정불변의 실체가 없다는 뜻입니다. '색'이라는 말은 한 자리에 두 개가 들어갈 수 없는 것을 가리킵니다. 여색이라고 할 때의 색이 아니죠. 공은 비어 있다는 뜻이 아니라, 상호의존적이고 고정불변의 실체가 없음을 말합니다. 연기설과 통하는 개념이죠. 이런 개념들을 중심으로 이야기하는 것이 중관학입니다.

이렇게만 이야기한다면 정말 뜬구름 잡는 이야기가 될 것 같아 여러분에게 친숙한 『반야심경』(般若心經)을 예로 들어 그 구체적인 의미를 살펴보겠습니다. 앞에 말한 '색즉시공'이란 말이 바로 이 『반야심경』에 나오지요? 그것은 단지 '물질이 공이다'라고 말한 데 그치는 것이 아닙니다. 『반야심경』은 색을 비롯한 오온(색수상행식), 육근(안이비설신의), 육경(색성향미촉법)…, 나아가 십이연기, 사성제 등의 소승 법 체계를 전면적으로 '공'이라는 말로 부정하고 있는 것입니다. 그렇게 언어로 구성된 이론 체계는 '있는 그대로'의 참모습이 아니라는 것이지요. 그런 가르침을 진리라고 매달리는 것은 오히려 '뒤집힌 잘못된 생각'[顚倒夢想] 이라는 겁니다. 그러한 가르침들이 귀한 것임에는 틀림없지만, 그것들을 문자 그대로 진리라고 보는 것은 집착에 불과할 뿐이라고 철저히 때려 부수는 것이죠. 그리고 이렇게 붓다의 가르침에도 매이지 않고 있는 그대로 바로 보는 올바른 눈을 떠야 한다고 말하지요.

어떤 이론이나 선입견에 씌지 않는 지혜, 그것이 바로 '반야'(般若)입니다. 무슨 초능력으로 새로운 세상을 보는 것이 아닙니다. 언어와 이론, 관념 등의 선입견이 없이 올바로 보는 지혜를 반야라 하는 것이지요. 이것이 바로 『반야심경』의 기본 뜻이라고 보면 큰 잘못이 없을 것입니다. 소승이 말하는 실재하는 법을 바탕으로 하여 구축한 진리 체계인 법 이론 전체를 부수는 것이 『반야심경』의 골자라는 것입니다. 그렇게 하여 붓다의 근본정신인 '있는 그대로'에 돌아가는 것이 대승의 근본임을 밝히고 있는 것이 『반야심경』이고, 또 이것이 중관불교의 근본입니다. 중관불교의 핵심이 되는 용수(龍樹)의 『중론』(中論)에서는 생멸(生滅), 운동(運動), 인과(因果) 등의 중요한 문제들에 대한 모든 이론을 분석하여, 그 이론들이 모두 모순적이라는 것을 드러냅니다. 이런 일들을 왜 하느냐고요? 말로 된 모든 이론은 결국 참모습을 온전히 설명해 낼 수 없다는 것을 밝히기 위해서입니다.

그렇다고 하여 모든 이론들을 다 배척해야 할까요? 그렇지는 않습니다. 그런 이론들은 세상의 어떤 측면들을 잘 드러내 주는 효용성을 지니고 있어요. 부처님의 여러 가르침도 여러 가지 모습의 괴로움을 치유하는 효용성이 있지요. 문제는 그것들이 방편이라는 것을 잊고 진리라고 고집하는 것입니다. 참모습을 올바르게 보는 반야, 그리고 세상에서 일정한 쓰임새가 있는 여러 가르침과 이론들, 이것들 사이에서 적절한 중도를 취해야 한다는 것이 중관불교의 가르침이라고 보면 될 것 같습니다.

그다음 인도에서 일어난 대승불교의 두 갈래 큰 흐름 중 다른 하나는 유식불교입니다. '유식'(唯識)은 '오로지[唯] 식(識)이다'라는 뜻입니다. 산스크리트어로 이야기하면 '비즈냐프티 마트라'(vijñapti-mātra)라고 합니다. 우리는 보통 무엇을 볼 때 '내가 저것을 본다'라고 생각합니다. 이 말에는 '나'라는 것이 있고, '저것'이라는 것이 있고, 그다음에 '본다'라는 어떤 의식활동이 있다는 것이 전제되어 있죠. 하지만 유식은 '나'라는 것도 의식이요, '저것'이라는 것도 의식이요, '본다'는 것도 의식이라고 설명합니다.

이 말은 우리 의식 속에 들어오지 않은 것은 아무것도 없다는 말입니다. 가령 강단에 서 있는 제가 여러분을 본다고 생각하지만, 내 밖에 여러분이 정말 있는지는 증명할 길이 없습니다. 또 내가 무언가를 만진다고 할 때, 나는 내 촉식 안에 들어온 것밖에는 알 수 있는 길이 없습니다. 무언가를 본다는 것은 내 안식에 들어온 것뿐입니다.

초기불교의 경량부(經量部) 같은 데서는 사물들이 한 꺼풀씩 꺼풀을 벗어던진다고 생각을 하기도 했습니다. 그 꺼풀이 내 눈에 도달해서 사물이 보인다는 겁니다. 그럼 하나의 꺼풀이 눈에 도착한 순간 사물은 새로운 꺼풀을 벗어던지고 있겠죠. 계속 변하고 있어서 내가 보는 것과 실상은 다르다고 생각을 한 거죠. 내가 보는 대로 세상이 있다는 것은 환상에 불과하다는 말입니다.

밤하늘의 별도 마찬가지죠. 별을 보고 참 아름답다고 생각하는 순간에 그 별은 이미 폭발해서 사라졌을지도 모르는 거죠. 빛이 워낙 빨라서 알아차리지 못하지만 눈앞에 있는 사람을 볼 때도 보이는 대로 그 사람이 존재하는 것은 아닙니다.

그런데 이런 생각에는 적어도 대상이라는 존재가 있고, 그 대상이 나에게 빛을 보내서 내가 본다는 생각이 있죠. 하지만 더 나아가면 내 의식 밖에 대상이 있는지 없는지도 알 수 없다고까지 할 수 있습니다. 증명할 수가 없죠. 유식은 이렇게 나와 대상, 보는 행위 모두가 의식일 뿐이라고 설명을 하는 겁니다. 그러니까 모든 존재는 객관적 실재성이라는 것이 없는 것이지요. 그러한 존재의 대표가 무엇일까요? 바로 '나'라는 존재입니다. 밤길을 가다가 컴컴한 길 위에 있는 뱀을 보고 깜짝 놀랍니다. 그런데 알고보니 새끼줄이었어요. 뱀은 나의 착각이 만들어 낸 존재였지요? 존재성이 아주 없는 것은 아닙니다. 놀라서 식은땀을 나게 하는, 그런 작용을 하는 '존재성'을 가지지요. 그렇지만 정말 있는 것은 아니잖아요? 그렇게 착각으로 있다고 생각하는 뱀 가운데 왕뱀이 바로 '나' 즉 '자아'라는 관념입니다. 그 왕뱀을 기점으로 무수한 거짓된 객관적 존재들이 나오고, 그 속에서 우리는 괴로움의 윤회를 겪는 것이라는 말입니다.

그렇게 오직 식(識)뿐이라고 하는 유식불교는, 그 식을 아주 세밀하게 분류합니다. 우선 감각적 분별을 하는 식이 다섯 가지 있지요. 눈, 귀, 코, 혀, 몸이라는 감각기관에 상응하는 식이 있습니다. 안식(眼識), 이식(耳識), 비식(鼻識), 설식(舌識), 신식(身識)이 그것이죠. 이들을 전오식(前五識), 즉 앞 단계의 다섯 식이라고 합니다. 그다음은 이렇게 감각된 것들을 분별, 종합하고 기억도 하는 식이 있죠. 그것은 바로 여섯번째의 식인 의식(意識)입니다. 그다음엔 일곱번째의 식인 말나식(末那識)이 있는데요. 이 식은 무슨 작용을 하는 식일까요? 바로 앞에서 이야기한 왕뱀, 즉 '나'라는 관념을 만들어 내는 식입니다. 나라는 존재는 실재하지 않지요? 논리적으로도 경험적으로도 증명되지 않지요? 그 관념이 어디서 나올까요? 한번 나오면 무수한 거짓된 새끼 뱀을 낳는 그 왕뱀! 그것을 만들어 내는 것이 바로 말나식입니다. 그런데 이 식보다 더 세밀하면서도 항상 저류에 흐르고 있는 식이 있어요. 바로 다음에 말씀드릴 아뢰야식(阿賴耶識, ālaya vijñāna)입니다. 이 아뢰야식의 특징 중에 하나가 절대 끊이지 않고 항상 흐른다는 것이거든요. 말나식은 자신보다 더 깊은 곳에서 항상 흐르는 이 아뢰야식을 참된 나라고 생각해서 '나'라는 관념을 형성합니다. 그리고 그것을 중심으로 전오식과 아뢰야식을 매개하는 역할을 하지요.

말나식 다음에 있는 식이 아뢰야식인데요. '아뢰야'라는 말은 산스크리트어의 알라야(ālaya)를 음역한 것인데 창고라는 뜻을 가지고 있습니다. 이 식은 모든 종자, 즉 씨앗들의 창고입니다. 사람이 어떤 행위를 하여 업을 지으면 그것이 이 식에 저장됩니다. 그 과정을 훈습(薰習)이라 합니다. 훈제품을 만들 때 연기가 배는 것처럼 우리 행위가 종자에 갈무리된다는 겁니다. 이 식속에 담긴 종자는 폭포처럼 항상 변화하면서 흐르고, 담긴 업을 같은 종류로 이어 가면서 보존합니다. 그리고 때가 되면 그 업의 결과를 현실로 드러내지요. 아뢰야식을 중심으로 세계가 이루어지는 겁니다. 창고로 들어가고 창고에서 나오고, 인과응보도 그식을 중심으로 해서 이루어지죠. 우리가 객관세계라고 하는 것도 아뢰야식을 뿌리로 해서 현현된 것입니다.

유식은 이렇게 식(識)으로부터 이루어지는 나와 세계의 참모습을 바로 보아 깨달아야 된다는 가르침이에요. 괜스레 현학적인 이야기를 하는 가르침이 아닙니다. 식에 바탕하여 일어나는 것을 착각하여, 연기적 허구에 불과한 자아를 참으로 있다고 믿는 잘못된 방향성이 있지요. 그러나 그 연기적 허구성을 바르게 보면 식을 바탕으로 하여 이루어지는 세계의 모습을 참되게 알 수도 있습니다. 단순히 관념적인 유희를 하는 것이 아닙니다. 우리를 번뇌와 괴로움으로 이끄는 잘못된 집착의 뿌리를 바로 알고자 하는 것에서 유식은 출발하고 있는 것이지요. 일체유심조(一切唯心造)라는 생각도 유식의 관점에서 잇따라 나오는 것인데, 그 뿌리가 우리의 괴로운 윤회를 멈추려는 것임을 잊어선 안됩니다. 자칫하면 "모든 것은 마음에 달렸어!" 하면서 허황한 관념의 세계를 헤맬 위험성도 있다는 것을 이 자리를 빌려 말씀드립니다. 모든 것이 마음에 달렸다고 보는 것이야말로 객관적인 세상을 마음 밖으로 몰아내는 방식 아닌가요? 모든 것이 마음이라면 세상도 마음이니, 세상을 잘되게 하는 일이 마음 잘되게 하는 일이라는 일관된 관점을 가져야 하는 것이지요.

참으로 거칠기 짝이 없게 중관과 유식의 특징을 그려 봤네요. 아무튼 이 정도가 제 한계입니다. 이해해 주시기 바랍니다. 이렇게 인도에서 중관과 유식이 성립하고 발전하는데 이것이 중국에 들어와서 중관은 삼론종(三論宗)으로, 유식은 법상종(法相宗)으로 이어진다는 말로 마무리를 하겠습니다. 아, 『서유기』의 주인공 삼장법사의 모델인 현장법사가 인도에 가서 배워 온 것이 바로 유식불교이고, 그래서 중국 법상종의 개조가 된다는 것도 말씀드리고요.

불교의 전파와 선종

불교가 중국으로 전해지고 나서 중국 불교에는 특이하게도 경전 중심의 종파들이 생겨납니다. 『화엄경』을 중심으로 한 화엄종, 『법화경』을 중심으로 하는 천태종…. 이런 종파불교가 생겨나고, 또 나중에는 노장사상과 불교가 결합하면서 선종이라는 독특한 형태의 불교가 발전하기도 합니다. 불교는 또 티베트 쪽으로 전파되기도 했는데, 티베트에서는 현지의 민간신앙과 결합하면서

밀교가 생겨납니다. 탄트리즘이라고도 하는데요. 이 역시 대승 불교의 한 갈래입니다. 여기서는 중국적인 불교이며 한국에도 큰 흐름을 형성하고 있는 선종에 대해 간략하게 살펴보기로 하겠습니다.

선종의 기본 종지는 "불립문자(不立文字) 교외별전(敎外別傳) 직지인심(直指人心) 견성성불(見性成佛)"이라는 네 구절로 설명됩니다. '문자를 쓰지 않고, 붓다의 말로 된 가르침 밖에 따로 전해졌으며, 곧바로 사람의 마음을 가리켜, 그 본성을 보아 붓다를 이룬다'는 뜻입니다. 선종은 아난 존자가 기억하여 기술한 교(敎)와는 다르게 마하가섭에게 붓다의 깨달음을 그대로 전하면서 계속 이어져 왔다는 것입니다. 그것이 마하가섭에서 아난 존자, 상나화수 등으로 한 사람에서 한 사람으로 전해지다가 28대 달마조사에 의해 중국에 전해졌고, 중국의 여섯 조사가 있게 되지요. 그 다음은 한 사람에게 전해지는 전통이 없어지고 널리 퍼지게 됩니다.

선종의 특징이 되는 근본적인 가르침은 바로 "마음이 곧 붓다"라고 할 수 있습니다. 물론 "마음도 붓다도 아니다"라는 말도 있지만, 그것은 선종의 독특한 기풍 속에서 나온 반어법이라 할 수 있습니다. 그 마음을 곧바로 깨달아 붓다를 이룰 수 있다는 것이 선종입니다. 이 선종은 불교사적으로 큰 의미를 지닙니다. 대승의 교학이 휘황하게 발달하면서, 정말 너무나 장대한 관념적인 교리의 체계가 형성되지요. 그렇게 되면 무식한 사람은 접근도 못할 정도로 난해해져 버리지 않겠어요? 그런 교리체계를 아는 것이 바로 불교의 본질인 깨달음과 혼동되기도 하고, 또 그것을 알아야 깨달을 수 있다면 아는 것이 깨달음을 지향해 가는 데 큰 장애가 될 수도 있고요. 그것을 한방망이로 때려 부순 것이 선종입니다. 지식이라는 것으로 줄세우기 하는 불교를 타파하고, 돼지잡던 백정이 도살의 칼을 던지는 그 순간에 바로 붓다가 될 수도 있다고 말하는 선종! 모든 중생에게 붓다가 되는 문을 활짝 열어젖힌 것이 바로 선종이라 할 수 있겠습니다. 그러한 선종이 이루어지는 배경에는 노자와 장자의 사상이 큰 기여를 했다는 점에서 중국적인 불교라고 말할 수도 있겠네요.

한반도에는 삼국시대에 처음 불교가 들어오는데, 신라 쪽에서 화엄종이나 천태종이 많이 연구되다가, 신라 말부터는 선종이 들어오기 시작하고, 고려 중기 이후가 되면 선종이 우세해집니다. 그러다가 조선 오백 년 동안 탄압을 받으면서 거의 선종밖에는 남지 않게 됩니다. 선종이 살아남은 이유는 여러 가지가 있겠지만, 아무래도 교종보다 선종이 훨씬 간편하기 때문일 겁니다. 교종은 여러 의식이 있고 도구도 많아야 하는데, 선종은 독특하게도 붓다까지도 무시를 하죠. 단적인 예로 중국 당나라 때의 승려인 운문문언(雲門文偃)의 이야기가 있습니다. 석가모니가 태어나자마자 일곱 발자국을 떼면서 "천상천하유아독존"(天上天下

唯我獨尊)이라는 말을 했다고 하죠. 이 이야기에 대해서 운문문언 선사가 말하기를 "내가 만일 석가모니가 태어날 당시에 거기에 있었다면 허튼소리를 하는 석가모니를 한 몽둥이로 때려 죽여서 굶주린 개한테나 던져 줬을 것이다"라고 했다고 합니다. 참독하죠. 그런데 이 말을 들은 당시의 다른 선사들은 운문문언이 이제서야 부처님의 은혜를 갚았구나, 라고 칭찬을 했다고 하죠. 이게 바로 선종입니다. 그러니까 불상 같은 거 모시고 절하고 그런 것에 별로 연연해하지 않는 겁니다. 또 노동하는 전통이 있어서, 탄압을 받으면서도 선종이 잘 버텼다는 측면도 있습니다.

계정혜 삼학이라는 면에서 보면, 선종은 정학을 중심으로 해서 발달한 종파입니다. 우리 한국의 불교는 선과 교를 통합한 불교를 표방하고 있습니다. 그렇지만 해방 이후 한국불교의 주류를 이룬 흐름은 경허(鏡虛)라는 걸출한 선승을 뿌리로 하고 있습니다. 그래서 그런지 한국의 불교는 선종적인 색채가 강하고 교학적인 연구가 좀 뒤떨어진 면이 있다는 것을 부정할 수는 없습니다. 하지만 또 다른 측면에서 보면 한국 불교만이 여전히 대승불교의 어떤 측면을 고수하고 있다고도 할 수 있는데요. 일본 불교가 장례불교로 전락한 측면이 있고, 중국 역시 민간신앙과 결합이 되어서 불교 본연의 모습은 많이 사라졌다고 할 수 있습니다. 그런데 우리는 그렇게 오래 박해를 받았으면서도 대승불교의 뿌리를 지키고 있는 모습이 그래도 남아 있다고 할 수 있습니다. 물론 역사적으로 고생을 많이 하다 보니 엉망인 측면도 많지만요.

불교가 있게 된 세상

그렇다면 한국 불교를 넘어서 세계적인 차원에서 불교는 어떤 위상을 지니고 있을까요? 실제의 신도 수로 따지면 힌두교에도 밀리는 것이 불교입니다. 그렇지만 힌두교가 불교보다 범세계적인 영향력을 지니고 있다고 보지는 않습니다. 불교는 신도 수를 넘어 세계의 지성인들 층에 폭넓은 추종자(?)를 지니고 있습니다. 그들을 다 불교 신도라고 부를 수 없다는 점, 그 점 또한 불교의 특징을 말해 주는 것이 아닐까 싶네요. 무슨 말이냐고요? 불교는 인류의 종교에서 처음으로 어떤 절대자, 또는 관념에서 창출된 절대적 존재에 대한 믿음을 강조하지 않고, '있는 그대로'를 근본 종지로 삼은 종교라고 생각합니다. 나중에 대중적 신앙으로서 종교 교단이 형성되면서 붓다가 초월적 존재로서 신앙의 대상이 되기도 하지만, 근본적으로 붓다는 우리와 다른 태생적 근원을 가진 존재도 아닙니다. 우리 모두가 붓다가 될 수 있다는 것은 불교의 근본 전제라고 할 수 있지요. 세계 어떤 종교가 이런 모습을, 이렇게 뚜렷하게 가지고 있나요? 제가 보기엔 없습니다. 이 자체로 불교는 인류의 지성사에 새로운 흐름을 일으킨 혁명적인 가르침이라고 생각합니다.

신앙이라는 형태를 떠나 모든 사람들이 합리적인 사유를 통해 접근하고, 세상을 보는 새로운 눈을 뜨는 촉매가 되며, 자신을 완성시키고 세계를 평화롭게 만드는 길을 찾아 나가는 좋은 방편을 제시할 수 있는 것이 불교의 특색이라고 생각합니다. 그런 측면에서 불교는 붓다 이래 최전성기를 맞고 있다고 해도 좋을 것입니다. 많은 지성인들이 불교를 기본 소양처럼 지녀 가는 풍조가 일반화되고 있다 합니다. 꼭 종교적인, 신앙적인 모습을 띨 필요가 없다는 것이 오히려 석가모니의 근본정신에 부합하는 것이 아닐까요? 석가모니는 한번도 "나를 믿으라!"라고 한 적이 없습니다. "눈 있는 자 와서 보라!"라고 했지요. 오히려 종교 교단을 형성하면서, 가끔가다가는 아귀다툼의 양상을 벌이는 한국 불교의 모습은 정말 붓다 가르침의 근본을 잊은 것이 아닌가 하는 생각이 듭니다.

　이렇게 불교 전반에 대해서 이야기를 해 보았는데요. 짧은 강의에서 다루다 보니 설명을 못하고 넘어간 부분도 많이 있을 거라고 생각합니다. 강의 들으시면서 관심이 생겼다면, 더 공부를 하시기로 하고 불교에 관한 강의는 여기서 마치겠습니다.

3장

공자, 무너진 세상에서 이상 사회를 꿈꾸다

매력적인 인간, 공자

이번 시간에는 공자에 대한 이야기를 해 보겠습니다. 공자는 중국 문화의 아버지라고 불립니다. 공자 이후에 중국사상에는 제자백가라고 해서 여러 가지 갈래들이 많이 생기죠. 공자가 비조가 된 유가가 있고, 노자와 장자의 도가, 그 밖에도 묵가, 종횡가, 오행가 등등 굉장히 많은 학문적 갈래가 있습니다만, 이 모든 흐름이 공자 없이는 성립할 수 없었을 것이라고 이야기될 정도로 공자는 중요한 인물입니다.

공자는 평생 문화를 정리했습니다. 공자가 한 유명한 말이 있죠. '술이부작'(述而不作), 자신은 선왕의 도를 '기술'하기는 했지만 '창작'은 하지 않았다는 말이죠. 하지만 '술'하는 과정도 창작이죠. 어떻게 선택적으로 기술을 하느냐가 결국 창작으로 연결이 되는 것인데, 공자는 이 '술'하는 과정을 통해 고대부터 당대까지 전해 온 중국 문화를 총체적으로 정리를 했습니다. 그리고 그 정리한 바탕 위에서 이후의 중국 문화가 발달했다고 말해도 과언이 아니라고 할 수 있습니다.

유가의 전인교육

우리가 흔히 '공자님 말씀'이라고 해서 그저 지당한 말씀만 하는 분으로 공자를 생각하기가 쉬운데, 사실 공자는 인간적으로도 상당히 매력이 있는 사람입니다. 우선 공자는 음악광이었죠. 「소」(韶, 순임금 때의 음악)라는 음악을 듣고 그것을 배우면서 "삼월부지육미"(三月不知肉味), 그러니까 삼개월 동안 고기 맛을 모를 정도였다는 이야기가 『논어』에 나오죠. 또 노래를 잘하는 사람을 보면 "필사반지, 이후화지"(必使反之, 而後和之)라고 했습니다. 반드시 다시 노래를 하도록 해서 듣고, 화답을 했다는 뜻인데요. 이렇게 음악을 즐길 줄 아는 멋있는 사람이었던 거죠.

또 공자는 전인교육을 추구한 교육자였습니다. 우리는 유가라고 하면 굉장히 나약하고 치우친 학문을 하는 사람이라는 이미지를 가지고 있는데, 공자가 가르친 학문을 보면 유가에 대한 일반적인 의식이 오해라는 걸 금방 알 수 있습니다. 공자는 육예(六藝), 즉 예악사어서수(禮樂射御書數)를 집중적으로 가르쳤다고 하죠. 예(禮)와 음악[樂], 활쏘기[射]와 수레 몰기[御], 글쓰기[書]와 셈하기[數]를 말합니다. 음악은 예술이고, 활쏘기나 수레 몰기는 무(武)에 가깝죠. 이렇게 육예에 통달해서 문무를 겸비한 사람들을 길러 내는 것이 공자의 교육이었습니다. 그러니까, 유가의 교육이라는 것이 문무 어느 쪽에 치우친 인간이 아니라, 총체적인 교양을 갖는 '교양인'을 길러 내는 것이라고 말할 수가 있는 겁니다. 이렇게 공자는 가히 전인적인 교육을 말했고, 자신도 육예에 통달했던 분입니다. 어떤 사람이 공자에 대해 '박학이무소성명'(博學而無所成名)이라는 말을 했다고 하죠. 공부를 많이 했는데 두드러지게 뭐 하나 잘하는 것이 없다는 비판의 말입니다. 이 말을 전해 듣고 공자는 다음과 같이 말했다고 합니다. "내가 무엇을 해 볼까? 수레를 몰아 볼까? 아니면 활쏘기를 해 볼까? 그냥 수레 모는 일이나 해야겠다"[吾何執? 執御乎? 執射乎? 吾執御矣]. 이 말에는 활쏘기나 수레 몰기 같은 것은 자신 있다는 투가 드러나죠. 다 잘한다는 말입니다. 이렇게 공자는 아주 여러 일에 통달한 전인적인 인물이라고 할 수 있습니다.

공자의 또 하나의 특징은 바로 '호학'(好學)입니다. 공자는 평소에 굉장히 겸손합니다. 덕이 있다고 칭송을 받거나 하면 그렇지 않다고 겸양하는 모습을 많이 보이죠. 하지만 공자가 겸양을 하지 않고 자신 있게 이야기한 것이 바로 '호학'입니다. '나처럼 배우기를 좋아하는 사람은 별로 없을 거'라고 자부를 하죠. '발분망식 낙이망우'(發憤忘食 樂而忘憂)라는 말도 『논어』에 나오는데, 배우기를 좋아해서 '분발할 때는 밥 먹는 것도 잊고, 배우는 즐거움에 근심을 잃어버리는 사람'이라고 스스로를 표현한 것입니다.

공자의 출생과 가계

공자는 이름이 구(丘)고 자가 중니(仲尼)입니다. 중국에서는 형제의 항렬에 따라 자가 달라지는데, 맏이에게는 백(伯), 둘째에게는 중(仲), 셋째에게는 숙(叔), 넷째에게는 계(季)라는 글자가 붙습니다. 지금 공자의 자를 중니라고 했으니, 공자가 형제 중에 둘째로 태어났다는 것을 알 수 있습니다. 주 무왕이 은나라를 치는 것을 막아섰던 백이, 숙제의 이름에도 이 글자들이 들어가 있죠. 백이는 맏이, 숙제는 셋째인 겁니다. 중니의 '니'(尼)라는 글자는 공자의 어머니가 니구산에서 기도를 하고 태어났기 때문에 붙었다고 하죠.

공자의 아버지는 숙량흘(叔梁紇)이라고 하는 사람이고 어머니는 안징재(顔徵在)라고 알려져 있는데, 사마천의 『사기』에서 공자의 아버지와 어머니가 '야합'(野合)을 해서 공자를 낳았다는 표현이 있어서 말이 많습니다. 이걸 두고 들판에서 관계를 해서 낳았다는 식으로 해석하는 사람들도 있는데, 그렇게 보기는 어렵고요. 『사기색은』(史記索隱) 같은 책에서는 공자의 아버지의 나이가 이미 64세를 넘어서 예를 제대로 치르지 않고 결혼한 것이라고 하고 있습니다. 공자의 어머니를 후처로 들여서 공자를 낳았기 때문에 '야합'이라는 단어를 썼다고 주석을 붙이고 있죠.

공자의 아버지 숙량흘에 대해서는 남아 있는 기록이 별로 없습니다. 『춘추좌전』에 나온 것이 다인데, 힘이 아주 센 장사로 묘사되고 있습니다. 노나라와 제나라가 전쟁을 하는데, 성에 쳐들어갔다가 매복에 걸렸다고 하죠. 후퇴를 못하도록 성문이 떨어져 내리고 있었는데, 숙량흘이 성문을 받쳐 들고 사람들을 다 후퇴시킨 다음에 성문을 내려놓고 빠져나왔다는 이야기가 기록되어 있습니다. 그런 장사라서, 육십이 넘어서 자식을 보았는지도 모르겠습니다.

이런 기록들에 기반해서 일본의 작가가 공자의 전기를 쓰기도 했죠. 공자는 니구산 무당의 아들로 니구산에 있던 무녀와 숙량흘이 관계를 맺어 낳은 아들로 묘사를 했습니다. 공자가 예에 밝은 것도 무녀의 아들이기 때문인데, 예전에는 무녀가 예를 관할했기 때문이라고 쓰고 있습니다. 많이 퍼져 있는 이야기인데, 이미 『사기』를 비롯한 공자에 대한 여러 기록에서 나온 이야기들을 정리한 것이라고 할 수 있겠습니다. 어쨌든 공자가 그렇게 귀한 신분이 아니었던 것은 분명합니다. 공자 스스로도 "나는 어릴 때 천했었다"[吾少也賤]라고 이야기를 하죠. 누군가 공자에게 어찌 이리 다능하시냐고 묻자, 자신이 어려서 천했기 때문에 여러 가지 기예에 능할 수 있었다고 대답을 한 것입니다. 공자가 여러 분야에 박식하고 기예에 능하니까 감탄하는 사람들이 많았던 모양입니다. 그래서 공자를 '생이지지자'(生而知之者), 즉 나면서부터 아는 사람이라고 칭송을 하는 사람도 많았는데요. 공자는 젊었을 때 자신이 천했기 때문에 이것저것 열심히 배웠을 뿐이라고 겸손하게 대답을 하고 있는 겁니다. 하지만 공자 사후에는 다시 '생이지지자'라고 추앙하는 사람들이 생기기도 합니다.

어쨌든 높은 신분이 아니었음에도 불구하고 공자는 대부(大夫)에 올랐었죠. 잠시나마 제후에게 발탁되어 일을 했던 건데요. 당시 여전히 신분사회였음에도 불구하고 이런 일이 가능했던 것은, 공자가 살았던 시대와 관련이 있습니다. 좀 설명이 길어지겠지만, 공자가 살았던 시대에 대해 살펴보고 다음으로 넘어가겠습니다.

공자의 시대, 춘추시대

공자가 살던 시대를 춘추시대(春秋時代)라고 하는데, 이어지는 전국시대(戰國時代)와 함께 춘추전국시대라고 일컬어집니다. 춘추전국시대는 주(周) 왕조의 말기입니다. 중국에서 상고의 역사는 하(夏) 왕조, 은(殷) 왕조, 주 왕조가 차례로 이어집니다. 세 왕조를 합쳐서 '하은주'(夏殷周)라고도 많이 부르죠.

주 왕조 이전

하은주 이전에는 삼황오제(三皇五帝)가 있었다고 합니다. 이 시기는 전설의 시대라고 할 수 있는데요. 삼황은 대체로 복희(伏羲), 신농(神農, 수인씨燧人氏), 황제(黃帝)를 말합니다. 오제는 소호(少昊), 전욱(顓頊), 고신(高辛), 요(堯), 순(舜), 이렇게 보기도 하는데, 전하는 책마다 조금씩 다릅니다. 오제 중 마지막 두 왕이 훌륭한 임금의 대명사인 요, 순입니다. 이런 시대에는 왕위를 세습하지 않고 훌륭한 이를 찾아서 선양을 했다고 하죠.

요순을 잇는 왕이 우왕(禹王)입니다. 우왕은 치수로 유명한 왕입니다. 아마도 그 당시에 전 세계에 엄청난 홍수가 있었던 것이 틀림없어 보입니다. 고대 문명치고 홍수 전설이 없는 문명이 별로 없거든요. 중동에는 노아의 방주를 비롯한 홍수 신화들이 있고, 아메리카 대륙에도 홍수 전설이 전해진다고 합니다. 중국에서도 요순 임금과 우임금에 이르기까지 엄청난 홍수가 있었던 모양입니다. 이 홍수를 '호호회산양릉'(浩浩懷山襄陵)이라고 표현하기도 합니다. 물이 언덕을 넘고 산을 에워싸면서 흘렀다는 뜻입니다.

이 홍수를 우임금이 물길을 터서 해결했다고 하죠. 홍수를 막겠다고 하도 땅을 쳐다보고 다녀서 허리가 꼬부라지고, 진흙밭을 하도 빠대고 다녀서 정강이에 털이 하나도 남지 않았다는 이야기가 전해 오는 부지런한 임금입니다. 『서경』 「대우모」(大禹

謨)를 보면 홍수를 다스리느라고 어찌나 바빴던지 아내가 애를 낳았는데 집에 들를 틈도 없었다고 하죠. "삼과기문불입"(三過其門不入), '자기 집 문 앞을 세 번 지나가면서도 들어가지 못했다' 합니다. 이렇게 바쁘게 돌아다니면서 치수를 했던 임금입니다. 그런데 우임금 때부터 뭔가 소유하고 축적할 만한 게 생겼는지, 그때부터 사유재산이 생기고 왕조가 세습을 합니다. 이렇게 시작된 것이 바로 하 왕조입니다. 우임금이 세운 나라죠.

이 하 왕조의 마지막에 걸(桀)이라는 폭군이 나오죠. 탕(湯)임금이 이 폭군 걸을 쳐서 항복시키고 은 왕조를 엽니다. 요순과 우임금, 은나라를 세운 탕임금을 함께 일컬어 '요순우탕'이라고 하는데, 성군을 가리키는 대표적인 말입니다. 그런데 탕임금에 의해 세워진 은 왕조에서도 마지막에는 폭군이 또 나옵니다. 주(紂)라는 임금이죠. 이때 서쪽에 있던 주(周)나라에서 문왕이라는 아주 어진 임금이 나옵니다. 은의 주왕이 하도 폭정을 하니까 민심이 다 문왕 쪽으로 돌아섭니다. 기록을 보면 천하를 셋으로 나누었을 때 문왕이 그중에 둘을 지배했다는 말도 나옵니다. 천하를 거의 장악했던 거죠. 하지만 문왕은 자기가 섬기던 은 왕조를 차마 치지 못하고 죽습니다.

문왕이 죽고 나서 그 아들인 무왕이 은 왕조를 쳐서 없애 버리죠. 두번째 역성혁명이 일어난 겁니다. 첫번째는 탕임금이 하 왕조를 무찌르고 은을 연 것이고, 주나라를 연 것이 두번째 역성

혁명이죠. 이때 백이와 숙제가 등장합니다. 무왕이 은을 치러 나
갈 때 백이와 숙제가 나서서 신하로서 임금을 쳐서는 안 된다고
말렸다고 하죠. 하지만 무왕이 듣지 않고 출정하니까, 수양산에
가서 고사리 캐먹다가 죽었다는 이야기가 전해집니다.

주나라와 봉건제도

이렇게 탄생한 것이 주 왕조입니다. 주나라는 특이하게도 봉건
(封建)이라는 제도를 실시했습니다. 봉건은 왕족이나 공이 큰 신
하에게 땅을 떼어 주고, 그 영지에 대해서는 자치권을 인정하는
제도입니다. 땅을 떼어 주는 규모나 세력에 따라 공-후-백-자-
남이라는 제후의 등급이 나뉘죠. 가장 높은 것이 공작이고, 자작
과 남작은 세력이 가장 적습니다. 왕은 천하의 중심에 직할 통치
지역을 갖습니다. 이걸 왕기(王畿)라고 하죠. '기'(畿) 자는 '경기
도'라고 할 때 쓰는 글자죠. 서울 주변을 일컬어 '경기'라고 하는
겁니다. 서울이 다른 곳으로 옮기면 그 주변이 경기가 되는 거고
요. 이 왕기라는 지역은 왕이 직접 다스리는 지역이고, 그 외의
땅은 전부 떼어 주었습니다. 이렇게 땅과 자치권을 주는 대신, 제
후들에게는 여러 의무가 있습니다. 왕에게 조회를 들어와야 하
고, 공물을 바치는 의무를 집니다. 왕에게 큰일이 있을 때는 제후
들이 군사를 보내서 도와야 하고, 왕 역시 제후국에 문제가 생기
면 지원을 해야 하는 관계인 거죠.

이런 봉건제도는 종법제도(宗法制度)를 기반으로 합니다. 왕은 천하의 종갓집이고 제후들은 지손(支孫)들인 겁니다. 왕이 천하의 종주로서 행동을 하면서 씨족 모델을 천하에 확산시킵니다. 그리고 이 관계는 의리로 맺어져 있었습니다. 이 모델은 굉장히 효율성이 있었습니다. 이 당시에는 지역 간 거리가 멀고 교통도 불편해서 왕이 직접 전체를 지배할 수가 없었습니다. 그럴 때 제후에게 땅을 떼어 주고 열심히 개척하도록 하면 효율적이고 각자의 영지를 개척하면서 나라가 점점 넓어지는 효과가 있습니다.

그런데 봉건제에는 치명적인 문제가 있습니다. 대를 거듭하면서 자손이 퍼지게 되면 왕과의 관계도 멀어지고, 귀족의 수가 늘면서 영지를 다 줄 수도 없겠죠. 하지만 이건 나중 이야기고, 처음에 주 왕조는 잘 운영되었습니다. 특히 주 왕조 초기에 문물을 정비한 주공(周公) 단(旦)의 역할이 컸죠. 공자가 평생 동안 따르려 했던 인물이 주공 단입니다. 무왕이 시작하고 주공 단에 의해 기틀이 잡힌 주나라는 한동안 문제없이 잘 운영됩니다.

동주와 춘추시대

그런데 중간에 몇 번 주나라가 급속도로 쇠약해지는 사건이 일어납니다. 춘추전국시대의 역사를 그린 『열국지』의 처음을 장식하는 이야기로 주 유왕(幽王)과 포사(褒姒)의 이야기가 있죠. 주나라의 유왕이 포사라는 천하절색의 미인을 얻었는데, 이 여인이 좀처럼 웃지를 않습니다. 그런데 한번 웃으면 그 모습이 너무나 사랑스러워서 웃기려고 온갖 애를 쓰죠. 처음에는 비단을 좍좍 찢는 소리가 좋다고 배시시 웃어서 비단을 막 찢어댔는데, 좀 있으니 시들해져서 다시 웃지 않는 겁니다. 그래서 나중에는 제후들의 군대를 부르는 봉화를 올리기에 이릅니다. 봉화를 올리면 제후들이 왕을 구원하기 위해 군대를 이끌고 허겁지겁 달려오는데, 도착해 보니 아무 일도 없어서 우왕좌왕하는 걸 보고 포사가 크게 웃었다는 거죠. 주 유왕이 이런 일을 세 번을 했어요. 이쯤 되면 양치기 소년의 우화가 떠오르죠. 그런 일을 천하를 상대로 행한 겁니다. 그런데 그러다가 정말로 폐위된 태자의 외가인 신국(申國)과 견융(犬戎)이라는 오랑캐가 연합해서 쳐들어왔어요. 봉화를 올렸지만 이번에는 제후들이 아무도 안 왔습니다. 왕도가 불타고 왕과 포사가 난리통에 죽습니다.

주나라가 망하기 일보직전이었는데, 폐위되어 외가에 가 있던 태자가 왕위를 잇습니다. 하지만 왕실의 체면은 형편없이 구겨졌죠. 왕도도 다 타버려서 거기서 더 버티지 못하고 동쪽의 낙양으로 천도를 합니다. 이 천도를 기점으로 그 이전을 서주시대라고 하고 그 이후를 동주시대라고 하죠. 동주시대에는 왕권이 약해지다 보니, 제후들이 말을 안 듣기 시작합니다. 제후들끼리 전쟁을 해서 토지를 넓히려고 하고, 그러다 보니 망하는 제후국도 생기지만 왕이 개입할 수가 없는 거죠. 이렇게 싸움판이 벌어지기 시작한 것이 바로 공자가 살았던 춘추시대입니다. 공자가 정리했다고 하는 역사책 『춘추』에서 따와서 후대에 춘추시대라고 명명을 한 것이죠.

난세와 제자백가의 출현

이 춘추시대만 해도 그런대로 왕실의 권위가 유지는 되고 있었는데, 그다음 전국시대가 되면 그마저도 없어집니다. 전국칠웅이라고 일곱 개의 강력한 제후국이 출현하는데, 이 나라들이 전부 왕이라는 칭호를 쓰기 시작하는 것도 전국시대부터입니다. 원래 제후는 왕이라는 이름을 쓸 수 없는데, 전국시대가 되면, 제왕, 초왕…, 이런 식으로 모두 왕을 칭하고, 주 왕실은 유명무실해지는 겁니다. 이렇게 기존의 국제 질서가 무너지면 전반적으로 신분제도가 무너지고, 도덕이나 가치의 체계도 모두 망가지게 되죠. 정치, 경제, 사회, 문화적으로 총체적인 혼란이 빚어집니다. 한마디로 봉건제도를 지탱하던 예가 다 무너져 버린 겁니다.

앞에서 이 시대의 역사를 담고 있는 책으로 『열국지』 이야기를 잠깐 했었는데, 이 『열국지』를 읽어 보면, 이름 있는 사람치고 제명에 죽은 사람이 드물죠. 어찌나 혼란스러운지 사람이 수도 없이 죽습니다. 또 성도덕의 타락이 말도 못합니다. 왕이 며느리를 들이려다가 너무 예뻐서 자기 부인으로 삼는 일도 있고, 배다른 아들이 또 그 어머니와 사통을 하는 일이 벌어지기도 합니다. 거기서 또 아들이 태어나기도 하죠.

하희(夏姬)라는 여자를 둘러싼 일은 그야말로 결정판이라고 할 수 있는데요. 이 여자는 나이를 먹어도 육체적인 아름다움을 유지하고 있었다고 합니다. 그 미모를 가지고 진(陳)나라의 임금과 신하들과 번갈아 사통을 했다고 하죠. 그러면서 임금과 신하가 서로 하희가 준 속옷을 자랑하고 하다가 나라가 쫄딱 망한 일이 있습니다. 이런 일들이 기록에 남을 정도로 엄청나게 혼란한 시대였다고 할 수 있습니다.

새로운 질서를 세울 필요가 있는데, 아직 새로운 이념은 제시되지 않은 시대였던 거죠. 이런 시대에 공자를 선두로 해서 제자백가의 수많은 사상가들이 새로운 질서를 세울 이념을 가지고 등장하는 것이 또한 춘추전국시대였습니다. 그런데 제자백가의 사상가들이 등장할 수 있었던 것은 역설적으로 당시의 혼란스러운 상황 때문이었습니다. 예전같이 엄격한 신분질서 속에서라면 공자 같은 인물이 나올 수가 없습니다. 아무리 잘나고 공부를 많이 해도 신분이 낮으면 뜻을 펼칠 길이 없죠. 하지만 춘추전국시대는 제후의 열국들이 경쟁을 하던 시대입니다. 서로 먹고 먹히는 경쟁을 하는데, 신분을 따져서는 인물을 제대로 쓸 수가 없겠죠. 부국강병을 위해 훌륭한 인물을 쓰려면 신분제도에 막혀 있어서는 안 되었던 겁니다. 그래서 경쟁적으로 똑똑한 인물을 신분의 귀천을 가리지 않고 끌어 쓰는 풍조가 일어나기 시작하는 거예요. 난세일수록 사람이 필요하거든요.

공자가 그 분위기를 타면서 학문을 통해서 유능한 사람들을 길러 내기 시작합니다. 이런 의미에서 공자를 중국 역사상 최초의 직업적 교사라고 하는 사람도 있습니다. 『논어』에 보면 공자가 "자행속수이상, 오미상무회언"(自行束脩以上, 吾未嘗無誨焉)이라는 말을 하는데요. '속수'(束脩)라는 것은 묶은 육포 같은 것으로 가장 간단한 예물을 말합니다. 회(誨)는 가르친다는 뜻이고요. 그러니까 가장 간단한 예물이라도 가지고 오면 가르쳤다는 말입니다. 이런 말에서 '무언가를 받고' 가르쳤다는 점에 주목을 하는 사람들이 공자를 최초의 직업적 교사라고 하는 겁니다. 하여튼 공자가 여러 유능한 인물들을 배출해서 실제로 몇 사람은 중요한 벼슬을 하기도 합니다. 공자는 이런 시대적 상황 속에서 주나라의 봉건제도를 이상적인 모델로 보고, 그 질서를 회복하려고 했습니다. 공자의 이런 면은 중국의 문화대혁명 시기에 비판을 받았는데, 린뱌오(林彪)와 공자를 묶어 함께 비판하는 작업이 굉장히 폭력적으로 일어나기도 했습니다. 그런데 그 뒤에는 다시 공자를 복권하느라 애를 쓰고 있죠. 그렇게 함부로 무너뜨릴 수 있는 사상이 아니기 때문일 겁니다.

어떤 시대 상황 속에서 공자가 나오게 되었는지를 간략하게 살펴보았는데요. 어떤 사상을 공부할 때, 시대적인 분위기를 이해하는 것이 매우 중요합니다. 시대에 대한 이해 없이 유교에 대해 이야기를 하다 보면 정말 뜬구름 잡는 이야기가 되기 십상입니다. 공자는 춘추전국시대에 그 시대를 구제하고 질서 있는 세상으로 바꾸려고 나섰던 사람입니다. 50세가 될 때까지 자기를 써 줄 임금을 찾아서 뜻을 펼쳐 보려고 천하를 떠돌아다녔죠. 공자의 뜻이 정치에 있었던 겁니다. 하지만 결국 뜻을 펼치지 못하고 고국인 노나라로 돌아와서 그때부터 제자를 기르고, 육예(六藝)를 정리하는 작업을 합니다. 문화를 정리한 것이죠. 이때 했던 정리 작업이 후대에 더 큰 영향을 끼치기는 했지만, 공자의 뜻이 난세를 구하는 정치적인 데 있었다는 것을 잊어서는 안 됩니다.

나를 다스려서 세상을 바꾼다

수기이안백성(修己以安百姓)

이렇게 공자의 사상은 언제나 자신을 닦는 공부와 정치를 밀접하게 결합한 것으로, '수기치인지학'(修己治人之學)이라는 말로 요약할 수 있습니다. '수기'는 자기 완성을 말하고, '치인'은 세계의 완성을 말하죠. 나를 다스려서 세상을 바꾸는 학문이라고 할 수 있습니다.

　　『논어』에는 '수기치인'이라는 말은 나오지 않지만, 비슷한 말로 "수기이안백성"(修己以安百姓)이라는 말이 나옵니다. 자로가 공자에게 "군자는 어떤 사람입니까"라는 질문을 합니다. 여기에 공자가 "수기이경"(修己以敬)이라고 대답을 합니다. '자신을 닦아 항상 깨어 있게 한다'는 것을 군자다움으로 이야기한 것이죠. 하지만 자로는 만족스럽지가 않죠. 자로는 용맹한 무인 기질을 지니고 있었고 정치에 뜻이 컸기에 자기를 닦는 것만으로는 성에 차지 않은 거겠죠. 그래서 "그것뿐인가요"라고 다시 묻습니다. 그래서 공자가 뭐라고 하죠? "수기이안인"(修己以安人)이라고 대답을 해 줍니다. '나를 닦아서 남을 편안하게 해 준다'는 뜻이죠. 자로는 아직도 불만입니다. "그것뿐인가요"라고 다시 묻죠. 이때 공자의 대답이 "수기이안백성"입니다. '자기를 닦아서 백성을 편안하게 한다'는 뜻인데, 공자는 이건 요순 같은 훌륭한 임금들도 어렵게 여긴 것이니 쉽게 여기지 말라는 말씀을 덧붙이죠. '수기이안백성'에서 '안백성'이 '치인'과 연결되는 말입니다.

은자들의 무리

이때 수기(修己)를 세상과 떨어져서 자신을 갈고 닦는 것으로 오해를 해서는 안 됩니다. 『맹자』에는 '독선기신'(獨善其身)이라는 말이 있습니다. 요즘은 '독선'이라는 말이 별로 좋게 쓰이지 않죠. '독선적'이라고 많이 쓰이는데, 『맹자』에서는 어려움에 처했을 때, 깨끗하게 살면서 자신을 지키는 것을 의미합니다. 그 자체로는 나쁠 것이 없는 말이죠. 공자 당시에도 이렇게 독선기신하는 사람들이 있었습니다. 은자라고 불리는 사람들인데요. 세상에 관심을 두지 않고 은거해서 깨끗한 삶을 살려는 이들입니다. 공자와 달리 '수기'에 집중하는 사람들이라고 할 수 있습니다.

이런 사람들이 『논어』에 많이 나오죠. 어느 날 공자가 제자들과 나루를 찾아가다가 길을 잃은 일이 있었습니다. 가다 보니 은자 둘이 밭을 갈고 있는 걸 보고 자로를 보내서 길을 묻게 하죠. 장저(長沮)와 걸익(桀溺)이라는 은자들이었는데, 그중 장저에게 길을 묻자 "공자라면 나루가 어디 있는지를 알 것이다"라고 하고는 더는 대답을 하지 않죠. 공자는 천하를 구제(救濟)하겠다는 사람이거든요. '구제'의 '제'(濟)에는 '건너다'라는 뜻이 있습니다. 그런 사람이 강을 건너는 나루를 모르는 것이 말이 되느냐는 핀잔이 섞여 있는 대답인 겁니다.

그래서 자로는 어쩔 수 없이 걸익에게 묻죠. 걸익은 "천하가 강물처럼 도도히 흐르는데 누가 세상을 건질 수 있단 말인가"라고 이야기를 하죠. 그러면서 자로에게도 공자를 따라다니며 고생하지 말고 자기들과 함께하자고 합니다. 자로가 이 말을 공자에게 전하자 공자가 한숨을 쉬면서 말합니다. "내가 사람인데 어떻게 사람 무리를 떠나 살 수가 있겠는가, 천하를 구제하는 것이 어렵다는 것은 알지만 노력도 안 해 보고 포기할 수는 없지 않느냐"는 식의 이야기를 하죠. 이게 은자들과 공자의 다른 점입니다.

또 다른 은자의 이야기도 있죠. 어느 날 공자가 악기를 연주하고 있었는데, 삼태기를 짊어진 은자가 지나가면서 듣고는 음악에 의미가 있다고 하면서 멈춰 서서 듣죠. 옛날 사람들은 음악에는 반드시 그 음악을 연주하는 사람의 인격과 품위가 다 스며 나온다고 생각을 했습니다. 지나가던 은자도 공자의 연주에서 무언가 범상치 않은 것을 느끼고 멈춰 선 것이겠죠. 그렇게 한참을 듣다가 '추잡하다'[鄙]고 평가를 합니다. 세상이 자기를 몰라주면 그뿐이지, 절절매면서 세상을 걱정하는 점이 비루하다는 것이죠. 그러면서 하는 말이 "심즉려, 천즉게"(深則厲, 淺則揭), 즉 '깊으면 옷을 벗고 건너고, 얕으면 옷을 걷고 건넌다'는 말입니다. 세상에 맞춰 살면 되지 뭐 그렇게 안절부절 애를 쓰며 사냐는 비판인 겁니다. 그런 모습을 또 누가 공자에게 전해 주죠. 공자는 그럴 때마다 속이 상하는 겁니다. 그러면서 하는 말이 "과감하구나, 그렇게 살기로 하면 참 어려울 게 없겠다"라고 이야기를 합니다. 공자는 그러지 못하는 겁니다.

마지막으로 은자 한 명을 더 보죠. 자로가 공자 집에서 자고 아침 일찍 성을 나가려는데, 문지기가 "어디서 오는 길이요" 하고 묻습니다. 자로가 '공씨 댁'에서 온다고 하자, "아 그 안 될 줄 알면서도 하는 사람 말이요"[知其不可而爲之者]라고 하죠. 이 문지기도 은자인데, 이 사람의 표현이 공자를 잘 말해 주고 있죠. 공자에게는 정말 안 되는 줄 알면서도 마땅히 해야 하기 때문에 한다는 의식이 있는 겁니다.

이건 그냥 '하면 된다'는 식의 무모함과는 다르죠. 예전에 우리나라에서는 '하면 된다'라는 군대 논리가 만연했던 적이 있죠. 어떤 걸 해야 하는지, 어떤 건 하면 안 되는지는 가르치지 않고 무조건 '하면 된다'만 가르쳤습니다. 그러다 보니 도둑질도 '하면 되고', 날림공사도 '하면 된다'가 되는 거죠. 이런 것과는 다르게 공자처럼 안 될 줄 알면서도 해야 하는 사람들이 있어야 합니다. 옳기 때문에 해야 할 일은 하는 게 바로 유가적인 의식이죠.

다시 강조하자면, 공자가 자신을 닦는 것은 은자들과 달리 '치인', 혹은 '안백성'과 연결이 되어 있다는 것이 중요합니다. 이 두 가지를 절대로 떼어서 이야기해서는 안 됩니다. 그리고 치인, 안백성을 하기 위해서는 어떤 이상적인 세상을 목표로 해야 합니다. 이상적인 세상에서 어떤 사람들이 모여 살아야 하는지도 중요하겠죠. 예컨대, 공산주의나 사회주의에 딱 맞는 사람들끼리 모여서 자본주의 사회를 이룰 수 있을까요? 이념이 다르고 인간상이 다르기 때문에 안 됩니다. 또 현대 자본주의 사회에 맞는 아주 이상적인 인간상이 옛날로 가면 '천하의 빌어먹을 놈'이 되기가 십상입니다. 약빠르고 영악스럽기 때문이죠. 그러니까 어떤 사회를 지향하는가[치인]는 그런 사회를 만들어 나갈 사람, 또 그 사회에서 살 사람들이 어떤 인격을 갖추도록 할 것인가와 긴밀히 연결됩니다.

예(禮)의 회복

공자가 이상적인 모델로 여긴 사회는 앞서 말한 대로 봉건사회입니다. 주나라의 봉건사회는 권력이 한 군데에 집중돼 있지 않고 쪼개져 있었죠. 이런 질서를 유지하기 위한 규범이 '예'입니다. 지금 우리는 '예'라는 말을 '예절'이라는 굉장히 좁은 의미로 쓰고 있습니다. 주나라에서는 정치, 경제, 사회, 문화 전반이 예로 규정돼 있었어요. 임금의 행동은 모두 예를 따라야 했고, 신하들도 규정된 예에 따라 일정한 기간 동안 천자에게 문후를 가고 지방을 순시하는 등의 일을 해야 했습니다. 세금 걷는 것에도 예가 있었죠. 『춘추』에 보면 임금이 세금 걷는 방법을 바꿨는데, 바로 '비례'(非禮), '예가 아니다'라고 평하는 장면이 나오기도 합니다.

예는 기본적으로 종교 행위와 관련이 있는 글자입니다. 글자를 보면 앞에 보일 시(示) 자가 있는데요. 이 글자는 본디 귀신을 뜻합니다. 귀신과 관계 있는 글자들이 이 부수에 들어 있는 경우가 많죠. 예전에 땅의 신과 곡식의 신에게 제사를 지내던 곳을 사직(社稷)이라고 했는데, 이때 '사'(社)는 땅 귀신을 뜻하는 글자입니다. 큰 도시에는 사직동이 다 있죠. 사직단이 있었던 곳입니다. 복(福)이나 화(禍) 같은 글자에도 시(示)가 들어가 있죠. 복이나 화도 귀신이 주는 거라는 인식이 들어 있는 글자입니다.

이런 걸 보면 예(禮)라는 글자도 귀신과 관계가 있는 글자라는 것을 알 수 있죠. 오른쪽의 풍(豊) 자는 제물을 차리는 그릇[豆] 위에 무언가를 잔뜩 담은 모양을 하고 있죠. 그래서 예는 신에게 제사를 지내는 절차와 관련된 글자라고 이야기를 합니다. 예전 씨족사회에서는 조상이나 신을 모시는 종교 행위를 씨족 단위로 많이 치렀을 겁니다. 우리나라에서도 종갓집에서 제사를 지내면 일가들이 다 모였잖아요. 그렇게 모여서 누가 뭘 맡느냐가 굉장히 중요했습니다. 술 따르는 역할, 축(祝) 읽는 역할 같은 것을 씨족사회에서의 서열에 맞게 맡는 거죠. 예는 이렇게 씨족사회에서 신과 인간이 만나는 절차, 인간과 인간이 만나는 모든 절차에서 시작되었다고 볼 수 있습니다. 이후 씨족사회를 넘어 사회 전체로 확장되었고요.

이렇게 자리 잡은 예는 『예기』(禮記)와 같은 책의 형태로 명문화되기도 했지만, 기본적으로 관습과 밀접하게 연결됩니다. 예를 어기면 씨족사회 같은 분위기에서는 소외를 받아서 살기가 어렵죠. 예에서 크게 어긋난 짓을 하면 직접적인 제재를 받기도 합니다. 하지만 일반적으로는 도덕적인 비난은 쏟아지더라도 물리적 형벌이 주어지는 경우는 드물었습니다. 그리고 이런 예는 기본적으로 서인들보다는 귀족사회에서 통용되는 윤리였습니다. 『예기』에는 "예불하서인, 형불상대부"(禮不下庶人, 刑不上大夫)라는 말이 있습니다. 서인들에게는 예를 쓰지 않았고, 귀족들에게는 형벌을 적용하지 않았다는 말인데, 예가 서주 봉건사회의 귀족들에게 적용되는 근본 규범임을 알 수 있습니다.

공자가 생각한 치국(治國)의 기본은 이 예를 회복하는 것으로부터 출발합니다. 이런 공자의 생각을 잘 드러내는 말이 『논어』「위정」(爲政) 편에 있습니다. "도지이정, 제지이형, 민면이무치; 도지이덕, 제지이례, 유치차격"(道之以政, 齊之以刑, 民免而無恥; 道之以德, 齊之以禮, 有恥且格)이라는 문장인데요. '도지이정'에서 '도'(道)는 '다스린다'라는 뜻도 있고 '이끈다'라는 의미도 있습니다. '마디 촌'(寸) 자를 붙이면 '인도할 도'(導) 자가 되는데 의미상으로 서로 통합니다. '도지이정'은 다스리기를 '정'(政)을 가지고 한다는 말이고, '정'은 '정령'(政令)을 말합니다. 정령을 내려서 백성을 이끈다는 말입니다. '제지이형'(齊之以刑)에서 '제'(齊)는 가지런하게 한다는 뜻이 있어요. 종이가 엉클어져 있을 때, 탁탁쳐서 한쪽을 가지런하게 하죠. 그런 걸 '제'라고 합니다. 정령을 내려서 백성을 이끄는데 자꾸 비껴 나가는 사람들이 있죠. 이런 사람들을 종이를 가지런히 하듯이 형벌로 가지런히 한다는 겁니다.

이렇게 '도지이정, 제지이형'을 하면 '민면이무치'하게 됩니다. 백성들이 형벌이 무서우니까 그것을 면하려고 정령을 따르기는 하지만, 그 결과 부끄러움을 모르게 된다고 합니다. 공자가 이런 말을 했던 걸 보면 당시에 상당히 많은 나라에서 정령과 형벌로 하는 정치를 하고 있었다는 것을 알 수 있습니다. 그렇게 하면 백성들이 무서우니까 질서를 지키지만, 개개인의 양심은 마멸되는 결과를 가져오게 됩니다. '치'(恥), 즉 부끄러움을 아는 것이 양심의 증거거든요.

그다음 이어지는 문장은 앞과 대조되는 내용이겠죠. '도지이덕, 제지이례'입니다. 덕으로 이끌고 예로써 가지런히 한다는 뜻이죠. 이렇게 하면 백성들은 '유치차격'(有恥且格)하게 된다고 합니다. '유치'는 부끄러움을 알게 된다는 뜻이고, '격'(格)은 '바를 정'(正) 혹은 '이를 지'(至)의 의미도 갖습니다. 이 '지'(至) 자는 질서 있고 태평한 세상에 이르게 된다는 뜻으로 해석해도 되고, 올바르게 된다고 해석해도 됩니다. 공자는 여기에서 정령과 형벌로 하는 정치와 덕과 예로 하는 정치를 대비시키면서 덕과 예로 하는 정치를 강조하고 있습니다.

농업기술의 발달과 예의 붕괴

하지만 공자가 살았던 당시는 기존의 예조차도 다 깨져 버린 세계였습니다. 신분질서가 무너지고 제후 밑에 있던 대신이 더 부자가 되어서 제후보다 더 힘을 갖게 되었는데, 이건 농경기술의 발전과도 굉장히 밀접한 관계가 있어요. 마르크스주의에서는 하부구조가 바뀌면 상부구조가 바뀐다는 말을 하는데, 이건 맞는 말입니다. 예컨대 공자가 살았던 시기보다 더 옛날에는 정전법

(井田法)이라는 제도가 있었습니다. '우물 정'(井) 모양으로 토지의 구획을 나눠서 바깥쪽 여덟 조각의 땅을 여덟 가구가 하나씩 경작하고, 가운데 한 칸을 공동 경작해서 여기서 나는 소출을 세금으로 바치는 토지제도였습니다. 이 제도가 실제로 얼마나 시행되었는지는 알 수가 없지만, 이렇게 균일하게 토지를 나누려면 아마도 평평한 땅에서 가능한 제도였겠지요. 예전에 땅은 많고 사람은 적어서 평평한 땅을 골라서 농사를 짓던 시대에 맞는 제도였을 겁니다. 농업기술도 그렇게 발달하지 않았던 시대고요.

하지만 시간이 흐르면서 상황이 바뀝니다. 춘추전국시대가 되면 백성이 많은 것이 자랑이었습니다. 제후들은 서로 백성이 자기 나라로 오기를 바라죠. '오십보백보'(五十步百步)가 이런 상황을 배경으로 하고 있는 이야기인데, 『맹자』에 나오죠. 양 혜왕이라는 사람이 맹자에게 묻습니다. 자기는 그래도 나라를 다스리는 데 신경을 많이 쓴다는 거예요. 흉년이 들면 백성들 구휼도 열심히 하는데, 이웃나라 왕들은 자기보다 잘하는 것 같지 않단 말이죠. 그런데 왜 백성들이 우리나라로 오지 않는 거냐고 맹자에게 질문을 합니다. 이런 질문에 맹자가 대답으로 해 준 이야기가 바로 '오십보백보'죠.

전투가 시작되어서 북을 둥둥 치면서 돌격을 하려는 참인데, 어떤 사람은 창을 거꾸로 잡고 100보를 도망가고 다른 사람은 50

보를 도망갔단 말이죠. 그런데 50보 도망간 사람이 100보 도망간 사람한테 많이 도망갔다고 비웃으면 되겠냐는 겁니다. 왕은 당연히 두 사람 다 도망친 것은 매한가지라고 이야기를 하죠. 맹자는 양 혜왕의 정치나 이웃나라 정치나 오십보백보인데, 무슨 잘난 척을 하냐는 비판을 에둘러 하고 있는 겁니다. 당시가 그만큼 이웃나라 백성들이 오기를 바라는 시대였다는 말입니다. 농업기술이 발달하면서 백성들이 늘어나는 만큼 나라의 수입이 늘어나는 시대가 되었기 때문입니다.

『시경』 같은 책을 보면 춘추전국시대 이전에는 땅을 1년 경작하고 묵히는 이야기가 나오기도 합니다. 같은 땅에서 계속 경작을 하면 농작물이 잘 자라지 않아서 소출이 안 나오니까, 일 년 동안 묵히고, 다른 땅에서 농사를 지었던 거죠. 하지만 춘추전국시대가 되면서 비료를 주는 법이 발달하고 농기구도 더 좋아지게 됩니다. 그전보다 밭을 더 깊이 갈 수 있게 되면서 수확량이 엄청나게 늘어나게 되죠. 게다가 관개 기술이 발달하면서 그동안 농사를 못 짓던 땅까지도 농사를 지을 수 있게 되었습니다.

이런 변화를 빨리 받아들인 제후들은 기술을 적극적으로 보급해서 농사를 짓게 합니다. 그럼 땅이 좁아도 부자가 될 수 있죠. 또 당시에는 세금이 가혹해서 도망오는 백성도 많았습니다. 재빠른 영주들은 이 유민들을 받아들여서 황무지를 개간하기도 하죠. 몇 년 동안 세금을 안 내게 해 준다는 조건을 걸면, 유민들은 부지런히 개간을 합니다. 이렇게 시간이 지나다 보면, 어떤 제후는 세금 수입이 몇 배가 되고, 다른 제후는 얼마 되지 않는 거죠. 심지어는 제후보다 그 밑에 있는 대부가 더 부자일 수도 있는 겁니다. 그러다 보면 자기도 권력을 휘둘러보고 싶어지죠. 힘과 재력이 있는데, 신분이 낮으니까 참고 살겠다? 사람 심리가 그렇지 않죠. 힘이 생기면 휘두르고 싶습니다. 그래서 대부가 제후를 시해하는 일이 벌어지는 등 뒤죽박죽이 되는 겁니다.

이렇게 질서가 무너지면서 법과 형벌에 초점을 맞춰 질서를 회복하고자 하는 이들이 생깁니다. 옛 신분질서를 지키려는 사람들이 아직 예를 고수하고 있었다면, 어떤 사람들은 신분 상관없이 형벌로써 일률적으로 다스리자는 주장을 하는 겁니다. 앞에서 『예기』의 말을 인용했던 것처럼 예전에는 귀족 사이의 규범은 예였고 서민들에게는 형을 적용했죠. 형에는 오형이 있었습니다. 가장 가벼운 것이 '자자'(刺字)로 이마에다 글씨를 새기는 것이고, 그다음으로는 코나 귀를 베는 형벌이 있습니다. 발꿈치를 자르는 형벌, 남성을 거세하는 궁형이 있고, 그다음 대벽(大辟)은 목을 베는 겁니다. 이런 형벌을 신분에 상관없이 공평하게 적용하자는 거죠. 이게 앞에서 말씀드렸던 '도지이정, 제지이형'의 정치입니다. 이런 생각이 발전을 해서 법가사상이 등장을 하게 되는 거고요.

덕으로 다스리다

하지만 공자는 이런 정치는 구성원들을 도덕적으로 타락시키는 정치이고, 그런 정치는 오래갈 수 없다고 이야기하고 있습니다. '도지이덕, 제지이례', 즉 덕과 예로 통치해야 한다고 주장하죠. 그런데 '덕'이라는 말이 정의 내리기 쉬운 말은 아닙니다. '재승덕박'(才勝德薄)이라는 말이 있습니다. '재승'이라는 말은 능력이 뛰어나다는 말이죠. '덕박'은 덕이 부족하다는 말이고요. 이런 말을 보면 덕이 능력이나 재능과는 다른 것임을 알 수 있죠. 재능이 뛰어나도 사람들과 잘 융화하지 못하는 사람이 있는가 하면 별 능력은 없어 보이는데 이상하게 사람들이 호감을 가지고 모여드는 사람이 있습니다. 이런 사람이 덕이 있는 사람이라고 할 수 있겠죠.

그런데 원래 덕이 있는 사람은 능력도 있는 것이 맞습니다. 왜냐하면 '덕'에는 '얻을 득'(得)의 뜻이 있거든요. 반복적인 실천을 통해서 체득된 특성을 '덕'이라고 불렀습니다. 『논어』보다 더 오래된 문헌들에서는 '덕'이라는 글자를 꼭 좋은 뜻으로만 쓰지는 않았습니다. 『서경』에는 '흉덕'(凶德)이라는 말도 있습니다. 어질고 착하다는 일반적인 덕의 개념이 아니라 사납고 흉포한 덕이라는 의미죠. 이렇게 이 덕이라는 글자는 애초에 좋은 것만을 뜻하지는 않고 오래된 어떤 습성이나 반복적인 실천으로 인해 체득된 걸 부르는 말이었는데, 점차 그중에 인격적으로 탁월한 특성만을 덕이라고 부르게 된 겁니다.

결국 덕이라는 것은 인격적인 탁월성으로 남에게 감화를 끼치는 힘이라 할 수 있겠습니다. 그리고 공자는 통치자가 이런 덕으로써 백성들에게 영향을 끼쳐 이끄는 정치를 좋은 정치라고 본 것이죠. 『논어』에는 "군자지덕풍, 소인지덕초, 초상지풍필언"(君子之德風, 小人之德草, 草上之風必偃)이라는 말이 있습니다. '군자의 덕은 바람과 같고 소인의 덕은 풀과 같아서 풀 위로 바람이 불면 풀은 반드시 바람 부는 방향에 따라 눕게 마련'이라는 뜻이죠. 덕의 인격적 감화력을 이렇게 표현한 겁니다. 『맹자』에는 또 "덕지유행, 속어치우이전명"(德之流行, 速於置郵而傳命)이라는 말도 있죠. '덕이 흘러 퍼지는 것은 파발마를 띄워 소식을 전하는 것보다 빠르다'라는 말입니다. 덕의 감화가 신속하게 퍼져 나가는 모습을 비유한 것이죠.

공자 이래로 유자들은 모두 이런 덕의 감화력을 믿습니다. 덕이 있는 사람이 최고 통치자가 되고, 사람을 알고 제대로 쓸 때 제대로 된 정치가 이루어질 수 있다는 것이 유가의 이상이라고 할 수 있습니다. 『논어』에 나오는 "군자불기"(君子不器)라는 말도 이런 최고 통치자의 덕목을 이야기하는 것입니다. '군자불기'라는 말은 요즘도 많이 쓰는 말이죠. 보통 해석을 '군자는 그릇이 아니다'라고 하는데, '불기'에서 '불'(不)이 '아니다'가 아니라 '아니하다'의 뜻이기 때문에 뒤에 명사가 아니라 동사나 형용사가 와야 합니다. 그러니까 '불기'는 '그릇이 아니다'가 아니라 '그릇으로 삼지 않는다' 혹은 '그릇으로 쓰지 않는다'의 의미가 되어야 합니다. 군자는 자기 자신을 함양할 때에도 자신을 그릇으로 만들지 않고, 쓰일 때에도 그릇으로 쓰여서는 안 된다는 뜻입니다. 또 『논어』에는 "군자는 섬기기는 쉽고 기쁘게 하기는 어렵다"[君子易事而難說也], "소인은 섬기기는 어렵고 기쁘게 하기는 쉽다"[小人難事而易說也] 라는 말도 있습니다. 소인이 섬기기 어려운 이유는 사람이 모든 걸 다 갖추기를 바라기 때문이라고 합니다. 어떤 걸 잘해도, 다른 일을 못한다고 탓하기 때문에 섬기기가 어렵습니다. 하지만 뇌물을 바치고 아부를 하면 기쁘게 하기는 쉽죠. 군자는 반대입니다. 군자는 올바르지 않은 방법으로는 기쁘게 할 도리가 없기 때문에 군자를 기쁘게 하기는 어렵죠. 하지만 섬기기는 쉽습니다. 군자는 사람을 그릇[器]으로 쓰기 때문에 그 재능에 맞게 일을 맡기고 그 일만 잘하도록 요구하기 때문입니다.

이런 것이 바로 통치자의 덕이라고 할 수 있습니다. 윗사람에게는 특별한 능력보다는 사람을 포용해서 제대로 쓸 수 있는 덕이 있어야 합니다. 하급관리에게는 특수한 분야에 맞는 능력, 즉 그릇의 덕이 필요하고요. '군자불기'는 바로 이런 의미입니다. 최고의 덕은 그릇으로 쓰이는 것이 아니고, 모든 그릇을 쓸 수 있는 능력을 말하는 것이죠. 그래서 사람에게 감화를 주고 도덕적으로 고양시키는 덕이 중요합니다. 용기, 어짊과 같은 인격적인 탁월성이 그것이죠. 그런 덕을 통해 올바른 사람을 등용해서 백성을 이끌면 백성들은 풀이 눕듯이 자연스럽게 쫓아온다는 것이 유가적인 통치의 모델입니다.

그래서 통치자의 인격이나 됨됨이, 좋아하고 싫어하는 것은 모두에게 환히 드러나 있어야 합니다. 관료와 백성들은 통치자가 좋아하는 것을 알고 그것을 사표로 삼아 행동하게 됩니다. 법가의 통치자는 다릅니다. 법가에서는 신하들이 임금의 생각을 몰라야 합니다. 신하들을 꽉 틀어쥐고 하는 정치이기 때문에 신하들이 임금의 의중을 몰라야 두려워하고 눈치를 보게 되고 임금은 그런 신하들을 술수를 통해 통제를 할 수 있게 됩니다. 이것이 바로 법가적인 통치자의 모습입니다. 하지만 유가는 다르죠. 공자는 순임금의 통치를 칭찬했는데요. 이때 나오는 말이 '무위이치'(無爲而治)입니다. 뛰어난 인물들을 등용해서 일을 맡겼기 때문에 하는 일 없이 북극성처럼 가만히 있어도 천하가 순조롭게 다스려졌다는 겁니다.

이렇게 덕을 통해 다스리더라도 어긋나는 사람이 있을 수 있습니다. 그럴 때 예를 통해 다스리는 거죠. '제지이례'입니다. 여기서 예는 문화와 관습이 결합된 걸 말하죠. 앞에서도 말했지만, 이 예는 직접적인 물리적 형벌은 아니지만, 도덕적인 강제력을 가지고 있습니다. 예전의 촌락공동체에서 관습을 어기고 비난을 받기 시작하면 살아가기가 어려웠죠. 따라서 예를 중시하고 따르게 되는데, 그렇게 하면서 백성들은 자연스럽게 도덕적으로 향상이 됩니다. 형벌에 대한 두려움 때문이 아니라 자연스럽게 부끄러움을 알고 다스려진 세상에 맞는 인격을 갖게 되는 겁니다. 쉽게 이야기해서, 최고 통치자가 부모를 잘 섬기기만 해도 백성들 사이에서 불효자가 없어집니다. 또 통치자가 후덕하고 백성을 사랑하는 마음을 가지고 있으면서 백성들의 아픔을 같이 아파해 주면 백성들은 통치자를 어버이처럼 섬기게 되겠지요. 이게 바로 덕의 힘이고, 이런 덕치가 공자가 생각하는 정치였습니다.

공자는 정치를 "정자, 정야"(政者, 正也)라는 말로 정의합니다. 당시 노나라의 실권을 쥐고 있던 계강자가 정치에 대해 묻자 대답해 준 말인데요. 정치라는 것은 '바름'[正]이라는 뜻이죠. 권력자가 바르게 하면 정치도 바르게 될 것이라는 뜻이 담겨 있습니다. 계강자는 또 공자에게 "무도한 사람을 죽여서 사람들을 올바른 도리로 나아가게 한다면 어떻습니까"라고 묻습니다. 공자는 그래서는 안 된다고 하죠. 자신이 바르게 행동을 하면 정치 역시 올바르게 될 텐데, 어떻게 사람을 죽일 생각부터 하냐고 비판적인 대답을 하죠. 법가적인 생각에 대한 반박이고 덕치에 대한 강조라고 할 수 있습니다.

법가적인 정책들은 효과가 정말 빠릅니다. 바로 형벌이 들어오니 따를 수밖에 없지요. 그런데 그걸로 안 되는 것도 많습니다. 가령 길에서 침을 뱉으면 벌금을 부과한다고 했을 때, 자기는 돈 많다고 막 뱉고 다니면 어떻게 막을 수 있는 길이 없죠. 그렇게 하는 행동 자체가 부끄러운 일이라는 것을 예로써 제재해야 하는 겁니다. 도덕적인 비난을 받고 자기도 부끄럽게 여기기 시작하면 더 항구적으로 행동에 변화가 있게 됩니다. 하지만 이런 유가적인 방법은 항상 느리죠. 맹자는 덕이 퍼지는 것이 파발마보다 빠르다고 했지만, 효과가 잘 보이는 것 같지 않습니다. 그러니까 법을 쓸 수밖에 없는 절박함이 당시에는 있었을 겁니다. 그렇다고 법에만 의지해서는 안 된다는 것은 공자가 이야기하지 않더라도 분명해 보입니다.

나는 예가 아깝다

그래서 공자는 예가 부활하기를 바랍니다. 주나라의 봉건적인 예를 되살려서, 그걸 기반으로 다시 예를 키워 내려고 한 것이죠. 그래서 공자는 예전의 예들을 참 아낍니다. 그 대표적인 예로 "곡삭지희양"(告朔之餼羊)이라는 것이 있습니다. 예전에는 공간뿐만 아니라 시간도 왕의 소유였습니다. 새해가 되기 전에 왕실에서 책력을 만들어서 제후들에게 나눠 주는 예를 행했거든요. 그럼 제후는 그렇게 받아 온 새해의 책력을 자기 조상의 사당에다 봉해 놓습니다. 그리고 매달 초하루가 되면 제사를 지내고 그달의 책력을 꺼냅니다. 왕에게서 받은 시간을 꺼내는 거죠. 이때 제사를 지내면서 양을 한 마리씩 희생으로 바치는 것이 예였습니다. 그런데 봉건질서가 무너지면서 이 예를 더 이상 하지 않게 되었습니다. 그런데도 그 제사에 쓸 명목으로 양은 계속 키웠던 모양입니다. 공자의 제자 자공이 벼슬을 하면서, 필요 없는 양을 왜 키우고 있느냐면서 제사용 양을 다 치울 생각을 합니다. 이걸 보고 공자는 "사(賜)[자공]야, 너는 그 양을 아끼지만, 나는 예를 아낀다"[賜也, 爾愛其羊, 我愛其禮]라고 이야기를 합니다. 양이 남아 있으면 예의 흔적이라도 남아 있을 텐데, 네가 양까지 없애면 예가 흔적도 없이 사라진다는 말을 하고 있는 겁니다. 그 정도로 공자는 예를 아끼는 마음을 가지고 있죠.

그런데 이런 이야기를 하면 공자를 봉건주의로 돌아가고자 하는 복고주의자로 이해하기가 쉽습니다. 하지만 공자가 예를 부활시키고자 한 것은 봉건제도로 돌아가자는 이야기가 아닙니다. 봉건질서에서는 신분이 핏줄에 의해서 결정되었죠. 공자는 여기에 덕이라는 새로운 기준을 제시합니다. 신분이 아니라 가장 높은 덕을 가진 사람이 윗자리에 있어야 한다는 거죠. 그 대표적인 예로 공자가 제자인 중궁(仲弓)을 '남면할 만하다'라고 평가한 일이 있습니다. 제후가 정사를 볼 때 남쪽을 향해 앉거든요. 그래서 제후의 자리에 앉는 것을 '남면한다'라고 표현합니다. 중궁이 남면할 만하다는 것은 제후를 시켜도 될 만한 덕을 가지고 있다는 말입니다. 중궁이 신분이 높지 않았기 때문에, 옛날 같으면 꿈도 못 꿀 일이죠. 공자의 머릿속에는 덕을 기준으로 하는 새로운 신분사회의 모델이 있었다는 걸 말해 주는 것이기도 합니다. 그리고 그 당시엔 그런 조짐들이 있었죠. 제후국들 간의 경쟁이 격화되면서 능력과 덕을 가진 사람들을 신분에 구애받지 않고 등용하는 시대가 열리고 있었으니까요. 공자가 꿈꾸는 이상 사회에서의 바람직한 인간상은 역시 덕과 예를 갖춘 사람입니다.

인(仁)의 정의와 실천

앞에서 '덕'은 탁월한 인격적인 특질이라고 말씀을 드렸는데, 공자에게 모든 덕을 포괄하는 핵심 개념이 바로 '인'(仁)입니다. 인은 우리말로는 '어짊'이라고 번역할 수 있는데요. 이렇게 번역을 해 봐도 인이 무엇을 뜻하는지를 알기는 쉽지가 않습니다. 공자는 인이란 어떤 것이라고 명확히 이야기한 적도 없습니다.

최고의 덕, 인(仁)

『논어』「공야장」에는 당대의 인물을 거론하면서, 그 사람이 인한지를 공자에게 묻는 질문이 등장하는데요. 모두 성실하고 충직

하다고 알려진 인물들을 들어서 질문을 합니다. 하지만 공자는 항상 "잘 모르겠지만 어찌 어질다고 할 수 있겠는가"[未知, 焉得仁]라고 대답을 하죠. 맹무백이라는 권력자가 제자인 자로, 염구, 자화에 대해 물었을 때에도, 그 제자들이 능력은 있지만 인한지는 모르겠다고 대답을 합니다. 이렇게 공자는 누군가를 인하다라고 평가하지 않습니다.

인과 관련해서 가장 큰 찬사는 안회라는 제자에 대한 것이었는데요. "회야, 기심삼월불위인"(回也, 其心三月不違仁)이라고 칭찬을 하죠. '안회는 그 마음이 석 달 동안 인에서 떠나지 않았다'는 뜻입니다. 석 달 동안 인한 자리를 벗어나지 않는 마음을 계속 유지했다는 것이 공자가 '인'과 관련해서 남긴 최고의 찬사라고 할 수 있습니다. 이 안회라는 제자는 '아성'(亞聖)이라고 불릴 만큼 훌륭한 제자였죠. 그런데 공자보다 일찍 죽습니다. 공자는 안회가 죽었을 때, "하늘이 나를 버렸다, 하늘이 나를 버렸다"[天喪予, 天喪予]라면서 통곡까지 했다고 하죠. 그렇게 아꼈던 제자였기 때문에 세상을 떠난 뒤에도 안회를 그리워하고 칭찬하는 말이 『논어』에 많이 남아 있습니다. 다른 제자가 안회에 대해서 극찬하는 말을 남긴 예도 있죠. 자공이라는 제자는 "제가 어찌 감히 회를 바라보겠습니까? 저는 하나를 들으면 둘을 아는 정도인데, 회는 하나를 들으면 열을 압니다"라고 말하기도 하죠. 그만큼 훌륭한 제자라서인지, 석 달 동안 인을 벗어나지 않는다는 최고의 찬사를 보냈지만, 그럼에도 불구하고 '안회는 인하다'라고 명시적으로 이야기를 하지 않습니다. 인은 최고의 덕이고, 공자는 누구에게도 인을 인정한 적이 없습니다.

그렇다면 인은 아주 어렵기만 한 것일까요. 공자의 다른 이야기들을 보면 꼭 그렇지만은 않은 듯합니다. 공자는 "인원호재. 아욕인, 사인지의"(仁遠乎哉. 我欲仁, 斯仁至矣)라고 합니다. '인은 멀리 있는 것이 아니라, 내가 원하기만 하면 나에게 와 있는 것'이라는 말이죠. 또 "인이불인, 여례하. 인이불인, 여악하"(人而不仁, 如禮何. 人而不仁, 如樂何)라고도 합니다. '사람이 어질지 못하다면 예를 어떻게 하겠느냐, 사람이 어질지 못하다면 음악을 어떻게 하겠느냐'라는 의미로, 인간이 인간으로서 살기 위해 기본적으로 갖추어야 하는 것이 '인'이라고 이야기를 하는 거죠.

맹자는 인에 대해서 '인야자, 인야'(仁也者, 人也)라고 했습니다. 이런 문장을 보면 한문이 참 헷갈리죠. 뒤의 '인야'(人也)는 '사람다움이다'라고 용언처럼 해석해 주는 것이 좋을 듯합니다. '인이란 사람다움[人]이다'라고 해석할 수 있겠죠. 맹자의 이런 표현을 보더라도 인간에게는 누구나 인의 가능성이 있고, 누구나 인을 가질 수 있도록 노력을 해야 하는 겁니다. 하지만 그 마음씨를 완성태로 실현한 사람은 거의 없다는 것이 문제겠지요.

인의 실천

그렇다면 우리는 어떻게 인을 실천할 수 있을까요? 우선 인이 구체적으로 무엇을 의미하는지를 알아야겠죠. 공자는 제자들에게서 "인이 무엇입니까"라는 질문을 받으면 묻는 사람에 따라 여러 대답을 합니다. 예컨대 안회가 인에 대해 물었을 때는 "극기복례위인"(克己復禮爲仁)이라고 대답을 해 줍니다. '자기를 극복하고 예로 돌아가는 것이 인을 이루는 것'이라는 뜻입니다. 또 번지(樊遲)라는 제자에게는 인이 "사람을 사랑하는 것"[愛人]이라고 대답을 해 줍니다. 이때 '인'(人)은 '남'이라는 뜻으로 다른 사람을 사랑하는 것이 인이라는 뜻이죠. 또 제자인 중궁에게는 "문밖에 나가서는 큰 손님을 맞은 듯이 몸가짐을 삼가고, 백성을 부리는 것은 큰 제사를 받들 듯이 공경하게 하고, 자기가 바라지 않는 것을 남에게 베풀지 말라"[出門如見大賓, 使民如承大祭, 己所不欲勿施於人]라고 대답을 해 줍니다.

이렇게 공자는 인에 대해 여러 가지 이야기를 하는데요. 이건 인이 최고의 덕이기 때문에 그렇습니다. 최고의 덕은 '한마디로 뭐다'라고 표현하기가 힘듭니다. 하지만 이런 공자의 대답을 바탕으로 공통점을 추려 보면 자기라는 존재를 넘어서 남을 고려하고, 아끼고 사랑하면서 공적인 것을 생각하는 것이 인의 기본이라고 할 수 있습니다. 자기라는 존재만 똑 떼어서 그것만 생각하는 사람은 인간이라고 할 수 없다는 것이고요.

인이 없이는 다른 덕이 성립할 수가 없습니다. 인의예지를 사덕이라고 부르는데, 인이 네 개의 덕 중에서 가장 으뜸이면서 모든 덕을 포괄하는 개념이라고 할 수 있습니다. 나중에 오행사상이 나오면서 이 사덕을 모두 오행으로 설명하기도 하는데요. 오행의 각 요소인 목, 화, 토, 금, 수는 모두 계절에 배속이 됩니다. 목은 봄, 화는 여름, 금은 가을, 수는 겨울에 해당하고, 토는 계절이 바뀌는 사이사이에 배치됩니다. 사덕 역시 오행에 배속되면서 각각 계절과 연결이 됩니다. 인은 봄, 예는 여름, 의는 가을, 지는 겨울에 배속이 되죠. 여기서 인이 봄에 배속된다는 것이 중요합니다. 봄의 천지가 사물을 소생시키는 것처럼, 인은 '생물지심'(生物之心), 즉 사물을 살아나게 하는 마음이며, 이 생물지심이 사계절, 즉 사덕을 모두 관통해 흐르고 있다는 뜻입니다. 그러니까 이 인이라는 덕성은 자연적인 심성에 뿌리를 가지고 있다고 할 수 있습니다. 공자는 맹자처럼 인간의 본성에 관해 자세하게 이야기하지는 않았지만, 인간의 도덕성이 자연스러운 마음과 연결된 것임을 분명하게 보여 주고 있습니다.

섭 땅을 다스리는 섭공 자고(子高)가 공자에게 이런 자랑을 합니다. 자기가 다스리는 마을에 행실이 곧은 사람이 있는데, 아버지가 양을 훔치자 아버지를 고발했다는 겁니다. 공자는 자식은 아비의 죄를 감춰 주고 아비는 자식의 죄를 감춰 주는 것이야말로 행실이 곧은 것이라고 반박을 합니다. 공자가 생각하기에 아버지를 고발하는 것은 마음이 왜곡된 것입니다. 아버지를 사랑하는 마음이 곧은 마음이죠.

공자는 자연스러운 가족 간의 사랑이야말로 인의 뿌리라고 봅니다. 남을 사랑한다고 할 때, 먼 곳에 사는 얼굴도 보지 못한 사람을 갑자기 사랑하기는 쉽지 않죠. 하지만 부모 자식 간에는 애를 쓰지 않아도 저절로 사랑하게 됩니다. 부모 자식 간의 사랑이 다른 사람을 사랑하기 위한 뿌리예요. 그리고 이 저절로 솟아나는 사랑의 샘을 천하에 펴는 것이 유가의 윤리입니다. 공자와 유가가 가족관계나 효를 중시하는 이유가 여기에 있습니다. 아버지를 고발하는 일처럼, 그런 자연스러움을 왜곡하는 일을 해서는 안 된다는 것이 공자의 생각입니다. 그런데 아버지를 고발한 사람의 뒷이야기가 전해집니다. 자기의 고발로 아버지가 형을 받아서 죽게 되었답니다. 그랬더니 아들이 아비 대신 자신이 죽겠다고 나섰어요. 대신 형을 집행하려고 했더니 그 아들이 "아비를 고발한 것은 나라에 대한 충이요, 아비를 대신해서 죽겠다는 것은 아비에 대한 효다. 나처럼 충성스럽고 효성스러운 사람을 죽이는 법이 있냐"고 이야기를 해서 미꾸라지처럼 빠져나갔다는 이야기가 야사에 전하지요.

정리하면 인은 도덕적인 마음의 뿌리이자 출발점이라고 할 수 있습니다. 인에서 다양한 도덕의 형태가 나온다고 할 수 있습니다. 인을 실현하는 방법으로 공자가 이야기한 것으로 대표적인 것이 '서'(恕)입니다. 『논어』에서는 '충'(忠)과 붙어서 '충서'라는 말로 나오죠. 어느 날 공자가 제자인 증자에게 "나의 도는 하나로 꿰뚫어져 있다"[吾道一以貫之]라고 이야기를 합니다. 뜬금없는 말인데, 증자는 또 "예, 그렇습니다"라고 대답을 하죠. 그렇게 대화를 주고받고는 선생님은 방에서 나갑니다. 주위에 있던 제자들이 멍할 거 아니에요? 무슨 소리를 하신 건가 궁금해하고 있는데, 증자가 친절하게 설명을 해 주죠. "선생님의 도는 충(忠)과 서(恕)일 따름이다"[夫子之道, 忠恕而已矣]라고요. 여기에서 '충서'가 나옵니다. 파자(破字)를 해서 보면 '충'(忠)은 '중심'(中心)이죠. '속에 있는 진실한 마음'이라는 뜻입니다. '서'(恕)는 '여심'(如心)이라고 풀이할 수 있겠죠. '남의 마음을 자기 마음과 같이 헤아리는 마음', 이것이 '서'입니다.

'기소불욕, 물시어인'(己所不欲, 勿施於人), 자기가 바라지 않는 것을 남에게 베풀지 않는 것이 서입니다. '추서'(推恕)라는 말도 있습니다. 요즘에는 서를 주로 '용서'(容恕)라는 말에 쓰죠. 남을 용서하기 위해서도 서가 필요합니다. 남의 마음을 자기 마음처럼 헤아릴 때 용서를 할 수 있겠죠. 이렇게 남을 받아들이는, 나를 향하는 방향이 용서라면, 추서는 방향이 다른 사람 쪽을 향하는 겁니다. 남의 마음을 헤아려서 내가 어떤 실천으로 미루어 펼쳐 나가는 것이 추서입니다. 인을 실천할 방도를 물었을 때 공자가 주로 이야기해 주는 것도 추서입니다. "기욕립이립인, 기욕

달이달인"(己欲立而立人, 己欲達而達人), '자기가 서고자 하면 남도 세워 주고 자기가 영달하고 싶으면 남도 영달하도록 한다'는 것이 인을 실천하는 방도라고 공자는 이야기를 합니다.

인격도야와 예

덕과 예의 조화

앞에서 사회를 다스릴 때 덕을 중심으로 하되, 예를 표준으로 삼아야 한다고 말씀을 드렸는데요. 개인의 인격을 도야하는 데도 예는 중요합니다. 덕만 강조하다 보면 표준이 없어집니다. 덕이라는 것은 사람마다 편차가 있고, 어떤 덕에 치우친 경우도 많죠. 『논어』에 보면 "인지과야, 각어기당"(人之過也, 各於其黨)이라는 말이 나옵니다. '사람이 허물을 범하는 것은 그 부류에 따라 다르다'는 말이죠. 아주 엄한 덕을 가진 사람은 그 엄한 데서 허물이 나오고, 후한 덕을 가진 사람은 후한 데서 허물이 나옵니다. 너무 강직한 사람은 인정머리가 없고, 후한 사람은 우유부단하기가 쉽죠. 공자는 이렇게 객관적인 기준이 되는 예가 없을 때 덕이 폐단으로 변하는 사례를 네 가지로 들어 설명합니다. 공손하되 예가 없으면 수고스럽고[恭而無禮則勞], 신중하되 예가 없으면 두려워지며[愼而無禮則葸], 용기가 있되 예가 없으면 도리를 어지럽히고[勇而無禮則亂], 강직하되 예가 없으면 사람들을 숨 막히게 합니다[直而無禮則絞].

이렇게 예가 중요한데요. 예라는 것을 주희는 "천리지절문"(天理之節文)이라고 했습니다. 하늘의 이치가 '절문'으로 드러나는 것인데요. '절'은 절도, '문'은 꾸밈새를 말합니다. 절도와 꾸밈새가 없으면 어떤 덕도 모두 폐단이 되어 버리는 겁니다. 그런데 이 예라는 것은 절대적인 것은 또 아니죠. 어떤 시대에 표준으로 작동했던 것이 시대가 변하면 맞지 않을 때가 있습니다. 이럴 때는 다시 인간의 도덕적인 마음에 비추어서 예가 바뀌어야 하는 거죠. 그러니까 도덕적인 심성은 예를 규정하고, 예는 끊임없이 근본적인 정신에 맞게 변화하는 상호 보완적인 긴장관계에 있는 겁니다.

실제로 공자도 예를 무조건 따르라고 하지 않습니다. 예의 의미를 생각하고 시대의 변화에 따라 적절히 바꾸는 것이 좋다고 한 경우도 많습니다. 가령 예전에는 마면관(麻冕冠)이라는 삼실로 만든 관을 쓰게 되어 있었는데, 너무 만들기가 힘들고 비싸기 때문에 당시 사람들은 명주로 된 관을 썼다고 합니다. 공자는 이렇게 바뀐 것을 따르겠다고 하죠. 또 예전에는 임금이 당상에 앉아 있으면 신하는 당 아래에서 절을 하고 임금이 올라오라고 한 뒤에야 당 위로 올라가는 것이 예였는데, 당시에는 임금이 올라오라고 하지 않았는데도 당 위로 올라가서 절을 했다고 합니다. 공자는 사람들이 다 그렇게 하더라도 자신은 예전의 예를 따르겠다고 하죠. 공자는 이렇게 예가 담고 있는 원래의 정신이 무엇인지를 끊임없이 따지는 사람인 겁니다.

재아(宰我)라는 제자가 상을 일 년만 치르면 되지 꼭 삼년상을 지킬 필요가 있느냐고 이야기한 적도 있죠. 여기에 대해 공자는 자식이 태어나면 적어도 삼 년 동안은 부모의 품을 떠나지 못하기 때문에, 부모가 돌아가셨을 때, 적어도 그 정도의 보은의 마음을 가져야 하지 않겠냐고 이야기를 합니다. 삼년상의 의미를 풀어 주는 거죠. 이렇게 예의 근본정신을 돌아보면서 시대에 맞는 예를 수립하려고 했던 것이 바로 공자입니다.

그러니까 사람이 인격을 완성한다는 것은 한편으로는 덕성을 기르면서, 다른 한편으로는 그것을 사회적인 관계 속에서 실현할 수 있는 적절한 표준과 교양을 습득하는 것이라고 할 수 있습니다. 이 두 측면이 같이 가야 하는 것인데; 어떤 사람은 덕이 더 중요하다는 사람도 있고 예를 강조하는 사람도 있죠. 공자는 반드시 '문질빈빈'(文質彬彬)해야 한다고 합니다. '문'은 교양과 꾸밈새를 뜻하는 말인데, 그 대표가 바로 예라고 할 수 있습니다. '질'은 중후한 마음씨, 즉 예와 상대적으로 말해 본다면 덕성을 말한다고 할 수 있겠네요. '빈빈'은 조화롭게 어우러진 모습이고요. 이 말을 덕과 예라는 틀 속에서 말해 본다면, 덕과 예가 조화를 이루어야 한다는 뜻으로 풀 수 있겠습니다. 둘 중 하나가 승할 경우에는 온전한 인격이 되지 못하죠. 이걸 공자는 "질승문즉야, 문승질즉사"(質勝文則野, 文勝質則史)라고 표현합니다. '질'이 '문'을 눌러 버리면 그런 상태를 '야'(野)라고 합니다. 마음은 충후하고 착한데 교양도 없고 절도도 없는 거죠. '야'는 '거칠다'라는 뜻입니다. 이렇게 해서는 인격이 완성되었다고 할 수 없겠죠. 반대의 경우도 마찬가지입니다. 예에는 밝은데, 덕이 부족하면 겉만 번지르르한 사람[史]이 되는 거죠.

그런데 사람이 질박하고 착하면 되지 '문'이 무슨 필요가 있냐고 생각하는 사람들이 있었던 모양입니다. 『논어』에서 극자성이라는 사람이 자공에게 "군자가 질박하면 되지, 문이 무슨 소용인가"라는 문제제기를 하죠. 이에 대해 자공은 털 빠진 호랑이나 표범의 가죽은 개 가죽과 똑같다는 비유를 하면서 문과 질이 모두 중요하다고 이야기를 합니다. 사람은 충후한 내면만 가져서는 안 되고 그것을 사회 속에 실현할 수 있는 객관적인 규범과 교양, 표준을 알아야 한다는 것, 그것이 유가에서 제시하는 인격 완성의 길입니다.

자상백자와의 만남

그런데 공자 이후의 유가는 다른 학파의 눈에 문에 너무 치중하는 것처럼 비치기도 했던 모양입니다. 야사로 전해 오는 이야기 중에 공자가 자상백자라는 사람과 만난 이야기가 전해 오는데요. 이 이야기에 따르면 자상백자는 당대에 공자와 버금갈 정도로 많은 제자를 두고 있는 스승이었다고 합니다. 이 두 스승이 만나서 이야기를 나누었는데, 양쪽 제자들이 모두 불만이 있는 거죠. 공자의 제자들은 선생님이 그런 '촌놈'[野]을 만난 것이 불만입니다. 그러자 공자는 자상백자가 질은 참 훌륭하지만 문이 없기 때문에 문을 보태 줘서 온전하게 만들어 주려고 만났다고 이야기를 하죠.

그런데 자상백자의 제자들도 선생님이 공자처럼 겉만 번지르르한 사람을 만난 것을 싫어했습니다. 그러자 자상백자도 공자가 문이 지나쳐서 질을 망쳤기에 문을 덜어 주려고 만났다고 하죠. 이 이야기에는 후세에 유가가 문에 치중하면서 비판을 받은 측면이 드러났다고도 할 수 있는데요.

공자의 사상을 들여다보면, 분명하게 문과 질이 조화롭게 어우러진 인간, 후덕하면서도 교양을 갖춘 인간을 이상적인 인격으로 보았다는 것을 기억해 둘 필요가 있습니다. 인을 바탕으로 하면서도 예약사어서수와 같은 교양을 갖춘 인간, 이런 인물들이 세상을 이끌고 바꿔 나갈 수 있다고 생각한 것이 바로 공자의 사상이 아닐까 합니다.

4장

맹자, 대장부와 왕도정치

전국시대와 맹자의 왕도정치

전국시대

이번 시간에는 공자에 이어 맹자(孟子)의 사상을 살펴보겠습니다. 공자와 맹자는 공맹사상이라고 해서 유가를 대표하는 두 명의 사상가입니다. 하지만 두 사람이 살았던 시대에는 차이가 있죠. 공자는 춘추시대를 살았고, 맹자가 살았던 시대는 전국시대입니다. 전국시대는 허울뿐이던 주나라의 권위가 완전히 사라지고 전국칠웅이라는 강대한 제후국들 사이에 쟁패가 벌어지는 시기입니다. 이 쟁패의 과정에서 화려하게 등장했던 인물 중에는 소진(蘇秦)과 장의(張儀)가 있는데, 이들은 합종(合從)과 연횡(連衡)이라는 두 개의 전략을 가지고 당시 제후국들을 쥐락펴락했었죠. 이 합종과 연횡이라는 전략은 기본적으로 진(秦)나라를 어떻게 대할 것인가의 문제였습니다.

중국 전국시대의 지도를 보면, 진(秦)이 가장 서쪽에 있고, 제(齊)나라와 노(魯)나라가 산동 쪽에 있고, 그 북쪽으로 연(燕)나라가 있습니다. 아래로 넓은 땅을 초(楚)나라가 차지하고 있고, 노나라와 초나라 사이에 송(宋)나라가 끼어 있습니다. 진(秦)의 동쪽으로는 조(趙), 위(魏), 한(韓) 세 나라가 국경을 맞대고 있죠.

　　춘추시대에는 가장 강국이 제나라였습니다. 제 환공(齊 桓公)이라는 패자(霸者)가 나왔죠. 후대에도 제 환공과 진 문공(晉 文公)은 함께 패자의 대명사처럼 불리는 인물들입니다. 제나라, 진(晉)나라가 강성했다가 차츰 초나라가 굉장히 강해졌는데, 전국시대쯤 되어서는 진(秦)이 굉장히 강해집니다. 진이 강대해진 이유는 몇 가지를 꼽아 볼 수 있는데, 그중에 재미있는 것은 진이 아주 촌 동네라서 중원에서 여러 열국들이 각축을 하는 동안 진을 신경 쓰지 않았던 것도 중요한 요인이라고 합니다. 진이 중원에서 멀어서 오랑캐 취급을 받을 만큼 미개한 땅으로 여겨졌는데요. 이렇게 열국들이 각축을 벌이면서도 촌동네라 할 수 있는 진을 별로 신경 쓰지 않다 보니, 국력이 소진이 안 되는 거죠. 그런 상태에서 상앙(商鞅)의 변법을 시작으로 법가 통치를 도입하면서 국력이 폭발적으로 강해지게 됩니다. 신분에 상관없이 공을 세우면 작위를 주고 상을 주는 법가적인 제도를 도입했기 때문입니다. 이렇게 해서 전국시대 후반기에 들어오면 진 때문에 중원에 있는 열국들이 전전긍긍하게 됩니다. 결국 진에 의해 열국들이 모두 멸망하고 진시황이 중국 최초의 통일왕국을 건설하는 것이 중국 역사의 흐름입니다.

맹자는 이런 과정에 있던 전국시대를 살았습니다. 전국시대의 상황은 공자가 살았던 시대와는 상당히 달라졌습니다. 공자는 노나라에 주나라 초기 주공이 세운 예가 많이 남아 있다고 생각했고, 노나라에 남은 예법을 부활시킴으로써 난세를 종식시키고 다스려진 세상으로 갈 수 있다고 믿었습니다. 하지만 전국시대가 되면서 이제 공자가 가졌던 희망은 남아 있지 않다고 봐야됩니다. 근본적인 파괴가 일어나서 주라는 왕조 자체가 정말로 유명무실해졌습니다. 왕이라는 칭호는 천자만 쓰는 것인데, 전국칠웅이 전부 왕을 칭했거든요. 주 왕실은 이제 없어진 것이나 다름이 없게 된 겁니다. 그러면서 신분질서나 예법도 철저하게 부서져 버렸기 때문에, 맹자는 다시 주의 문화를 부흥하겠다는 희망을 가질 수 없는 겁니다. 이런 상황에서 맹자가 들고 나온 것이 왕도정치입니다. 천하를 평정하고 난세를 종식시키는 왕도정치라는 이념을 가지고 제후들에게 유세를 하면서 바쁘게 돌아다니죠. 이렇게 돌아다닌 것은 공자와 비슷합니다.

왕도와 패도

맹자는 패도(覇道)와 왕도(王道)를 구분합니다. 패도는 "이력가인자"(以力假仁者), 즉 힘으로써 어진 척 흉내를 내는 것을 말하고,

왕도는 "이덕행인자"(以德行仁者)를 말합니다. 덕으로써 인을 행하는 사람이라는 뜻이죠. 덕으로 천하의 민심을 얻어서 하는 정치가 바로 왕도정치인 겁니다. 맹자의 왕도정치는 철저하게 위민정치(爲民政治), 백성을 근본으로 하는 정치입니다. 백성의 뜻에 의해서 왕이 되고, 백성을 잘 살게 하고 편안케 함으로써 백성들로부터 어버이와 같은 칭송을 받는 왕자(王者)가 되는 것이 왕도정치의 이상이죠.

맹자는 인자(仁者)는 천하무적이라고도 했습니다. 어진 왕은 천하에 적이 없다는 거예요. 어떤 왕이 진정으로 백성을 위한 왕도정치를 했다고 해 보죠. 그럼, 그 나라의 백성들이 모두 왕을 부모처럼 우러를 뿐만 아니라, 그 이웃나라의 백성들도 그렇게 한다는 거예요. 맹자는 이런 예로 탕임금을 이야기합니다. 탕임금이 사방을 정벌할 때, 다른 나라 백성들이 "왜 우리나라부터 정벌을 하지 않으시지? 탕임금이 우리나라에 쳐들어오시면 우리가 편안하게 잘 살 수 있을 텐데"라고 했다는 겁니다. 서로 자기 나라로 쳐들어오기를 바랐다는 거예요. 이렇게 왕도정치를 하면 천하의 왕 노릇 하기가 어렵지 않다고 주장을 한 것이 맹자입니다.

그런데 이런 맹자의 주장은 상당히 이상주의적입니다. 당시에 맹자의 사상을 받아들이고 맹자의 뜻에 따라 정치를 해 보려고 애썼던 나라가 있었습니다. 등(滕)이라는 작은 나라인데요. 등

나라는 열심히 맹자의 이상을 정치에 반영하려고 노력했지만, 맹자 생전에 망한 것 같습니다. 이렇게 망한 데에는 여러 원인이 있겠지만, 하여튼 맹자의 이상을 받아들인 나라가 맹자의 말처럼 잘 되지는 않았습니다.

백성의 중요성

맹자의 사상에서는 '위민'(爲民)이라든가 '민본'(民本)이 많이 이야기됩니다. 민본이라는 측면에서는 맹자처럼 투철한 사람이 없습니다. 그런데 이 민본이라는 것이 어느 날 갑자기 누군가의 머리에서 튀어나오는 것이 아닙니다. 백성들이 힘을 가지기 시작하니까 민본이 나온다고 봐야 합니다. 그 이전에는 권력자들이 백성들의 눈치를 볼 필요가 별로 없었습니다. 물론 민본이라는 사상은 그 전부터 있었지만, 맹자의 시대가 되면 제후들이 본격적으로 백성들의 향배가 중요하다는 실감을 하게 됩니다. 순자 역시 비슷한 이야기를 합니다. "임금은 배요, 백성은 물이다. 물은 배를 띄워 주기도 하지만 배를 전복시키기도 한다"[君者舟也, 庶人者水也. 水則載舟, 水則覆舟]라고 하죠. 백성의 힘이 제후를 망하게 할 수도 있다는 생각들이 이때 나오는 겁니다.

원래 백성들은 땅에 묶여 있는 존재들이었죠. 그런데 당시에 열국들이 경쟁을 하다 보니까, 어떤 나라가 정치를 잘하고 거기에 가서 살면 편하다고 하면 백성들이 땅을 버리고 이주를 해 버립니다. 그런데 중국은 철저히 농본주의 사회거든요. 중국은 본말관이 아주 투철하죠. 중국에서 '농업'이 본(本)이고, 상업은 말단(末端)입니다. 역대 통치자들은 이 말(末)에 힘쓰는 것을 굉장히 경계했습니다. 상업 같은 것은 직접적인 생산이 아니라 여기 있던 물건을 저기다 옮겨 놓으면서 이익을 취하는 것이니까 생산이 아닌 말단이라는 말이죠. 그래서 언제나 근본이 되는 농업에 힘써야 한다는 생각이 있는 겁니다. 농지에서 나오는 세금이 국가의 경제나 국력에 결부되어 있기 때문인데요. 그런데 세금을 가혹하게 거두고 실정을 하면, 백성들이 도망쳐서 다른 나라로 가 버리는 겁니다. 그럼 땅이 놀고, 나라는 약해지는 거죠. 그래서 백성들이 몰리느냐 안 몰리느냐가 굉장히 중요한 일이 되어 버려요.

이미 공자 시대부터 이렇게 백성을 모으려는 노력들이 경쟁을 시작합니다. 앞에서도 이야기를 했지만, 다른 나라에서 백성들이 도망쳐 오면 황무지를 주고 개간을 하라고 합니다. 몇 년 동안은 세금을 받지 않을 테니, 농사를 지을 수 있는 땅을 넓히라는 말이죠. 이렇게 해서 몇 년 후에 그 땅에서 소출이 나기 시작하면 그 나라의 국력이 높아지는 겁니다. 앞에서 '오십보백보' 이야기도 했었죠. 양 혜왕이 맹자에게 "자신이 다스리는 나라의 정치가 이웃나라의 정치보다 못한 것 같지 않은데, 왜 백성들이 우리나라로 이주해 오지 않을까요?"라고 묻죠. 양 혜왕의 정치나 다른 제후들의 정치나 오십보백보, 즉 거기서 거기라는 말입니다. 모두 백성들의 향배가 굉장히 중요하다는 이야기인 거죠.

왕이 아니라 필부를 죽였다

『맹자』에서는 왕들이 듣기에 위험하다 싶을 정도로 강하게 민본을 이야기합니다. 이 점에서는 가장 선명한 사상가라고 할 수 있는데요. 그래서 일본에서는 『맹자』가 금서가 된 적도 있었습니다. 『맹자』 이전에 역성혁명이 크게 두 번 있었죠. 탕왕이 하 왕조를 둘러엎고 은 왕조를 세웠고, 주 무왕이 은을 멸망시키고 주 왕조를 열었습니다. 하 왕조의 마지막 왕이 걸(桀)이고, 은 왕조의 마지막 왕이 주(紂)죠. 『맹자』에 보면 이 두 일을 두고 제 선왕이 맹자에게 신하가 임금을 시해하는 것이 될 일이냐고 묻는 장면이 나옵니다. 맹자는 걸이나 주와 같은 폭군들은 백성을 해치는 백성의 적이기 때문에 필부인 걸주를 죽였다는 말은 들었어도 신하가 왕을 죽인 이야기는 듣지 못했다고 대답을 하죠. 백성을 해치는 왕은 왕이 아니라 필부라는 이야기를 제나라 왕 앞에서 하는 겁니다.

제 선왕과의 대화 중에는 이런 이야기도 있습니다. 어떤 사람이 멀리 외지로 여행을 가면서 처자식을 친구에게 부탁했는데, 돌아와서 보니 처자식을 굶주리게 하고 하나도 돌보지 않았다면 어떻게 합니까, 라고 맹자가 묻죠. 왕은 친구 관계를 끊는다고 대답합니다. 맹자는 왕이 벼슬아치를 임명해서 고을을 다스리라고 했는데, 가서 보니 형편이 없이 다스려서 백성이 다 방황하고 있으면 어떻게 해야 하냐고 다시 묻죠. 왕은 벼슬아치에게 죄를 묻는다고 답합니다. 마지막으로, 어떤 나라에 들어갔더니, 나라가 엉망이라 백성들이 유랑하고 있다면 어떻게 해야 합니까, 라고 묻습니다. 나라의 책임자는 왕이죠. 왕에게 어떻게 책임을 질 거냐고 묻는 것인데, 왕은 어떤 대답을 했을까요? "왕고좌우이언타"(王顧左右而言他)라고 나옵니다. '왕이 좌우를 돌아보며 딴소리를 했다'라는 뜻입니다. 할 말이 없고 무안하기도 한 것이죠. 제 선왕은 맹자에게 '신하의 도리'에 대해서 물은 적도 있습니다. 맹자는 성이 같은 혈족의 신하가 지켜야 할 도리와 성이 다른 신하의 도리가 다르다고 말합니다. 성이 같은 신하는 왕이 잘못을 하면 반복해서 간하는데, 그래도 말을 안 듣고 실정을 계속하면 왕을 바꿔 버려야 한다고 이야기를 합니다. 성이 다른 신하도 왕이 잘못을 하면 계속 간하는 것은 같지만, 말을 듣지 않으면 떠나 버린다고 하고요. 그러니까 맹자의 말에 따르면 왕은 바뀔 수 있다는 거예요.

천명(天命)을 받으면 기존의 왕을 다른 왕으로 바꿀 수 있다는 것인데요. 천명은 곧 민심을 말합니다. '민심이 곧 천심이다'라는 이야기가 『맹자』에서는 변주되면서 반복됩니다. 예컨대, "천청자아민청, 천시자아민시"(天聽自我民聽, 天視自我民視)라는 말이 『맹자』에 나와요. '하늘이 듣는 것은 백성의 귀를 통해서 듣는 것이고, 하늘이 보는 것은 백성들의 눈을 통해서 보는 것'이라는 뜻이죠. 백성의 마음이 하늘의 뜻이라는 말입니다. 그리고 이 말은 백성의 마음을 얻음으로써 왕이 되는 천명을 얻을 수 있다는 말이기도 합니다.

이렇게 아주 강한 어조로 확실하게 민본사상을 이야기한 사람이 별로 없을 겁니다. 그런데 민본사상은 맹자 이전에도 줄곧 있었는데, 어째서 제도로서 확립되지 않았는지가 문제입니다. 링컨 대통령이 민주주의와 관련해서 한 이야기가 유명하죠. '국민의', '국민에 의한', '국민을 위한', 이 세 가지가 민주주의의 기본인데, 『맹자』에는 하나가 빠졌죠. 바로 '국민에 의한(by)'이 빠졌습니다. 그러니까 '민본'이라고 하면서도 그 힘을 통해 어떻게 위정자를 선출하고 제도적인 장치를 마련할 것인지까지는 나아가지 못한 겁니다. 유가뿐만 아니라 중국이라는 정치사상에서 부족한 부분이 바로 여기가 아닐까 하는 생각도 들어요.

흉년에 굶어 죽지 않게

맹자는 이렇게 왕도정치를 행하도록 유세를 하고 다닙니다. 그런데 왕도정치란 구체적으로 무엇을 말하는 걸까요? 맹자는 백성을 살리는 정치, 백성들이 고통받는 것을 차마 보지 못하는 정치를 왕도정치라고 이야기합니다. 그리고 그 기본은 백성들이 먹고사는 문제를 해결하는 겁니다. 맹자의 표현대로라면 "낙세종신포, 흉년면어사망"(樂歲終身飽, 凶年免於死亡)입니다. '낙세'는 풍년이 든 해를 말합니다. 풍년이 들면 한 해 내내 배부르게 먹고 살 수 있다는 거고요. '흉년면어사망'은 흉년이 들어도 굶어 죽는 것은 면한다는 뜻이죠. 이런 정치를 행해야 한다는 겁니다. 그런데 『맹자』를 보면, 당시 중국의 현실은 아주 비참했던 모양입니다. "야유아표"(野有餓莩), 들판에 굶주려 죽은 시체가 즐비하다는 표현도 나오죠. 맹자는 백성들을 비참한 상황에 처하게 하는 정치상황을 통탄합니다. 제후들이 잔혹한 정치를 하고 있다고 비판을 하죠. 백성들은 굶어 죽고 있는데, 왕이나 귀족들을 보면 가축은 잘 먹여서 기른단 말이죠. 가축들이 잘 먹는데 들판에 굶주려 죽은 시체가 있다면, 그건 바로 짐승을 몰아서 백성을 잡아 먹게 하는 정치가 아니냐며 혹독한 비판을 합니다.

맹자가 이렇게 이야기를 하면 왕들은 변명을 하죠. "그것은 내 죄가 아닙니다. 흉년이 들어서 저도 어쩔 수 없습니다"라고 말입니다. 이런 변명에 대해 맹자가 뭐라고 하죠? 사람을 찔러 죽여 놓고, "내가 안 죽였다. 칼이 죽였다"라고 한다는 거죠. 흉년 핑계를 대는 것이 그런 말도 안 되는 변명이라는 지적입니다. 이렇게 제후들의 실정을 혹독하게 비판하면서 왕도정치를 이야기하는 것이 맹자입니다.

맹자가 계속 강조한 건 백성들이 굶주리지 않고 기본적인 인간적 삶을 누리도록 하는 정치가 왕도라는 겁니다. 그러면서 뽕나무를 잘 심고, 백성들을 농사철에 동원하지 않고, 산을 적절하게 사용하도록 해서 목재가 늘 풍족할 수 있도록 해야 한다는 등, 백성들이 기본적인 생활을 할 수 있는 구체적인 이야기를 하고 있습니다. 이렇게 먹고사는 이야기를 하다가 맨 마지막으로 교육을 말합니다. 교육을 해서 "반백자, 불부대어도로의"(頒白者, 不負戴於道路矣), 다시 말해 머리가 희끗희끗한 노인이 길에서 짐을 이고 지고 가는 모습이 없도록 하는 정치를 해야 한다는 겁니다. 이렇게 민생의 문제를 해결하고 마지막에 교육을 통해 도덕을 확립하는 것이 바로 맹자가 말하는 왕도입니다. 맹자가 이상주의자라고 말씀을 드렸지만, 도덕부터 설파하는 것이 아니죠.

이런 점은 공자도 마찬가지입니다. 공자가 위나라의 도성에 갔습니다. 제자 염유가 모는 수레를 타고 들어갔는데, 백성이 굉장히 많은 것을 보고 감탄을 합니다. 이때 염유가 백성이 많아졌다면 무엇을 해야 하는지를 묻죠. 공자는 "부지"(富之)라고 대답합니다. 부유하게 해 주어야 한다는 거죠. 그다음에 "가르쳐야 한다"[敎之]고 이야기를 합니다. 유가가 이상주의라고 해도 공자든 맹자든 기본적으로 먹고사는 것을 해결하는 것이 중요했습니다. 잘 먹고 잘 살게 해 주고 나서 교육을 하고 모범을 보이면 백성들이 어진 곳으로 따라온다는 확신이 있었던 거죠.

성선설과 호연지기

앞에서 살펴보았듯이 공자는 주나라의 예법을 부활시키고 교육을 통해서 이상적인 상태를 이루고자 했습니다. 하지만 맹자가 살았던 시대에는 공자와 같은 이상은 더 이상 기대할 수 없다고 말씀드렸죠. 맹자는 이제 인간 내면의 문제, 인간 본성의 문제로 파고들어 갑니다. 맹자를 대표하는 개념이라고 할 수 있는 '성선'(性善)이 여기서 나옵니다. 성선설에서 '성'(性)은 요즘에는 주로 남녀의 성별과 관련된 말들에 많이 쓰이지만, '성선'이라고 할 때의 '성'은 노력하지 않아도 저절로 그렇게 되는 생리적인 것을 의미합니다. 인간의 본성이라고 할 수 있겠죠. 이 인간 본성의 문제에 관해서 가장 처음으로 아주 본질적인 얘기를 한 사람이 바로 맹자입니다.

'성'에 관한 학설들은 많이 알려져 있죠. 성선설은 맹자, 성악설은 순자가 주장했다고 알려져 있습니다. 그 밖에도 선악혼설(善惡混說), 성삼품설(性三品說) 등 여러 학설이 있지만, 가장 선명하게 이야기를 하고 있는 것이 성선설과 성악설입니다. 맹자의 성선은 인간 본성의 문제에만 천착해서 나온 것이 아닙니다. 인간이 무언가를 이루기 위해서는 우리가 가진 가능성이 무엇인지, 우리가 어떻게 타고났는지를 알아야 하는데요. 그게 바로 성입니다. 어떻게 타고났는지를 확인한 다음에 교육론이 나오죠.

본성을 어떻게 개발하고 교육시키느냐, 마지막으로 교육을 통해 어떤 완성된 인격을 만들어 낼 것인가를 함께 생각하는 것이 맹자의 성선설입니다.

그렇기 때문에 인간의 본성을 어떻게 보느냐에 따라 교육과 정치가 모두 달라집니다. 만약 인간의 본성이 악하다면 강하게 통제하고 억제해서 옳은 방향으로 이끄는 정치가 필요합니다. 법가적인 모델이 여기에 가깝겠죠. 하지만 인간 본성의 선함을 전제로 한다면 교화가 중요해집니다. 모범을 보이고 따라오게 하는 거죠. 모범을 보이고 교육을 함으로써 인간을 도덕적으로 향상시킬 수 있고, 그런 인간들이 모여 사는 이상적인 사회가 가능하다고 맹자는 믿은 겁니다. 그리고 그런 확신을 왕이나 통치자에 대해서 똑같이 적용을 한 거예요. 당신에게 선한 본성이 있다. 그것을 계발함으로써 당신은 왕이 될 만한 자질을 함양할 수가 있다고 얘기합니다. 백성들에게 교화될 가능성이 충분히 있어서 선한 인간이 되고 훌륭한 경지에 이를 수 있다고 이야기하는 한편으로, 통치자들에게 백성들을 그렇게 이끌 수 있는 덕을 이룰 수 있는 가능성이 있다는 것을 성선설의 측면에서 이야기하고 있는 겁니다.

왕도정치와 성선

『논어』의 "백성의 덕은 풀과 같고 통치자의 덕은 바람과 같다. 풀

위로 바람이 불면 풀은 바람에 따라 눕는다"라는 구절을 맹자는 철저히 받아들이는 겁니다. 앞에서도 인용했지만, 맹자가 덕이 흘러 퍼지는 것이 파발마보다 빠르다고 한 것도 덕화의 가능성을 철저히 믿은 데서 나온 말이라고 할 수 있습니다.

맹자의 왕도정치도 성선을 전제로 하지 않으면 나올 수가 없는 개념입니다. 제 선왕이 맹자에게 자기 같은 사람도 왕도정치를 할 수 있겠냐고 묻자, 맹자는 할 수 있다고 단언을 하죠. 왕이 당상에 앉아 있다가 희생으로 끌려가는 소를 구해 줬는데, 그걸 보면 왕도정치를 할 수 있다고 이야기를 하는 겁니다. 소는 흔종(釁鍾) 의식에 희생되려고 끌려가던 참이었다고 하죠. 흔종은 종을 새로 만들면 희생물을 잡아서 그 피를 종에 바르는 것을 말하는데, 소가 제 죽을 것을 알았는지 벌벌 떨면서 끌려가고 있었습니다. 왕이 그걸 보고 양으로 바꾸라고 합니다. 이 이야기를 듣고 백성들은 왕이 소가 아까워서 양으로 바꿨다고 수군거리기도 한 모양인데, 맹자는 이것이 죽는 모습을 차마 보지 못하는 어진 마음이라고 해석을 해 줍니다. 군자는 푸줏간이나 도살장을 멀리 하는데, 죽는 모습이나 죽는 소리를 듣고는 차마 고기를 먹을 수 없기 때문이라고 하면서, 그 마음을 풀이해 주는 거죠. 왕은 자신의 마음을 잘 헤아려 줬다고 기뻐했습니다.

그런데 이게 왕도정치와 어떤 관계가 있을까요? 맹자의 비유가 재미있죠. 맹자는 임금에게 "백 근의 무게를 들 수 있으면서 깃털 하나를 들 수 없다고 하면 말이 되겠습니까? 작은 물건을 볼 수 있는데 수레에 실린 큰 땔나무를 볼 수 없다면 말이 되겠습니까?"라고 되묻죠. 마찬가지로 지금 왕의 어진 마음이 죄 없이 죽어 가는 소에게까지 미쳤는데 백성에게 미치지 못한다는 것은 말이 되지 않는다는 겁니다. 그러니까 왕도정치를 못한다는 말은 '하지 않는 것'이지 '하지 못하는 것이 아니다'라고 이야기를 합니다. 핵심은 다른 사람이 아픔을 당하는 것을 차마 보지 못하는 마음이 바로 왕도정치를 행할 수 있는 마음이라는 겁니다. 이걸 '불인인지심'(不忍人之心)이라고 하죠. 남에게 차마 하지 못하는 마음이라는 의미일까요? 그런데 지금 왕들이 하고 있는 정치를 보면 모두 백성들을 잡아 죽이는 정치를 하고 있다는 겁니다. 그러니까 왕이 소를 불쌍히 여기는 마음을 생각해서 그 마음을 백성들에게까지 널리 펴라고 권유를 하고 있습니다.

그런데 이렇게 맹자가 임금들과 나누는 대화를 보면, 맹자의 마음이 아주 급하다는 것을 알 수 있습니다. 『논어』를 읽어 보면 공자는 전인적인 교양인이죠. 육예, 즉 예악사어서수에 박통하고, 당시의 학문 전체에 통달을 한 사람입니다. 그에 비하면 맹자는 어떨 때는 참 급한 모습을 보입니다. 가령 왕이 음악을 즐긴다는 말을 듣고, 맹자가 왕에게 "음악을 즐기신다면서요?"라고 묻죠. 그러니까 왕이 좀 면구스러워하면서 "선왕의 음악"[先王之樂]이 아니라 "세속의 음악"[世俗之樂]을 좋아한다고 대답합니다. 이 말은 지금으로 치면 클래식이 아니라 유행가를 좋아한다는 말이 겠죠. 그러자 맹자는 '클래식이나 유행가나 똑같은 겁니다'라고 대답을 합니다. 공자라면 절대 그런 이야기를 하지 않았을 겁니 다. 공자는 음악에 굉장히 엄해서 어떤 음악을 연주하고 쓰느냐 가 국민의 정서 함양과 국가의 통치에 굉장히 밀접한 관계가 있 다고 생각했어요. 그래서 "악즉소무, 방정성"(樂則韶舞, 放鄭聲) 같 은 말도 남겼지요. '음악은 순임금의 음악인 소무를 연주해야 하 고, 정나라의 음악은 추방해야 한다'는 뜻이죠. 정나라의 음악이 대표적으로 음란한 음악이었거든요. 그래서 그런 음악을 들으면 백성들이 기질적으로 비뚤어진다고 생각을 했습니다. 마음속 감 정의 찌꺼기까지 승화할 수 있는 것이 음악이라고 생각했고, 잘 못된 음악이 나라에 퍼지면 나라 전체가 잘못된다고 생각한 사 람이 공자입니다.

하지만 맹자는 '유행가나 클래식이나 같은 겁니다'라고 이야 기를 하고 있으니 공자와 확연하게 달라지는 지점이라고 할 수 있습니다. 그런데 맹자에는 다른 강조점이 있습니다. 중요한 것 은 음악이 어떤 음악인지가 아니라, 혼자 즐기느냐, 백성과 함께 즐기느냐입니다. 백성들과 더불어서 음악을 즐기면 어떤 음악이 든 괜찮다는 말이죠. 맹자는 이렇게 마음이 급합니다. 문화나 예 를 살리려고 애를 쓰기보다는 우선 왕의 마음을 백성을 사랑하 는 데로 돌이켜서 불인인지심을 끌어내고, 왕도정치를 실현하는 것이 급선무였던 겁니다. 왕도정치를 통해 민생을 해결하고 그위에서 교육을 베풀어서 좋은 세상을 만들고자 하는 마음으로 바쁜 거죠.

『맹자』의 이 장면에서 "독락악, 여인락악, 숙락"(獨樂樂, 與人 樂樂, 孰樂)이라는 재미있는 문장이 나옵니다. '혼자 음악을 즐기는 것과 여러 사람들과 더불어서 음악을 즐기는 것 중에 어느 것이 더 즐겁습니까'라는 뜻인데, 이 문장이 우리 옛분들의 귀에는 맹꽁이 울음 소리처럼 들렸던 모양입니다. 그래서 "맹꽁이도 맹자를 읽는다"라는 말이 이 문장에서 나왔죠. 『논어』에도 비슷한 구절이 있습니다. "지지위지지, 부지위부지, 시지야"(知之爲知之, 不知爲不知, 是知也)라는 구절인데, '아는 것을 아는 것으로 하고 모르는 것을 모르는 것으로 하는 것, 이것이 앎이다'라는 뜻입니다. 이 구절을 빨리 읽으면 마치 제비가 '지지배배' 하는 것 같다고 해서, "제비도 논어를 읽는다"라는 말이 여기에서 나왔죠. 이렇게 제비도 『논어』를 읽고 맹꽁이도 『맹자』를 읽는데, 사람으로 태어나서 공부를 하지 않을 수 있냐고 할 때 쓰는 말이죠.

맹자가 이렇게 '성선'을 이야기하지만, 백성을 가만히 둬도 선하게 된다는 뜻은 전혀 아닙니다. 앞에서도 말씀드렸지만, 기본적인 삶의 조건을 만족시켜 줬을 때, 선한 쪽으로 갈 수 있다는 겁니다. 여기서 '항산'(恒産)과 '항심'(恒心)을 둘러싼 아주 중요한 이야기가 나옵니다. '항산'은 고정적인 생계수단을 말하고, '항심'

은 불변하는 마음을 말하죠. 맹자는 항산이 없더라도 항심을 유지할 수 있는 것은 선비[士]뿐이라고 이야기를 합니다. 사명감을 가진 선비라면 무엇이 귀한 것인지를 확실히 알아서 고정적인 생계수단이 없어도 불변의 마음을 가질 수 있다는 거죠. 하지만 백성들은 그럴 수가 없습니다. 백성들은 항산이 없어서 먹고 살기가 힘들면 "방벽사치무불위"(放辟邪侈無不爲)한다고 합니다. '방벽사치'는 '여러 가지 방탕하고 치우친 일'을 말하고, '무불위'는 '하지 않는 것이 없다'는 말이죠. 온갖 나쁜 짓을 다 하게 된다는 말입니다. 이렇게 죄를 짓게 하고는 그물질하듯이 백성들을 잡아서 벌을 주어서는 안 된다는 것이죠. 백성들에게 항산, 즉 고정적인 생계수단을 마련해 주는 것이 무엇보다 중요하다는 말입니다.

이렇게 맹자는 자신의 정치이론을 '성선'에서 끌어내는데요. 그렇다면 인간에게 선한 본성이 있다는 것은 어떻게 입증할 수 있는지가 문제가 됩니다. 맹자는 성선의 근거로 사단(四端)을 말합니다. 사람에게는 본래적으로 선함이 드러나는 네 가지 단초가 있는데, '측은지심'(惻隱之心), '수오지심'(羞惡之心), '사양지심'(辭讓之心), '시비지심'(是非之心) 이 네 가지입니다. '측은지심'은 남의 고통을 아파하고 가엾이 여기는 마음으로 '인'(仁)의 단초요, '수오지심'은 자기의 의롭지 못함을 부끄러워하고 남의 의롭지 못한 일을 미워하는 마음으로 '의'(義)의 단초입니다. '사양지심'은 사양하고 양보하는 마음으로 '예'(禮)의 단초요, '시비지심'은 옳고 그름을 따지려는 마음으로 '지'(智)의 단초입니다. 그러니까 사단은 각각 인의예지의 기본이 되는 인간의 본성을 뜻하는 겁니다.

『맹자』에는 이 사단 중에서 '측은지심'의 예가 나옵니다. 어린아이가 기어가다가 우물에 빠지려는 것을 보면 누구나 깜짝 놀라서 달려가 구하려고 하겠죠. 이걸 맹자는 인간이라면 누구에게나 있는 측은지심이라고 이야기를 합니다. 이렇게 행동하는 것은 그 아이의 부모와 친분이 있어서도 아니고, 남들에게 비난받을 것이 두려워서도 아니죠. '저 아이를 구할까 말까' 망설이다가 구하러 가는 것이 아니라, 망설임 없이 반사적으로 일어나는 마음에 의한 것이겠죠. 이런 걸 보면 인간의 마음속에는 측은지심이 있고, 이것이 곧 마음이 선하다는 증거라는 것이 맹자의 이야기입니다.

'성'에 대한 논쟁

그런데 인간 본성에 관한 이야기를 하려면 사실은 '성'(性)이라는 게 뭔지부터 다시 시작을 해야 합니다. 맹자는 인간의 본성에 관해서 처음으로 문제를 제기했고, 성선설이라는 대표적인 학설을 주창했기 때문에 맹자의 이론에는 살펴볼 필요가 있는 주제들이 많이 있습니다. 『맹자』에서 성이란 앞에서 말씀드린 대로 인위적으로 획득된 것이 아니라 노력하지 않아도 되는 것, 타고난 것이라고 할 수 있습니다. 그러면 타고난 것은 모두 성이라고 할 수 있을까요? 우리는 '성'이라는 글자를 타고난 것들을 지칭할 때 쓰죠. 이성, 감성 같은 것들도 생리적으로 타고난 것이라고 할 수 있습니다. 하지만 맹자는 타고난 모든 것을 성이라고 부르지는 않습니다. 가령 인간이 생각하고 따질 줄 아는 것은 타고난 능력이라고 할 수 있습니다. 생각하는 능력 자체는 노력해서 얻은 것은 아닙니다. 하지만 맹자에게 이성이나 오성과 같은 것은 '성'에서 빠집니다.

그럼 맹자가 이야기하는 성은 무엇일까요? 다산 정약용은 맹자의 성을 무언가를 좋아하고 싫어하는 지향성과 관계가 있는 것이라고 보았습니다. 타고난 것 중에서도 무언가를 좋아하거나 싫어하는 성향과 관계된 것을 성이라고 보았다는 거죠. 맹자는 고자(告子)와 성에 대한 논쟁을 벌입니다. 고자는 선악이 결정되어 있지 않다고 주장한 사람인데요. 인간의 본성을 고여 있는 물과 같다고 보았습니다. 동쪽으로 물길을 터 주면 동쪽으로 흐르고, 서쪽으로 물길을 트면 서쪽으로 흐르듯이 인간의 본성도 선으로 인도되면 선으로, 악으로 인도되면 악으로 간다고 보았습니다.

고자의 이런 주장에 대해서 맹자는 이렇게 반박을 합니다. 물이 흐르는 방향은 정해져 있지 않지만, 물이 아래로 내려가는 성질을 가지고 있다는 것은 분명하다는 거죠. 물이 아래로 내려가는 지향성이 있는 것과 마찬가지로 인간의 본성에도 선을 지향하는 지향성이 있다고 반박을 하죠. 하지만 어떤 사람은 악행을 하기도 합니다. 맹자는 사람이 악한 행동을 하는 것은 물을 강하게 때리면 튀어 올라서 사람 키를 넘길 수도 있는 것과 같다고 말합니다. 하지만 그게 본성은 아니라는 거죠.

또 이렇게 고자와 논쟁을 하는 가운데, 사람의 본성이 소나 개의 본성과 같을 수 있겠냐는 말이 나옵니다. 인간이라는 종에만 고유하게 있는 것을 사람의 본성이라고 해야지, 소나 말 같은 동물과 공유하는 것을 사람의 본성이라고 할 수 없다는 것이 맹자의 주장입니다. 그런데 인간이 타고난 것 중에 동물과 공유하는 것이 많이 있죠. 성욕이나 식욕이 대표적입니다. 맹자는 이런 것들은 사람에게만 고유하게 있는 것이 아니기 때문에 인간의 본성이라고 할 수 없다고 합니다. 정리를 해 보면, 맹자에게 있어서 성은 첫째로 지향성, 성향을 가지고 있는 것을 가리킵니다. 두 번째로는 어떤 종(種)에만 고유하게 있는 것이어야 하죠. 이런 전제에서 맹자는 본성을 논하고 있습니다.

맹자가 인간을 보는 관점 또한 독특합니다. 맹자는 사람을 볼 때 영적인 부분과 육적인 부분으로 나누어서 보는 틀을 가지고 있습니다. 이 구분에서 맹자는 출발합니다. 그래서 사람 안에 두 가지 몸이 있다고 이야기를 합니다. 바로 대체(大體)와 소체(小體), 즉 큰 몸과 작은 몸이 있다는 것이죠. 우선, 소체, 즉 작은 몸은 육체와 육체에 속한 감각기관이나 운동기관 같은 걸 말합니다. 육체적인 것에 연관된 것을 소체라고 하는 것이지요. 그럼 맹자가 대체라고 부르는 것은 무엇일까요? 대체는 가장 고귀한 몸으로, '심'(心), 다시 말해 마음이라고 할 수 있습니다. 이렇게 맹자는 인간에 대해 이분법적인 관점을 가지고 있는데, 대체와 소체라고 명명할 때부터 이미 가치평가가 들어가 있죠. 맹자는 인간이 동물과 공유한 부분이 소체고, 하늘이 인간에게만 고유하게 내린 것을 대체라고 한 것입니다. 대체는 귀한 몸이고, 소체는 천한 몸이죠. 그런데 사람들을 보니 소체는 열심히 돌보는데 대체는 잘 안 돌보죠. 맹자가 이걸 보고 굉장히 한탄을 합니다. 예컨대 사람들은 닭이나 개를 잃으면 열심히 찾죠. 그런데 자기 마음을 잃어버리고서는 찾을 줄을 모릅니다. 이런 걸 보면서 맹자가 "학문지도무타, 구기방심이이의"(學問之道無他, 求其放心而已矣)라고 하죠. '학문의 길이란 다른 것이 아니라, 잃어버린 마음을 찾는 것일 뿐'이라는 말입니다.

또 맹자는 이런 비유를 듭니다. 어떤 사람이 약지가 구부러져서 잘 안 펴진다 합시다. 일하는 데 별로 방해도 안 되고, 크게 아픈 것도 아닌데, 구부러진 손가락을 펴 주는 의사가 있다고 하면 천리 길을 멀다 하지 않고 달려간다는 겁니다. 그런데 자기 마음이 고장 난 병은 모두가 다 팽개치고 돌아보지 않는다는 거예요. 또 다른 비유도 있습니다. 나무를 가꾸는 정원사가 있는데, 오동나무나 목재가 될 만한 나무를 다 팽개쳐 두고 가시나무 같은 쓸데없는 나무만 잔뜩 키우면 그 사람이 좋은 정원사겠냐는 거죠. 아니겠죠. 그런데 사람들은 꼭 그 사람과 같은 짓을 하고 있다는 겁니다. 천한 몸은 열심히 가꾸고 귀한 몸은 다 팽개쳐 두는 거죠. 사람은 대인이 될 수도 있고 소인이 될 수도 있는데, 대체를 기르면 대인이 되고 소체를 기르면 소인이 된다고 합니다.

맹자는 이상적인 인격을 대인, 혹은 대장부라고 부릅니다. 대체를 잘 키우면 남녀를 불문하고 대장부가 되는 겁니다. 그런데 어떻게 해야 대체를 잘 기를 수 있을까요? 소체를 잘 기르는 것을 생각해 보면 됩니다. 소체를 잘 기르려면 소체가 바라는 것을 적절히 잘 충족시켜 줘야겠죠. 소체는 먹는 것이나 성적인 것, 다시 말해 식색(食色)을 요구합니다. 식색을 잘 충족시켜 주면 소체는 힘 있고 건강한 몸이 되겠죠. 안 먹이거나 너무 많이 먹이면 굶주리거나 병이 나게 될 겁니다.

그리고 사람의 감각기관은 공통적으로 좋아하는 것이 있다고 합니다. 맹자는 사람의 입은 비슷해서 역아(易牙)의 음식을 좋아하고, 사람의 귀는 비슷해서 사광(師曠)의 음악을 듣기 좋아하고, 사람의 눈은 비슷해서 자도(子都)를 모두 아름답다고 여긴다고 하죠. 역아는 제나라의 유명한 요리사고, 사광은 대음악가입니다. 악성(樂聖)이라고 불리는 사람입니다. 자도는 춘추시대에

미남으로 유명했던 인물입니다.

그런데 이런 맹자의 말에는 조금 의문을 제기할 수 있을 것 같아요. 가령 아프리카의 유명한 요리사가 만든 전통음식을 갑자기 먹었을 때 맛있다고 느낄 수 있을까요? 누구는 맛있다고 느끼는 음식을 다른 사람은 그렇게 느끼지 않을 수도 있겠지요. 음악이나 미에 대한 기준도 마찬가지입니다. 하지만 맹자가 공통의 기준이 있는 하나의 문화권에서 한 이야기이고, 감각기관이 대체적으로 함께 좋아하는 바가 있다는 차원에서 이야기한 것이기 때문에 이 정도 의문을 품고 맹자의 이야기를 따라가 보도록 하죠.

이렇게 인간의 오감이 공통적으로 함께 좋아하는 바가 있는데 "그럼 사람의 마음은 공통적으로 좋아하는 게 없겠는가"라고 맹자는 묻습니다. 인간의 마음이라면 함께 좋아하는 것이 있지 않겠냐는 거죠. 여기에 맹자는 정확하게 답을 합니다. 바로 리(理)와 의(義)를 좋아한다고 말입니다. 리는 합리적인 것, 도리에 맞는 것을 말하고, 의는 정의로운 것을 말하죠. 맹자는 맛있는 음식이 사람의 입을 기쁘게 하는 것과 똑같이 리와 의가 사람들의 마음을 기쁘게 만든다고 합니다. 이렇게 대체의 지향이 따로 있다는 것에서 맹자는 성선의 근거를 발견하고 있는 거죠.

지금까지 말씀드린 것이 다산 정약용의 이론에 따라서 맹자의 성선설을 설명한 것인데요. 여러 해설이 있지만 정약용의 설명이 쉽게 이야기하고 있어서 좋습니다. 그런데 성리학에서는 다르게 설명을 합니다. 인의예지의 원리가 인간의 본성 속에 완벽하게 들어 있다는 겁니다. 이게 외물과 접촉을 해서 외부로 드러나게 된다고 하죠. 그런데 다산은 이걸 부정합니다. 인의예지는 덕인데 실천도 하지 않고 덕이 생길 수는 없다는 거죠. 그래서 다산은 지향성만을 이야기하는 겁니다. 리와 의를 좋아하는 지향성이 있고 그런 성향을 가지고 실천을 하다 보면 인의예지가 드러나게 된다는 거죠. 이런 차이가 있습니다.

대체를 기르는 법, 호연지기

사람의 마음, 즉 대체가 건강해져야 대인이 될 수 있는데, 대체를 잘 기르려면 어떻게 해야 할까요? 말씀드린 대로, 소체를 기르듯이 대체를 기르면 됩니다. 대체가 요구하는 것을 적절하게 공급해 주어야 하죠. 구체적으로는 도덕적이고 선한 행위를 지속적으로 반복적으로 실천하는 겁니다. 이렇게 하다 보면 대체의 기가 충만해져서 천하를 덮는 기상을 가질 수가 있다고 이야기를 합니다. 이게 바로 맹자가 이야기하는 '호연지기'(浩然之氣)입니다. 호연지기를 기른다고 산에 가서 소리 지르고 그러는 것이 아닙니다. 그렇게 하면 동물들한테 엄청난 스트레스만 줄 뿐이죠.

『맹자』에 '호연지기' 장이 있죠. 거기서 맹자는 자신이 잘하는 것 두 가지를 이야기하는데, 하나는 사람의 말을 잘 판별해 내는 것[知言]이고 다른 하나는 호연지기를 잘 기르는 것이라고 이야기를 합니다. 그러자 제자가 "호연지기가 무엇입니까"라고 묻죠. 맹자는 한마디로 말하기 어렵다고 하면서도 "배의여도"(配義與道)라는 비밀을 털어놓습니다. 바로 의와 도를 짝한다는 말이죠. 이렇게 하지 않으면 호연지기는 굶주린다[餒也]라고 표현했습니다. 여기서 의와 도는 앞에서 나왔던 리(理), 의(義)와 같은 말이죠. 그리고 또 "집의소생자"(集義所生者)라고도 합니다. 의를 집적하는 것에 의해서 호연지기가 생긴다는 거죠. 식색을 제대로 충족하지 않으면 소체가 굶주리는 것과 마찬가지로 의와 도를 반복적으로 행하지 않으면 호연지기가 굶주린다는 말입니다.

그런데 여기서 "필유사언이물정, 심물망, 물조장야"(必有事焉而勿正, 心勿忘, 勿助長也)라는 아주 재미있는 표현이 나옵니다. 호연지기를 기르는 일에 있어서 반드시 물정(勿正), 물망(勿忘), 물조장(勿助長)해야 한다는 말입니다. '물정'은 미리 작정을 하고 매달려 해서는 안 된다는 것을 말합니다. '기필코 이만큼 실천을 해서 호연지기를 이만큼 길러야지'라는 마음을 먹고 해서는 안 된다는 것이지요. 그렇다고 잊어버리면 안 되고, 마음에 늘 두고 있어야 한다는 것이 '물망'이고요. 마지막으로 '물조장'은 '억지로 키우려 돕지 말라'라는 뜻입니다. '조장'은 아주 좋지 않은 표현인데요. 맹자는 송나라 사람을 예로 들어서 설명을 하고 있죠. 송나라에 사는 어떤 사람이 집에 와서는 "내가 싹이 자라도록 돕고

왔다"[予助苗長矣]라고 이야기를 합니다. 그 아들이 놀라서 밭에
가 보니 아버지가 싹을 다 위로 잡아당겨 놓은 겁니다. 다 말라
죽었겠죠. 호연지기도 이렇게 억지로 기른다고 조장하게 되면
금세 말라 죽게 된다는 겁니다.

　　좀 다른 이야기지만, 중국에서는 이렇게 융통성 없고 바보
같은 사람들을 송나라 사람으로 자주 묘사를 합니다. '수주대
토'(守株待兎) 이야기도 송나라 사람 이야기입니다. 밭일을 하다
가 우연히 나무 그루터기에 토끼가 머리를 박고 죽는 것을 본 거
죠. 그래서 밭일은 하지 않고 내내 거기서 토끼가 죽기만 기다리
는 이야기입니다. 송양지인(宋襄之仁)의 고사도 있죠. 송나라 양
공이 초나라와 전쟁을 하는데, 강을 사이에 두고 대치를 한 겁니
다. 초나라 군대가 막 강을 건너려고 하자 송나라의 신하가 강을
건너는 혼란한 틈을 타서 공격을 하자고 하죠. 하지만 송 양공은
"어진 사람이 어찌 상대의 혼란을 틈타 공격을 하겠느냐"라고 하
면서 초나라 군대가 강을 다 건널 때까지 기다립니다. 초군이 강
을 다 건너고 진을 막 세우려고 하니까 신하가 다시 혼란스러울
때 치자고 간언을 하죠. 하지만 양공은 같은 말을 하면서 공격을
명하지 않습니다. 이제 상대가 강을 다 건너고 진을 다 치고 나서
전투를 시작했는데, 송나라가 대패하고 양공도 여기서 입은 부
상으로 죽고 말죠. 『맹자』에도 '싹을 뽑아서 자라도록 돕는'[揠苗
助長] 사람으로 송나라 사람이 나온 것을 보면서 왜 송나라 사람

을 어리석은 이들의 대표로 삼았는지 조금 의문을 가져 봅니다. 혹 주 왕조가 멸망시킨 은 왕조의 후예가 바로 송나라인 것과 관계 있는 것 아닌가 하는 생각도 들고요.

본줄기로 돌아가죠. 왜 조장하는 것은 안 되는 것일까요? 소체를 기른다고 할 때에도 갑자기 운동을 강하게 하거나, 음식을 무리하게 먹어 치우거나 해서는 안 되겠죠. 적절히 먹고 꾸준히 운동을 해야 하는 것처럼, 대체를 기르기 위해 의를 집적하는 일도 갑작스럽고 억지로 해서는 안 된다는 말입니다. 꾸준하고 반복적인 실천밖에 없다는 것을 강조하고 있는 거죠.

맹자는 인간이 본래 타고난 기운을 '야기'(夜氣)라고 표현하기도 합니다. 사람이 외물과 접하지 않은 상태에서 가지는 순수한 기상을 말하는데요. 『맹자』의 '우산지목'(牛山之木) 장에 나오는 표현이죠. 우산은 제나라의 교외에 있는 산인데, 나무가 하나도 없는 민둥산이었다고 합니다. 그런데 원래는 나무가 상당히 많았다고 하죠. 그런데 사람들이 계속 가서 나무를 벨 뿐만 아니라, 소나 말을 풀어 키워서 싹마저 다 먹어 치우니 산이 민둥산이 되어 버린 겁니다. 인간의 마음도 마찬가지입니다. 선하고 도덕적인 일을 지향하는 마음, 새벽에 깨어난 것처럼 '야기'가 보존된 마음을 인간이라면 누구나 가지고 있지만, 낮 동안 그런 기운을 해치는 일을 계속해서 하고 있기 때문에 그 기운이 자라지 못하고 민둥산처럼 되어 버린다는 말입니다. 그러다 보면 사람 같지 않은 사람들이 생겨나게 된다는 거죠.

그러니까 호연지기 혹은 야기는, 그것을 해치는 일을 하지 않고 꾸준하고 반복적으로 의를 실천할 때 잘 길러진다는 말입니다. 이렇게 잘 길러 낸 호연지기는 맹자의 표현에 따르면 "지대지강"(至大至剛)하다고 합니다. 지극히 크고 굳세다는 말이죠. 또 '천지 사이에 호연지기가 가득 찬다'[塞于天地之間]고도 합니다. 이게 바로 '대장부'의 기상입니다. 맹자는 이렇게 수양에 따라 기운이 달라지는 것을 "거이기양이체"(居移氣養移體)라고 표현합니다. 어디에 머물고 무엇을 어떻게 기르느냐에 따라 사람의 몸이 풍기는 기운도 달라진다는 거죠. 그래서 노나라 임금이 송나라 성문에서 문지기를 부르니까, 문지기가 '저 사람은 우리나라 임금은 아닌데, 어찌 저렇게 우리나라 임금과 비슷한 분위기를 풍길까'라고 의아해하는 장면이 나오죠. 바로 임금이라는 자리에 앉아서 마음 쓰는 데가 비슷하기 때문에 비슷한 기운을 풍기는 겁니다.

호연지기를 충실하게 길러서 어떤 극악한 환경에 처하더라도 도덕적인 지향을 잃지 않는 사람을 맹자는 '대장부'라고 부릅니다. 소체도 비슷하죠. 소체를 잘 길러서 건강한 육체를 만들면, 견디기 힘든 나쁜 환경에서도 살아갈 수가 있죠. 똑같은 생선회를 먹어도 누구는 식중독으로 고생하지만 어떤 사람은 멀쩡한 경우 많지 않은가요? 소체의 기가 달라서 그렇다고 설명하면 되지 않을까요?

　마찬가지로 호연지기를 잘 기르는 대장부는 '천하라는 넓은 곳을 자기의 집으로 생각하는 사람'으로 어떤 환경에서도 흔들리지 않습니다. "부귀불능음, 빈천불능이, 위무불능굴"(富貴不能淫, 貧賤不能移, 威武不能屈)이라고 표현하는데요. 부귀도 타락시키지 못하고, 빈천도 그 마음을 바꾸지 못하며, 위세나 무력도 굴복시키지 못한다는 말입니다. 천하를 덮는 흔들림 없는 기상을 지닌 사람이죠. 그게 바로 맹자가 말하는 대장부입니다.

두 개의 원동력

어떻게 꼭 이익을 말씀하십니까

맹자는 지금 두 개의 원동력을 이야기하고 있습니다. 인간을 대체와 소체로 나누고 인격을 완성할 수 있는 가능성으로 소체의 지향성과 대체의 지향성을 이야기하고 있죠. 그중에서 대체의 힘을 키워 나가서 호연지기를 완성시킨 사람을 대장부라는 모델로 제시하고 있는 거고요. 우리가 다음 시간에 다룰 순자는 성악을 전제로 제시하고 있기 때문에 인간 안에 그렇게 키워 나갈 것이 없습니다. 그래서 인격 완성을 도모하는 틀이 맹자와는 완전히 달라지죠. 이 차이에 대해서는 다음 시간에 더 자세하게 말씀드리기로 하고요.

맹자는 이렇게 두 개의 지향성을 이야기했는데, 이 두 지향성은 갈등을 일으킵니다. 맹자는 소체가 인간의 본성이 아니라고 제쳐 놓았지만, 그렇다고 소체의 지향성이 없는 게 아닙니다. 두 개의 원동력이 동시에 작동을 하고 있는 겁니다. 더군다나 소체와 대체 중에서 소체의 지향성이 더 셉니다. 그래서 맹자는 금수와 인간의 차이가 아주 작다[幾希]고 이야기합니다. 군자는 그 미세한 차이가 귀한 것을 알아서 잘 유지를 하고, 소인은 그 차이를 모르기 때문에 금수와 같아진다고 합니다. 그러니까 군자나 선비라는 사람들은 하늘이 나에게 부여한 천명을 알고 따르는 사람이고, 소인은 모른다는 거예요. 그래서 소인은 소체의 지향성이 충족되지 않으면 대체의 지향성을 챙길 여유를 갖지 못합니다. 그러다 보면 못 하는 짓이 없는 것이 소인입니다.

그래서 백성들에게 그저 착해지라고 해서는 안 된다는 겁니다. 소체의 지향성이 더 세기 때문에 우선은 잘 먹고 잘 살게 해 줘야 합니다. 이 기본을 갖춰 준 후에 모범을 보이고 이끌면 되는 거죠. 이건 분명해 보입니다. 그런데 또 소체를 가치 있는 것이라고 하고 자꾸 부추기면 안 되겠죠. 맹자는 "양심, 막선어과욕"(養心, 莫善於寡欲)이라고 합니다. 마음[心]을 기르는[養] 데는 욕심이 적은 것보다 좋은 것이 없다는 뜻입니다. 이 강의를 맨 처음 시작할 때도 말씀드렸죠. 동양사상 중에서 욕심을 마음껏 충족시키라는 사상은 없다고요. 욕심이 강하면 선에 대한 지향성이 발휘될 수가 없겠지요.

사람에게는 도덕적인 지향성이 있는데, 욕망이 힘을 발휘하면 그 지향성이 방해를 받습니다. 욕망 자체는 나쁘다고 할 수 없지만, 선의 실천과 자주 부딪치는 상황에 놓이기 때문에 욕망을 최대한 적게 하는 것을 좋다고 본 것이죠. 그래서 『맹자』의 첫머리도 리(利)에 대한 경계로 시작하죠. 『맹자』의 첫 장은 맹자가 양나라의 혜왕을 만나는 장면에서 시작됩니다. 왕을 만났는데, 왕이 "노인장께서 천리를 멀다 않고 우리나라에 오셨으니 우리나라를 장차 이롭게 해 주시겠지요?"[叟不遠千里而來, 亦將有以利吾國乎]라고 묻습니다. 이 말을 듣고 맹자가 하는 대답이 "하필왈리"(何必曰利)입니다. '어떻게 꼭 이익을 말씀하십니까'라는 뜻이죠. 왕이 이익을 말하면 그 아래에 있는 대부는 자신의 가문의 이익을 중시할 것이고, 그 아래의 하급관리와 백성들은 제 한 몸의 이익만 생각할 것이니, 결국 서로 뺏으려 하다가 나라가 망할 것이라고 이야기를 하죠. 그러니 왕은 이익을 이야기할 것이 아니라 '인의'를 이야기해야 한다는 것이 『맹자』의 시작입니다.

또 송경(宋牼)이라는 사람과 맹자의 대화도 재미있습니다. 송경은 전쟁 반대주의자인데, 이웃의 두 나라가 벌이려는 전쟁을 말리러 가는 길에 맹자를 만납니다. 맹자가 전쟁을 어떻게 말릴 것인지를 묻습니다. 그러자 송경은 '이 전쟁이 이롭지 않다는 것을 설득하려고 한다'고 대답을 하죠. 맹자는 그래서는 안 된다고 합니다. 이익을 가지고 설득을 해서 두 나라가 전쟁을 그만둔다고 해도 두 나라 백성들이 이익을 좋아하는 마음을 갖게 될 것이고, 그렇게 이익을 바라는 마음을 키워서는 안 된다는 겁니다. 그렇게 계속 이익 쪽으로 나가서 망하지 않은 경우는 없다는 거죠. 그러니 인의로 설득을 해야지 '하필 이익을 말하냐'[何必曰利]고 이야기를 합니다. 이게 맹자입니다.

맹자의 이상주의

어떻게 보면 이런 맹자의 생각은 이상주의적으로 보입니다. 맹자는 당시의 열국이 전답을 개간하고 토지를 넓히려 애쓰는 행위도 좋지 않게 봅니다. 욕심을 부추기지 않고 옛 제도를 따라 잘 분배를 하면 그렇게 열심히 개발하지 않아도 조화롭게 잘 살 수 있다는 겁니다. 그런데 일단 이익이란 동기에서 움직이기 시작하면 아무리 개발을 하고 부를 늘린다 해도 부족할 수밖에 없다는 것이 맹자의 생각입니다. 유가의 근본 명제는 욕망을 자극하고 충족시키는 걸 개발하는 논리가 아니라 적절한 분배와 조화의 논리라고 할 수 있는데요. 맹자는 그걸 극단적으로 가져가서 전답을 개간하는 것까지 나쁘다고 말릴 정도가 된 것이죠.

그런데 이런 경향은 공자에서부터 조금씩 있었습니다. 공자는 『논어』에서 "균무빈, 화무과, 안무경"(均無貧, 和無寡, 安無傾)이라고 합니다. '균등하게 되면 가난이 없고, 화합하게 되면 부족한 것이 없고, 안정되면 위태로운 일이 없다'라는 말이죠. 공자 당시부터 제후들이 모두 국가적인 부의 총량을 늘리겠다는 논리로 치닫습니다. 그런 상황에서 공자는 부의 총량이 문제가 아니라, 균형 있게 분배하고 화합하는 것이 문제라고 이야기를 하고 있는 겁니다.

맹자가 말하는 왕도정치도 성선을 바탕으로 해서 화합으로 나아가는 정치를 말하는 거죠. 맹자가 한 유명한 말이 있죠. "천시불여지리, 지리불여인화"(天時不如地利, 地利不如人和), '하늘의 때라는 것은 땅의 이점만 못하고, 지리의 이점은 사람의 화합만 못하다'라는 뜻입니다. 또 "가사제정, 이달진초지견갑이병의"(可使制梃, 以撻秦楚之堅甲利兵矣)라는 문장도 『맹자』에 있습니다. 만일 왕도정치를 통해서 백성들의 마음을 얻을 수 있다면, '몽둥이를 깎아서 쥐여 줘도 강대국인 진나라와 초나라의 중무장한 군대를 무찌를 수 있다'라는 뜻입니다. 지리가 험준하고 견고한 성을 쌓았어도, 그 안에 있는 백성들의 마음이 이반을 하면 나라를 지킬 수 없다는 것이고요.

이렇게 맹자의 사상을 살펴보면 상당히 이상에 치우친 점들이 있는 것도 사실입니다. 이런 비판은 사실 공자가 제자인 자로에게서 들었던 것이기도 합니다. 공자가 어떤 나라에 가는데, 자로가 공자에게 묻습니다. "그 나라에서 만약 선생님을 써서 정치를 하고자 한다면, 무엇부터 하시겠습니까?"라는 질문을 하죠. 그러자 공자가 "명분을 바로잡겠다"라고 대답을 합니다. 자로가 이 말을 듣고 공자에게 "선생님, 참 세상물정 모르십니다. 어찌 그것부터 하신다고 하십니까"라고 이야기를 합니다. 스승이 너무 이상주의적인 데 대한 불만인 거죠. 이 말에 공자는 군자라면 모르는 것에 입을 닫고 있어야 하는 법인데 주제도 모르고 나선 다고 크게 나무라는 장면이 있습니다. 이런 이상주의적인 면이 맹자에게까지 이어졌다고 할 수 있습니다.

그런데 공자나 맹자 당시에는 유가의 반대쪽에 있는 법가의 논리가 실효성이 컸습니다. 사회를 급격하게 변화시키고 부국강병을 이룰 수가 있었죠. 그러나 그것이 가진 한계 또한 분명해 보입니다. 법가 통치를 앞세워 천하를 통일했던 진나라가 2세 황제에서 망하는 걸 보면 유가가 지적한 맹점들이 분명히 존재한다고 할 수 있습니다. 비록 열국이 직접 군대를 동원해서 부딪치는 현실 속에서 맹자의 사상이 실효를 거두기 힘든 것도 사실이었지만, 조화로운 분배나 인화 같은 민본주의적 사상이 나라의 존립을 좌우하는 가장 기본이라는 사실을 쉽게 무시할 수가 없는 겁니다. 특히 여전히 부의 총량 논리에 매달려 있는 우리 사회에서 맹자의 말들을 귀 기울여 들을 필요가 있겠죠.

공자는 제자가 나라를 다스리는 요체를 물으니까 "족식, 족병, 민신지"(足食, 足兵, 民信之)라고 대답을 합니다. '먹을 것이 넉

넉하고 군비가 튼튼하고, 백성이 믿는 것'이죠. 제자가 어쩔 수 없이 세 가지 중 하나를 버려야 한다면 무얼 버릴지를 묻죠. 공자는 '족병'과 '족식'을 버릴 수 있다고 말한 뒤에, "옛날부터 사람은 죽기 마련이지만, 백성의 믿음이 없으면 존립할 수 없다"[自古皆有死, 民無信不立]고 대답을 합니다. 공자의 민본주의라고 할 수 있는데요. 맹자는 공자의 이런 사상을 아주 끝까지 추구해 나갔다고 할 수 있습니다.

『논어』에는 또 맹자의 성선설의 바탕이 될 단초가 보이기도 합니다. 공자에 대한 강의에서 살펴보았던 것처럼 공자는 덕과 예를 중시했는데, 이 중에서 덕을 이야기하기 위해서는 덕이 무엇을 바탕으로 가능한지, 어떻게 성취될 수 있는지를 논해야 하죠. 우리에게 덕의 가능성이 있다는 것을 이야기해야 하는데, 맹자가 성선을 통해서 공자의 덕에 대한 논의를 완성시켰다고도 할 수 있겠습니다. 그런데 공자가 강조한 덕과 예 중에서 예의 중요성에 대해서는 맹자가 별로 이야기를 하지 않습니다. 공자에게 예는 거의 문화 전체를 포괄하는 개념이었지만, 『맹자』에서 예는 예절이라는 수준으로 격하돼 버립니다. 사상적으로 예를 이어받은 것은 바로 순자라고 볼 수 있습니다.

지금까지 살펴본 바에 의하면, 맹자는 성선이라는 이념을 강력하게 증명했다고 할 수 있습니다. 하지만, 정말 증명이 된 것일까요? 마지막으로 의문을 제기해 볼 수 있을 듯합니다. 파블로프의 개 실험이 있죠. 밥을 먹을 때마다 종을 치면, 종만 쳐도 침을 흘린다는 실험입니다. 이런 실험을 바탕으로 해서 생각해 본다면 선한 본성이 있다고 증명된 것은 아니라고 말할 수도 있지요. 가령 아이가 우물에 빠지는 것을 보면 막 달려가서 구한다고 하는 것도, 충분이 반증이 가능하죠. 도덕적인 행위를 하는 것이 우리 본성에서 나오는 것이 아니라, 오래된 교육과 습관의 힘일지도 모른다는 주장도 가능하겠죠. 맹자의 논리에 대한 가장 강한 반론이라고 할 수 있습니다. 또 원동력이 두 가지로 나뉘어 있다는 것도 비판의 여지가 많은 부분이라고 할 수 있습니다.

이렇게 여러 논쟁의 지점이 있지만, 여전히 맹자는 인간성에 관한 하나의 중요한 논의의 축을 세운 사람이고, 이 이론을 통해서 왕도정치라는 중요한 이념을 펼친 사상가라는 점에서 중국사상사, 나아가 세계의 사상사에 뚜렷한 위치를 지닌 사상가라고 할 수 있겠습니다.

5장

순자, 지적 인식을 통한 인격의 완성

이번 시간에는 순자(荀子)의 사상에 대해 살펴보겠습니다. 중국의 유명한 철학자 펑유란(馮友蘭)이 쓴 『중국철학사』에 보면 맹자를 '유학의 이상주의자'라고 표현하고 순자를 '유학의 현실주의자'라고 표현했습니다. 맹자가 플라톤과 비슷한 분위기를 풍긴다면 순자는 아리스토텔레스에 비견할 만한 사상가라고 할 수 있지요. 순자는 어떤 의미에서는 '잡가(雜家)의 조종(祖宗)'이라는 평가를 받기도 합니다. 순자의 사상 속에는 당시의 여러 사상들이 종합적으로 들어와 있거든요. 순자는 분명히 유학자로서 공자 사상의 맥을 잇는 측면이 있는 한편으로 도가 계통이나 황로학 계통의 사상들까지도 종합적으로 수용을 하고 있다는 특징이 있습니다.

강대국 진나라와 순자의 사상

순자 학문의 동기

어떤 사람이 학문을 한다고 할 때, 그 학문을 이루는 중요한 중심축이 있습니다. 학문을 하는 강력한 내적 동기가 있게 마련이죠. 어떤 학설에서 이런 동기를 찾을 수 있다면 그 사람의 학설 전반을 들여다보기가 굉장히 수월해집니다. 제가 순자의 사상을 상당히 좋아해서 열심히 순자의 학문적인 동기가 무엇일까를 찾아본 적이 있었는데요. 제 나름대로 발견한 것이 두 가지 동인이었습니다.

우선 순자는 공자로부터 내려오는 유학의 학통을 이어서 그것을 펼치겠다는 강한 의지를 가지고 있었습니다. 이런 의지가 학문의 중요한 동기라고 할 수 있는데, 실제로 학문을 하는 과정에서 굉장히 어려운 문제에 부딪힙니다. 바로 진(秦)나라의 부상입니다. 순자가 맹자와 구별되는 점이 하나 있는데, 바로 후에 천하를 통일하는 진나라에 가 본 적이 있다는 겁니다. 순자가 진나라에 들어가서 왕에게 유세를 한 적이 있다는 것은 분명하게 기록이 남아 있습니다. 순자가 그 나라에 들어가서 유학의 이념을 설파하면서도 한편으로는 진의 통치에서 충격을 받았던 것 같습니다. 진나라는 상앙에 의한 법가 통치를 시행해서 굉장히 짧은 기간에 부국강병을 이룩했습니다. 그런 진나라를 보면서 순자는 맹자와 같은 이상적인 이론을 주장해서 이런 부국강병의 효과를 얻을 수 있겠는가라는 문제의식이 들었던 것 같아요. 그래서 유학의 기본 틀을 유지하면서도 법가의 통치와 같은 강하고 빠른 효과를 낼 수 있는 사상을 구축해야 되겠다라는 동기가 순자의 학문에는 분명하게 있었던 것 같습니다. 『순자』의 여러 곳에서 이런 냄새를 맡을 수가 있죠.

인간을 움직이는 원동력은 하나

순자는 우리에게 성악설을 주장한 것으로 잘 알려져 있습니다. 그런데 '성악'이라는 말에는 조금 문제가 있습니다. 순자의 학설을 성악이라고 규정하면 안 됩니다. 예컨대 『순자』에는 짐승들도 부모를 사랑하고 죽을 때가 되면 고향을 그리워하는데 사람은 더 말할 것도 없다는 식의 이야기가 나옵니다. 친족에 대한 사랑, 효심 같은 자연적인 도덕성의 발로를 인정한 것이죠. 다만 순자는 이런 자연적인 도덕성을 중심으로 자기 학설을 구성하지 않았다는 점에서 맹자와 차이가 있습니다. 맹자는 자연스럽게 드러나는 선한 마음을 도덕의 뿌리로 보고 그것을 키워야 한다는 식으로 자기 학문 체계를 이루었거든요. 앞에서 맹자는 두 개의 근원을 인정했다는 것을 살펴보았죠. 선한 마음이 나오는 대체가 있고, 동물적인 지향성을 가진 소체를 따로 설정했다는 말씀을 드렸습니다. 대체의 욕구가 소체의 욕구에 굴복하게 되면 인간은 도덕적일 수가 없기 때문에, 대체를 잘 길러야 한다는 것이 맹자의 성선설이었는데요. 그런데 이렇게 학문 체계를 구성하면 대체와 소체라는 두 가지 근원이 부딪히게 되고, 결국 소체의 욕망을 줄여야 한다는 결론이 나올 수밖에 없죠. 과욕(寡慾), 절욕(節慾) 같은 주장이 나오게 됩니다.

이렇게 소체의 욕망을 줄인다는 것은 개인적인 차원에서는 문제가 없어 보입니다. 아니, 문제가 없는 것은 아니겠네요. 욕망을 줄이다 보면 그 개인이 이익추구를 소홀히 할 수밖에 없고, 부귀를 이루는 데 있어서 남들보다 뒤지게 되는 그런 문제가 있지 않겠어요? 그런데 국가나 사회 차원으로 확장을 하면 문제가 정말 국가 차원으로 커져 버립니다. 당시에 부국강병을 통해 천하통일을 꾀하는 전체적인 분위기와 어긋날 수밖에 없죠. 땅을 늘리고 수확을 늘리는 것은 소체의 욕망을 충족시키려는 것입니다. 맹자는 이렇게 소체의 욕구에 부응하는 일을 해서는 안 된다는 사고방식을 가지고 있습니다. 그래서 지금 있는 것을 조화롭게 나눠 먹자는 주장이 나오게 됩니다. 그런 조화로운 분배를 통해 백성들을 화합하게 하면 몽둥이를 들고서도 진나라나 초나라 같은 강대국의 잘 갖춰진 군대를 이길 수 있다는 것이 맹자의 주장이었죠. 하지만 진나라의 실상을 본 순자에게 이런 식의 논리는 비현실적으로 보였던 겁니다. 진나라의 부국강병은 인간이 가진 기본적인 욕구를 자극하는 것을 기본으로 하죠. 생산을 잘

하는 사람에게 상을 주고, 그런 공명심으로 전체적인 생산을 활성화하는 방법을 통해 급속도의 성장을 이뤄 낸 것입니다. 그런데 맹자와 같은 과욕, 절욕의 방법으로는 승부가 날 것 같지 않았던 겁니다.

그래서 순자는 맹자가 원동력을 두 개로 설정한 것과 다르게 인간을 움직이는 동력은 하나뿐이라는 생각을 기반으로 학문 체계를 구성합니다. 즉 식색, 먹는 것과 성적인 것을 추구하는 욕망, 자기 이익을 추구하는 욕망을 유일한 원동력으로 본 것입니다. 그럼 맹자에게서와 달리 이 욕망을 잘 조율해서 키워 나가는 쪽으로 이론이 구성될 수가 있습니다. 자연히 욕망을 억제하고 생산을 억제하는 쪽이 아니라 생산을 장려하고 국가의 부흥을 이룩하면서도 도덕적인 사회를 이룰 수 있는 틀을 구상할 수 있게 되는 겁니다.

법가와 유가

그러면서도 순자는 철저하게 유학의 테두리를 벗어나지는 않습니다. 법가로 가지 않은 거죠. 유가와 법가의 가장 궁극적인 차이는 사람과 제도 중에 어느 쪽에 호소하는가입니다. 법가는 제도만 있으면 된다는 생각입니다. 강한 왕권과 제도가 갖춰지면 문제가 없다고 보는 건데요. 법가의 이런 생각은 뜻밖에도 도가사상과도 통하는 지점이 있습니다. 법가는 형벌을 이야기하고 도가는 무위자연을 이야기하기 때문에 법가와 도가의 거리가 굉장히 멀 것 같은데요. 사실 두 사상은 촌수가 가깝습니다. 그 증거는 법가의 대표적인 책인 『한비자』에서 찾을 수가 있죠. 『노자』에 대한 가장 오래된 주석이 바로 『한비자』의 「해로」(解老)와 「유로」(喩老)입니다. 「해로」는 『노자』를 해석하는 글이고, 「유로」는 『노자』를 깨우쳐 주는 글이라는 의미를 담고 있죠. 한비자가 노자 사상을 근본으로 해서 법가 이론을 펴고 있다는 것을 잘 보여 주는 편들이라고 할 수 있습니다. 제도만 잘 갖춰 놓고 나면 그다음에 왕은 아무것도 하지 않아도 된다는 법가의 사상이 도가의 무위와 통하는 면이 있는 거죠. 인격적인 감화 같은 것은 필요하지 않다는 겁니다. 인간이 개입할 필요 없이 법과 제도를 세워 놓으면 잘 돌아간다는 거죠.

이렇게 법가는 인위적인 것이 개입될 필요가 없다고 이야기를 하는데, 반면 유가는 철저하게 인간에 호소하는 학문 체계입니다. 아무리 제도가 잘 갖춰져 있어도 사람이 그걸 잘 운용하지 않으면 절대로 올바로 돌아갈 수가 없다는 것이 유가의 주장이죠. 순자 역시 절대로 제도만 가지고서는 안 된다고 봅니다. 사람이 개입하지 않으면 안 되는 거죠. 그런 면에서 순자는 철저히 유자라고 할 수 있습니다. 하지만 법가적인 쪽으로 상당히 깊이 발을 들이고 있는 것도 사실이죠. 그래서 순자에서 한 걸음만 더 나아가면 법가가 나올 수 있습니다. 실제로 한비자가 순자의 제자이기도 합니다.

　이렇게 순자가 전형적인 유학자이고 유학사에 큰 의미를 지닌 학자임에도 불구하고, 후세의 유가 흐름에서는 상당히 소외된 느낌이 있습니다. 여기에는 한비자가 순자의 제자라는 이유도 있습니다. 유가 전통에서 가장 철천지원수로 여기는 인물이 진시황이죠. 진시황이 분서갱유를 했잖아요. 책을 태워 버리고 유학자들을 파묻어 죽였습니다. 지금이야 지식이 워낙 민간에도 퍼져 있고 책이 많으니까 분서갱유라는 말이 성립할 수도 없지만, 옛날에 분서갱유는 정말 끔찍한 일이었습니다. 책이라는 것이 워낙 만들기 힘든 귀한 것이었고, 지식도 특정한 이들에게만 유통되고 있었죠. 그런데 책을 태워 버리고 지식인 집단을 잡아서 죽였다는 것은 학문을 완전히 파괴하는 행위였던 겁니다. 그래서 이때 유학의 맥이 거의 단절되죠.

　그런데 이런 진시황의 통치 모델이 된 이론이 법가, 특히 한비자의 이론이죠. 따라서 유가의 입장에서 법가는 증오의 대상이 될 수밖에 없고, 그런 사상을 낸 한비자는 용서할 수 없는 인물이 되는 거죠. 그런 한비자의 사상이 순자에서 나왔다는 사실이 후대의 유학자들에게 못마땅하게 받아들여질 여지가 많았던 겁니다. 그래서 유학의 도통에서 순자가 빠져 버리죠. 공자에서 증자, 자사를 거쳐 맹자로 이어졌고, 이후 맥이 끊겼다가 성리학에 와서 도통이 이어진다고 보는 것이 성리학의 도통론입니다.

순자의 합리주의

저는 개인적으로 순자를 참 좋아합니다. 그 당시에 그만큼 깨인 지성이 존재했다는 것이 참 놀라울 정도거든요. 『순자』를 읽다가 무릎을 치면서 대단한 사람이라고 느꼈던 대목이 몇 군데 있습니다. 『순자』를 보면 나무 구멍에서 소리가 나고 바위 사이에서 이상한 귀신 울음 소리가 나는 것을 어떻게 보아야 하냐고 물음을 던집니다. 이때 순자의 대답은 '이상하게 보면 된다. 그러나 두려워하면 안 된다'는 겁니다. 이상한 걸 이상하다고 보면 되는데, 두려움이 끼어들거나 하면 이상한 미신이 나오게 된다는 거죠.

또 기우제를 지내면 왜 비가 오느냐는 질문을 받기도 합니다. 그러자 "기우제를 지내지 않아도 비는 온다"라고 대답을 하죠. 만약 이 정도였다면 그렇게 눈여겨볼 만한 대답은 아닐 겁니다. 그런데 순자는 이렇게 대답을 하면서도 기우제 같은 것은 쓸데없는 것이니 지내지 말아야 한다고 주장하지 않습니다. 왜냐하면 기우제가 사람들의 정(情)을 달래 주는 현실적인 효용성을 가지고 있기 때문입니다. 가뭄이 들어서 모든 사람이 비 오기를 애타게 기다릴 때, 그 애타는 마음을 '문'(文)해야 한다는 겁니다. '문'은 꾸민다는 뜻이죠. 인간의 감정이 그대로 나오지 않도록 기우제를 통해 꾸밈으로써 잘 풀어 주어야 한다는 것이 순자의 생각입니다. 이 시대에 이런 사고를 한 걸 보면 참 대단하다라는 생각이 들죠. 정말 현실적인 인식을 가지고 실효성 있는 학설을 제시하려 애를 쓴 사상가라고 할 수 있습니다.

애를 썼지만, 순자 역시 제대로 등용이 되지는 않았습니다. 말년에는 제나라 직하(稷下)의 학궁에서 좌장 격인 좨주로 있기도 했습니다. 직하학궁은 제나라 왕이 천하의 유명한 학자들을 초빙해서 학문을 연구할 수 있도록 지어 놓은 일종의 연구소라고 할 수 있는데요. 여기서 공부한 이들을 직하학파라고 따로 부를 정도로 아주 유명합니다. 직하에서 황로학을 비롯해서 다양한 학문들이 꽃을 피웠는데, 순자는 여기에서 당시 직하학궁에 모인 학자들의 사상을 다 섭렵한 것으로 보입니다. 순자가 '잡가의 조종'이라고 불리는 이유도 아마 이런 교류 때문이라고 할 수 있을 겁니다. 다른 학파의 학자들과의 많은 토론을 통해 학문을 정립해서인지, 굉장히 조리정연하고 논리적이라는 것이 순자 사상의 특징이기도 합니다.

순자의 인성론

인간은 어떤 존재인가

이제부터는 순자의 사상을 인성론이라는 면을 중심으로 해서 보기로 하죠. 유학을 여러 가지로 정의할 수 있겠지만, 사람을 어떤 동물로 보는가를 가지고 유학의 특징을 드러낼 수도 있습니다.

유학에서의 사람에 대한 정의는 '도덕적인 동물'이라고 할 수 있습니다. 사람을 도덕적인 존재로 보는 것이 유학의 가장 큰 특징 중에 하나라고 할 수 있죠.

이와 대조적으로 춘추전국시대에 성행했던 학파 중 하나인 묵가에서는 사람을 '노동하는 동물'로 보기도 합니다. 다른 동물들은 무기도 가지고 태어나고 옷도 가지고 태어나죠. 손톱과 이빨이 있고, 털가죽을 두르고 태어납니다. 하지만 인간은 그걸 전부 노동을 통해 만들어 내야 하는 존재입니다. 그래서 묵자는 노동을 중시하고, 노동의 산물인 재화를 함부로 낭비하는 걸 극도로 싫어하죠. 그래서 바로 여기가 유가와 묵가가 대립하는 지점이 되기도 하죠. 가족 내지 씨족 윤리를 국가 윤리로 확대하는 유가에서는 친족에 대한 사랑을 도덕의 뿌리로 보고, 그래서 친족에 대한 예, 특히 상례를 극진하게 치러야 한다는 것을 강조합니다. 극진하게 치르는 것이 꼭 사치스럽고 화려하게 하는 것으로 귀결될 수는 없겠지만, 아무튼 다른 학파에서 보면 유가의 예는 지나친 감이 있을 정도입니다. 묵자가 보기에는 이런 후한 장례는 문제가 있는 겁니다. 사람이 죽었다고 해서 몇 년씩 노동력과 재화를 낭비해서는 안 된다는 거죠. 이렇게 인간을 어떤 존재로 보느냐에 따라 사상체계 자체가 굉장히 달라져 버립니다.

순자는 맹자와 마찬가지로 인간을 도덕적인 존재로 봅니다. 사람에게는 예(禮)와 의(義)가 있기 때문에 사람이라고 보는 거죠. 이건 아리스토텔레스와도 비슷한 구분입니다. 아리스토텔레스는 세상에 있는 사물을 네 등급으로 나눕니다. 무생물, 식물, 동물, 인간이 그것이죠. 아, 그 위에 모든 것의 목적이 되는 신(神)을 두기는 하지만 그건 우리 세상에 그 존재가 증명된 것은 아니니까요. 그리고 식물은 번식 기능, 동물은 운동, 그리고 사람은 이성이 있다고 말하지요. 순자는 그것과 비슷하게 수화(水火), 초목(草木), 금수(禽獸), 인간의 네 등급으로 나눕니다. 그리고 그 각각의 특성과 한계를 다음과 같이 말하지요. 우선 광물이나 물, 불과 같은 무생물적 존재들은 기운만 있고 생명은 없습니다. 그 다음으로 식물은 생명은 있지만 운동이 없습니다. 동물들은 기도 있고, 생명도 있고, 운동도 있지만, 예의가 없다고 하죠. 마지막으로 인간은 예의까지도 갖추고 있다고 이야기를 합니다. 이렇게 인간의 특징을 예의라는 도덕적인 것으로 본 점에서 순자도 분명히 유가적인 특징을 가지고 있다고 할 수 있습니다.

그런데 이렇게만 이야기해서는 순자의 특징이 잘 안 드러나죠. 맹자도 예의가 있고 도덕적이라는 데서 인간의 본질을 찾기 때문입니다. 하지만 순자는 사람이 군(群), 즉 무리 지어 산다는 점에 주목합니다. 쉽게 이야기해서, 사람들이 비슷한 욕망을 가지고 무리를 지어 살기 때문에 구분을 짓고 한계를 짓지 않으면 싸움이 날 수밖에 없습니다. 하지만 사람에게는 생각을 할 수 있는 이성적인 힘이 있죠. 이걸 순자는 '지려'(知慮)라고 합니다. 모여 사는데, 제 욕망대로 살아서는 모두가 망한다는 것을 예측하고 분별할 수 있는 능력이 있는 거죠. 이 지려를 통해 앞날을 예측하고 더 나은 방향을 모색할 때 예가 나옵니다. 앞에서 순자가 예의를 가지고 있는 것이 사람의 특징이라고 했지만, 파고들어 가면 군과 지려에서 예의가 나온다고 할 수 있습니다. 그러니까 도덕은 다시 인간이 사회를 구성한다는 것과 지성, 또는 이성을 가지고 있다는 것에 바탕한다고 말하는 셈이죠. 아리스토텔레스와 가까운 측면이 또 드러나네요.

그러니까 순자는 맹자와 달리 원동력이 하나라고 본 겁니다. 맹자가 말하는 키워야 할 도덕적인 뿌리가 따로 있는 게 아니죠. 인간이 본디부터 가지고 있는 것은 성(性)입니다. 이 성 안에는 도덕적인 마음의 뿌리 같은 게 없습니다. 그대로 두면 이익을 좋아하고 식색을 좋아하는 것이 성인 거죠. 이 성을 그대로 두면 투쟁이 벌어지고 그 과정에서 서로 죽고 죽이는 일에 이르는 악이 발생합니다. 요약해서 말하면 이렇습니다. '인간의 본성은 자연 상태로 방치하면 악한 결과가 발생한다'. 이게 순자가 이야기하는 성악입니다. 이 생략된 중간의 과정을 보지 못하고 '인간의 본성은 악하다'라고 한 순자의 말을 문자 그대로 이해해서는 안됩니다.

아무튼 자연의 본성을 그대로 두면 안 된다는 것은 분명합니다. 바람직하지 못한[惡] 결과가 오니까요. 다행히 인간에게는 지려가 있어서 성을 그대로 두면 안 된다는 것을 압니다. 지려에 의해 교정을 하든가 가공을 해서 예의를 만들어 내야 한다는 것이 바로 순자의 논리라고 할 수 있습니다.

맹자와 순자는 인간관 자체가 근본적으로 다르다고 할 수 있습니다. 우리는 "궁극적으로는 다 똑같은 말이야"라는 말을 자주 하기도 하고 듣기도 합니다. "기독교나 불교나 다 결국은 착하게 살라는 말 아냐?" 이렇게 말하기를 좋아하는 사람들이 있죠. 그렇게 쉽게 말해선 절대로 안 된다고 생각합니다. 학문을 한다는 것은 '아'와 '어'가 다르다는 것을 따지는 일입니다. 어떤 전제를 가지고 있느냐에 따라서, 그 학문을 통해 우리가 갈 수 있는 길이 전혀 달라지는데, '궁극적으로 같은 거 아냐?'라고 대강 지나갈 수는 없지요. 맹자와 순자의 차이도 마찬가지입니다. 계속 말씀드리고 있듯이, 맹자는 사람을 움직이는 엔진이 둘이라는 입장이고, 순자는 하나라고 보는데, 이 두 입장은 완전히 다른 실천적 결론을 가지고 옵니다.

맹자가 성 자체에 측은지심을 포함하는 사단(四端)의 마음을 일으키는 원동력이 있고, 거기서 도덕이 나온다고 보았다면, 순자는 성을 교정하는 데서 도덕이 나온다고 본 겁니다. 지난 시간에 맹자 강의의 말미에 파블로프의 개 이야기를 했었죠. 먹이를 줄 때마다 종을 땡땡땡 치면 먹이를 주지 않고 종만 쳐도 침을 흘린다는 겁니다. 쉽게 이야기하자면 순자에게서 도덕도 비슷하다고 할 수 있습니다. 먹고 싶다는 욕구를 없애는 것이 아니라, 교정을 통해서 종을 치는 데 반응하도록 한다는 거죠. 이걸 순자의 논리와 똑같다고는 할 수 없지만, 참고할 만한 비유라고 생각합니다.

성-정-욕(性-情-欲)과 지려(知慮)

성에 대한 순자의 논의를 더 구체적으로 살펴보도록 하죠. 순자는 어떤 개념을 쓸 때 그 개념을 정의하는 것으로부터 논의를 시작합니다. 맹자도 비슷한 방식을 취하기는 하지만, 순자처럼 엄밀한 체계는 없습니다. 순자는 굉장히 치밀하게 논리를 전개하거든요. 순자의 논리 체계에서 중요한 것이 성-정-욕으로 이어지는 정신적인 계열입니다. 여기서 '성'(性)은 '욕'(欲), 즉 욕망이 나오는 뿌리입니다. 이런 개념 정의는 맹자와 크게 다르지 않아요. 앞에서 맹자의 성을 설명할 때, 무언가를 좋아하는 마음의 뿌리를 성이라고 했었죠. 모든 사람의 입에 맛있는 음식이 있고, 모든 사람의 귀에 듣기 좋은 음악이 있다는 식으로 설명을 했었는데, 그런 좋아하는 마음을 일으키는 어떤 지향성이 성이라고 했습니다. 성 개념을 이렇게 이해하는 것은 순자도 마찬가지입니다. 호오희로애락(好惡喜怒哀樂), 즉 좋아하고 싫어하고, 기뻐하고 성내고 슬퍼하고 즐거워하는 모든 정(情)이 일어나는 뿌리에 있는 것을 성이라고 본 것입니다. 그리고 이런 정은 좋아하는 것을 가지려고 하는 욕, 즉 욕망으로 구체화된단 말이죠. 이렇게 성-정-욕의 계열이 순자의 논리 속에 자리 잡고 있습니다.

그런데 이런 성-정-욕의 정신적인 요소들은 인간의 분별이나 지려의 작용과는 구분이 되어야 합니다. 성에서 정이 나오고, 그것이 구체화되어 욕이 되는데, 그 뒤에 마음의 사려 작용을 거쳐 행위로 나타나는 것을 위(僞)라고 합니다. 생각을 거듭해서 훌륭한 습관을 기른 다음에 비로소 이루어지는 것이 위입니다. 그런데 이 위는 성-정-욕의 계열과는 구분이 되죠.

기본적으로 성-정-욕은 자연스러운 겁니다. 성에서 정으로, 정에서 욕으로 나가는 건 우리가 명령해서 되는 일이 아니죠. 우리는 어떤 감정에 대해서 명령형의 문장을 만들어 낼 수 없습니다. "즐거워해라!", "사촌이 땅을 사면 기뻐해라" 같은 말은 말이 안 되죠. 이렇게 명령이 안 듣는 데가 바로 성-정-욕의 계열이에요. 자연성의 흐름이란 말이죠. 그런데 이 계열에 지려가 작용할 수 있다는 겁니다. 그래서 성정욕을 교정해서 전혀 다른 위(僞)라고 하는 계열을 만들어 내는 거예요. 도덕이나 예의 같은 것이 바로 이 위의 계열에 속한다고 할 수 있겠죠. 그러니까 도덕이나 예의는 인간의 본성에 있는 것이 아니라는 것이 순자의 결론입니다.

그럼 사람의 지려는 어떻게 작동할까요? 우선 맛있는 것을 먹고 싶어 하는 것은 본성입니다. 그런데 맛있는 게 있다고 해서 배가 터질 때까지 먹는 사람은 없죠. 물론 많이 먹는 일이 있지만, 그런 경험을 통해 음식을 지나치게 많이 먹으면 탈이 난다는 것을 알게 됩니다. 한두 번만 겪어 봐도 알 수 있죠. 그래서 아무리 맛있는 음식이라도 못 먹을 때까지 음식을 계속해서 먹는 사람은 드뭅니다. 이렇게 알고 참는 것은 지려가 작동하기 때문입니다. 또 사회생활을 하다 보면, 남과 충돌하면서 내 욕구를 무분별하게 추구하면 어떤 일이 벌어질지 금방 압니다. 내 욕구를 자제하고 남을 배려해야 한다는 것을 우리는 지려의 작동을 통해 알 수가 있죠. 내 욕구만 추구하다 보면 나도 못 먹고, 남도 못 먹는 결과가 올 수 있는 거죠.

그러니까 나의 성-정-욕은, 나 혼자 먹고 싶고, 남의 것을 뺏어 먹고 싶기도 하고, 미래는 생각하지 않고 있는 대로 우선 배터지게 먹고 싶어도 하지만, 이럴 때 지려가 바로 개입을 합니다. 조화롭게 만족을 취하려면 아껴 먹고, 남들과 나눠 먹어야 한다고 주문하는 거죠. 바로 거기서 예의가 나온다는 것이 순자의 생각입니다.

이런 논리구조 속에서 순자가 말하는 성악이 뭔지를 다시 따져 봐야 합니다. 순자는 분명히 성이 악이라고 이야기를 했거든요. 그런데 순자가 말하는 성이 악하다는 것은, 성을 '방치하면' 악한 결과가 나온다는 말입니다. 성 자체를 가지고서는 선악을 논할 이유가 없습니다. 가령 로빈슨 크루소가 혼자서 무인도에 살 때, 어떤 행동이 선한 행동이고 악한 행동인지를 따지고 살 필요가 있었을까요? 따질 필요가 없었을 겁니다. 선악을 따진다는 것 자체가 벌써 여러 사람과의 관계성 속에서 나오는 것이니까요. 그래서 성 자체가 악이라고는 할 수 없습니다. 다만 '방치하면' 악한 결과가 나온다는 것이고, 이 말은 방치하지 않으면 선이 나올 수 있다는 말이 되죠.

이 말은 선한 행위, 도덕적인 행위를 하는 원동력도 성이라는 말입니다. 순자에게 엔진은 하나라고 말씀을 드렸죠. 선한 행위도 이 원동력을 빌려서 행할 수밖에 없습니다. 맹자처럼 도덕적인 마음의 뿌리가 따로 있고 동물적인 마음의 뿌리가 따로 있어서 도덕적인 마음을 키우는 것이 아닙니다. 성이라는 하나의 원동력으로 도덕적인 행위를 만들어 낼 수밖에 없기 때문에, 성 자체가 악이라고 하면 순자의 논리 속에서도 말이 되지 않습니다. 방치하는 것과 지려가 간섭을 해서 교정하는 것 사이에 차이가 있는 거죠. 성을 방치하면 악이고 그렇지 않고 지려가 개입을 해서 그걸 잘 교정을 하면 선이 나올 수 있는데, 어떻든 원재료는 성일 수밖에 없고, 성-정-욕의 힘을 빌려서 도덕적인 행위를 이룩할 수밖에 없다는 말입니다.

지려가 위(僞)를 만들어 내는 것이 바로 성을 방치하지 않는 것이죠. 그런데 이때 지려가 어디에 호소를 해야 할까요? 바로 잘 먹고 잘 살고 싶다는 욕망에다 호소를 해야 합니다. 정말로 잘 먹고 잘 살기 위해서는 남의 것을 빼앗지 않고, 양보하고, 적절히 나눠서 먹어야 한다고 호소를 해야 하는 겁니다.

이렇게 지려가 위, 즉 인위를 낳고 여기에서 예와 의가 나옵니다. 순자에게서 예의란 무엇일까요? 우선 예의는 성정욕의 욕구를 통제하고 교정하는 부정적인 역할을 합니다. 하지만 또 성정욕이 여러 사람과 함께 살면서 조화롭게 충족될 수 있는 방향으로 나아가도록 하는 것이 예의입니다. 이런 두 가지 측면이 있는 거죠.

정리하면, 순자는 성-정-욕으로 이어지는 자연스러운 계열과, 위라고 하는 인위적인 계열을 나누죠. 성-정-욕의 계열에 속하는 것은 방치하면 악이 나오고, 지려에 의한 위를 통해 성-정-욕을 교정하면 도덕적인 행위가 나올 수 있다고 했죠. 이 도덕적인 행위에서 예의가 성립합니다. 그리고 이 예의는 한편으로는 성을 교정하려 하고, 다른 한편으로는 성-정-욕의 욕구를 충실하게 만족시키겠다는 두 측면이 있는 겁니다.

공자의 예(禮) 사상의 계승자, 순자

이렇게 순자의 성악에 대해서 살펴보았는데요. 순자의 사상을 더 큰 틀에서 다시 보도록 하겠습니다. 앞에서 공자의 사상을 전체적으로 이야기하면서, 공자 사상에는 두 개의 큰 축이 있다고 말씀을 드렸습니다. 하나는 덕이고, 다른 하나는 예라고 했지요. 맹자에게 인성의 문제가 중요했던 것은 인간에게 덕을 이룰 수 있는 가능성이 있음을 증명해야 했기 때문이었습니다. 선한 본성을 실현하면 누구나 덕 있는 사람이 될 수 있다는 주장을 세웠던 것이지요. 그러니까 맹자는 공자 사상 가운데 덕이라는 측면에 초점을 두고 성선이라는 학설을 내세웠다고 할 수 있죠.

반면 맹자에게서 예는 그 의미가 굉장히 축소됩니다. 원래 예라는 것은 굉장히 범위가 넓은 개념입니다. 정치, 문화, 사회, 경제의 전 측면을 포괄하는 것이 예라고 할 수 있습니다. 그래서 『춘추』에 보면, 세금 거두는 제도를 바꾸는 것에 대해서도 "비례야"(非禮也)라고 비판합니다. 예가 아니라는 거죠. 세금 제도에 대해서도 예와 비례를 따질 수 있을 정도로 예의 범위가 포괄적이고 넓었다는 겁니다. 하지만 『맹자』에서 예를 언급하는 것은, '매파를 세우지 않고 손목을 잡아끌고 와서 결혼을 하면 어찌 되겠냐'는 정도입니다. 또 어떤 이는 맹자에게 "남녀수수불친"(男女授受不親), 즉 남녀가 손을 잡으면 안 되는 것이 예인데, 만약 형수가 물에 빠지면 어떻게 해야 하느냐고 묻기도 하죠. 질문이 좀 유치합니다. 이 질문에 맹자는 그런 경우 형수의 손을 잡는 것은 '권도'(權道)라고 대답을 하죠. 『맹자』에서 예를 논하는 것은 거의 이런 식입니다. 예의 범위가 엄청나게 축소되었다는 것을 알 수 있죠.

순자는 맹자와 달리 예라는 측면에 주목을 합니다. 앞에서 살펴보았듯이 순자는 자연적으로 도덕을 산출할 수 있는 그런 본성은 없다고 보았죠. 덕을 이룩할 수 있는 근원으로서의 '성'이 순자에게는 의미가 없어져 버린 겁니다. 그래서 순자는 성을 교정하기 위한 객관적인 표준으로 예를 중시합니다. 기존의 예, 즉 성왕(聖王)의 예가 인간의 본성을 가장 조화롭게 만족시키고 사람들이 사회생활을 하는 데 가장 적합하고 객관적인 표준이라는 것을 인정합니다. 그 예가 절대 불변인지에 대해서는 논의가 필요하겠지만, 일단 그렇게 예가 성립되어 있다고 본 겁니다.

처음의 상태로 돌아가지 않는다

이 예의 특징은 그것이 본래적으로 수직적인 분업의 원리라는 겁니다. 상하관계가 분명한 사회를 상정하고 있는 거지요. 이건 순자도 마찬가지입니다. 순자가 구상한 사회는 계급이 없는 사회가 아닙니다. 적절히 계급이 나뉜 사회, 권력이 나누어진 사회가 유가의 근본적인 지향이죠. 수평적인 측면은 순자에게서 많이 드러나지 않습니다. 개인과 개인 사이보다는 상하관계의 질서를 세우는 것이 예라고 본 것이죠. 그것에 맞게 자기 행동의 분수를 정하고 욕망에 따르지 않고 그 표준에 맞춰 나가야 된다는 것이 『순자』에서 제시가 됩니다. 순자가 이야기하는 예의 또 하나의 특징은 예에 따르는 것이 성-정-욕을 조화롭게 충족시킨다는 겁니다. 앞에서 음식을 먹는 예를 들었었는데, 예에 규정된 대로 음식을 먹는 것이 처음에는 불편할지 모르지만 내 몸에도 좋고 다른 사람들과의 관계에도 좋다는 겁니다. 옷을 입는 것도 마찬가지고 행동을 하는 것도 마찬가지입니다. 예를 통해 적절히 행하면 개인의 건강에도 좋고 사회관계를 유지하는 데에도 좋다는 겁니다.

그러니까 처음에 예는 성을 바꾸는 일을 합니다. 순자의 목표는 '화성기위'(化性起僞)입니다. 성을 변화시켜서 위(僞)를 일으켜야 합니다. 앞에서 도덕은 위에 속한다고 했었죠. '화성기위'하는 표준이 바로 예입니다. 그래서 예는 자꾸 성에 호소를 합니다. 한편으로는 그렇게 해서는 안 된다고 설득을 하고, 다른 한편으로는 이렇게 하는 것이 가장 좋은 결과를 낳는다고 권유를 합니다. 그렇게 계속하다 보면 위(僞)로 옮겨 갈 수가 있다고 생각을 하는 거죠.

이렇게 예에 맞는 행위를 계속 반복하다 보면, 옮겨 가서 아예 처음으로 돌아가지 않을 수 있다는 것이 순자의 주장입니다. 이걸 "장천이불반기초"(長遷而不反其初)라고 했죠. 위로 길게 옮겨 가서, 변화하기 전의 성으로 돌아가지 않는다는 건데요. 쉽게 말해, 인간의 가장 기본적인 욕구인 식색보다도 예를 더 좋아하게 된다는 겁니다. 그리고 다시 애초의 상태로 돌아가지 않는다는 거고요.

그런데 여기서 사람이 정말 그렇게 옮겨 갈 수 있을까, 물음표를 붙여 볼 수 있습니다. 예를 들어서 살펴볼까요? 다시 파블로프의 개 이야기를 해 보죠. 방울 소리를 내고 먹을 걸 주는 일을 오랫동안 반복하면 방울 소리만 들어도 먹이를 주는 줄 알고 쫓아오겠죠. 그렇게 훈련이 된 개를 놓고, 한쪽에는 진짜 먹이를 두고, 다른 쪽에서 방울 소리를 내면 그 개는 어떤 방향으로 갈까요? 개마다 다르고 상황마다 다르겠지만, 만약 개가 방울 소리 쪽으로 갔다고 해 보죠. 오랫동안 훈련했다면 그럴 수 있을 것 같아요. 그러면 순자 말대로 '장천이불반기초'가 된 겁니다. 만약 여러분이 개가 방울 소리 쪽으로 간다고 생각했다면, 그건 순자 사상에 한 표를 던진 거라고 볼 수 있습니다. 옮겨 가서 돌아오지 않는 것이 가능하다고 생각을 한 거죠.

성왕(聖王)에 대한 믿음

여기서 또 다른 문제를 제기할 수 있습니다. 순자는 성인도 식색의 욕구가 없을 수 없다고 이야기를 합니다. 그럼, 식색의 욕구와 도덕적인 행위 사이에서 언제나 어떤 갈등도 없이 도덕적인 쪽을 택할 수가 있을까요? 이건 예에 따라 행했을 때, 개인적인 성공도 이루고 사회적으로도 관계가 원만해진다는 것이 보장이 되어야 가능하겠죠. 그렇지 않다면 언제나 갈등 없이 선한 쪽을 택할 수가 없겠죠. 파블로프의 개도 종을 치는 쪽으로 가 보니까 역시 맛있는 걸 계속 준다면, 다른 곳에 음식이 있어도 종 치는 쪽으로 가겠지만, 몇 번 속아서 먹이를 못 받으면 그다음에는 종 치는 쪽으로 안 가겠죠.

그러니까 순자에게는 확실한 믿음이 있는 겁니다. 성왕이 전한 예야말로 인간이 사회적인 조화를 이루면서 욕망을 적절히 충족시킬 수 있는 최상의 해결책이라는 강한 확신이 있는 거죠. 이건 유학의 전통에서 물려받은 확신이라고 할 수 있습니다. 그런데 실제로 그러한가는 문제가 있습니다. 예를 성인이 만들었다고 하는데, 그럼 성인은 어떻게 해서 인간관계의 복잡한 것을 다 꿰뚫어 보고 가장 완성된 표준인 예를 만들어 줄 수 있냐는 거죠.

맹자는 대체와 소체를 나누고 대체의 기를 잘 길러서 호연지기를 이룸으로써 대장부의 기상을 기를 수 있다고 했죠. 거기서 인격 완성의 가능성을 찾아내는 겁니다. 순자도 마찬가지로 인격 완성의 가능성을 찾아야 하는데요. 완성된 인격이라는 것은 어떤 선택을 할 때마다 이걸 할까 저걸 할까 따져 보고 계산하는 것이 아닙니다. 공자가 얘기했던 "종심소욕불유구"(從心所欲不踰矩)의 경지, '마음 내키는 대로 해도 저절로 법도를 벗어나지 않는 경지'가 되어야 인격 완성이라고 할 수 있겠죠.

이런 인격 완성의 가능성을 순자는 인간의 지려에서 찾습니다. 성 자체로는 인격의 완성이 안 된다는 겁니다. 맹자에게는 대체의 좋아함인 선을 좋아하는 본성을 기르는 길이 가능하지만, 원동력인 본성은 이익과 식색을 좋아하는 성뿐이라고 보는 순자는 그 성을 기르자고 할 수가 없죠. 결국 도덕을 이루는, 다른 계열의 특성이라 할 수 있는 지려를 완성해야 한다는 결론이 나올 수밖에 없는 겁니다. 그러니까 순자에게 성인은 지려의 완성자예요. 완전한 지려를 가진 사람이 성인이고 그 사람이 지려를 통해 세운 것이 바로 예인 겁니다.

이렇게 지려를 완성하는 문제를 이야기할 때 순자에게 등장하는 것이 천군(天君)과 천관(天官)이라는 개념입니다. 천군은 심(心)이고 천관은 인간이 가지고 있는 여러 가지 감관을 말합니다. 이때 순자에게서 천(天)이라는 개념은 자연에 가깝습니다. 앞에서 기우제에 대한 순자의 논의에서 볼 수 있었던 것처럼 순자는 미신이나 종교적인 일들에 관해 굉장히 객관적인 시각을 가지고 있습니다. 이건 천이라는 개념에 대해서도 마찬가지입니다. 이에 비해 맹자나 공자에게 천은 종교적인 의미를 가지고 등장하는 경우가 많습니다. 『논어』에는 "획죄어천, 무소도야"(獲罪於天, 無所禱也), '하늘에 죄를 지으면 빌 곳이 없다'는 문장이 나오죠. 이렇게 공자는 천을 종교적인 의미로 바라보았다고 할 수 있는데요. 순자에서는 그게 빠져 버립니다. 그러면서 순자의 천은 상당히 자연에 가까운 개념이 되어 버립니다. 이 자연이 나에게 부여한 것이 있는데, 그중에 임금의 역할을 하는 것이 마음[心]이에요. 이 마음이 천군으로서 천관, 즉 감관들을 잘 통제하면 제대로 삶을 살아갈 수 있다는 것이 순자의 생각입니다. 마음의 능력을 극대화함으로써 인격 완성을 이룰 수 있다는 것인데요. 마음의 주된 특징이 바로 지려입니다.

황로학과 대청명의 경지

순자가 직하에서 활동했던 당시에 직하에서 황로학(黃老學)이 상당히 성행했습니다. 황로학은 황제(黃帝)와 노자(老子)를 조술하는 학문인데, 도가적인 사상을 중심으로 하면서 법가, 형명가, 음양오행가적인 요소가 어우러진 것이 바로 황로학이라 할 수 있습니다. 순자는 이렇게 다양한 요소를 담고 있는 황로학의 생각과 개념들도 받아들입니다. 그런데 그대로 받아들이지 않고, 굉장히 변형을 시키죠.

허(虛), 일(壹), 정(靜)

황로학 가운데 노자 계통의 사상은 '허정'(虛靜), '무위'(無爲), '전일'(專一) 같은 것을 내세웁니다. 이를 통해 마음을 비우고 수양하는 내용이 많은데요. 순자는 이런 황로학의 노자적인 흐름 중에서 특히 '허'(虛)와 '일'(壹)과 '정'(靜)이라는 개념을 채용합니다. 이 개념들은 황로학 계통에서 중요한 책인 『관자』에 등장하는 개념입니다. 『관자』는 관중(管仲)이 썼다는 이야기가 전해지죠.

황로학에서의 허일정은 마음을 완전히 비우고[虛], 마음을 하나로 집중하고[壹], 그다음에 시끄러운 마음의 동요를 완전히 잠재워서 명경지수같이 하라[靜]는 요구입니다. 요즘 종교들에서도 찾아볼 수 있는 내용들이고, 앞서 배운 『우파니샤드』와도 비슷하죠. 지극한 몰입의 상태에서 아트만과 브라흐만이 하나가 된다고 할 때, 허일정과 비슷한 느낌이 있습니다. 순자는 이 허일 정 개념을 받아들여 그것을 현실적인 것으로 바꾸어 냅니다. 『순자』의 「해폐」(解蔽) 편에는 다음과 같은 문장이 나옵니다.

마음은 그 속에 무언가를 가지지 않은 적이 없지만, 거기에는 '허'라고 하는 것이 있다. 마음은 여러 생각을 하지 않은 적이 없지만, 거기에는 '일'이라는 것이 있다. 마음은 움직이지 않은 적이 없지만, 거기에는 '정'이라는 것이 있다.
心未嘗不臧也, 然而有所謂虛 ; 心未嘗不兩也, 然而有所謂壹 ; 心未嘗不動也, 然而有所謂靜.

이 문장에서 볼 수 있듯이 순자는 우리의 마음이 항상 어떤 생각을 하고 있고, 여러 가지 생각을 한 번에 하게 마련이고, 또 항상 가만히 있지 않고 움직인다는 것을 전제합니다. 원래 마음의 상태가 비어 있거나, 하나에 집중하거나, 고요하다고 보는 것이 아닙니다. 여기에는 발상의 전환이 있습니다. 고대 그리스 철학을 공부하다 보면 최초의 운동 원인이 무언지를 따지는 이야기가 나오죠. 세상이 운동을 하고 변화하고 있다면, 그것을 일으킨 최초의 원인이 있어야 한다는 겁니다. '부동(不動)의 동자(動者)'라는 아리스토텔레스의 개념인데요. 그런데 이와는 다르게 세상을 파악한 것이 데모크리토스의 원자론입니다. 데모크리토스에게는 최초의 운동이 문제가 되지 않습니다. 왜냐하면 세상이 처음에 정지해 있다고 생각할 이유가 없기 때문입니다. 데모크리토스는 세상은 처음부터 움직이고 있었다고 이야기합니다. 원자들이 막 부딪치다 보니 만들어진 것이 세상이죠.

순자도 비슷한 발상의 전환을 보여 줍니다. 순자는 마음이 애초에 비어 있고, 전일하고, 고요하다는 관념을 부정합니다. 마음은 처음부터 무언가를 가지고 있고, 여러 갈래로 쓰이고, 언제나 움직인다는 전제를 가지고 마음에 대해 접근을 하는 거죠. 이건 출발 전제가 처음부터 달라요. 애초에 우리 인간의 마음이라는 것이 텅 비고, 전일하고, 고요한 것이라면, 마음을 잠재우고 고요함을 찾는 것이 인격 완성을 위한 길이 되겠죠. 하지만 순자는 그렇지 않다는 겁니다. 인간은 태어나면서부터 지각이 있게 마련이고, 지각이 있으면 뭔가 지향하는 점이 생기게 되고, 지향하는 점이 생기면 마음속에 무언가를 담게 되는 것이 당연하다는 거죠. 그런데도 거기 허가 있는데, '이미 마음에 가지고 있던 것을 가지고 새로 들어오는 것을 막지 않으면' 그것을 '허'라고 할 수 있다고 합니다[不以所已臧害所將受謂之虛]. 이미 가지고 있던 지식을 가지고 새로 들어오는 것을 자꾸 가로막지 않으면, 마음에는 얼마든지 여유가 있다는 말입니다. 그런 의미에서 비었다고 할 수 있다는 거죠.

또 마음은 태어나면서부터 지각을 가지는데, 이 지각이라는 것은 꼭 하나만 알게 되어 있지 않죠. 한 번에 여러 가지를 받아들이게 되어 있습니다. 이 말은 곧 마음이 여러 갈래로 쓰이는 것이 기본이라는 말이죠. 그러나 거기에는 그러면서도 전일(專一)한 면이 있다고 합니다. "이미 가지고 있는 하나의 지각을 가지고 다른 지각을 해치지 않으면" '일'이라고 할 수 있습니다[不以夫一害此一謂之壹]. 어떤 선입견을 가지고 다음의 앎을 해친다든가, 자기만 옳다고 주장함으로써 다른 지식을 배척한다든가 하지 않으면 그게 전일이라는 말입니다.

마지막으로 마음은 항상 움직이죠. 누워 잘 때도 꿈을 꾸고, 어떨 때는 마음이 잠시도 쉬지 않고 움직여 안절부절못할 때도 있죠. 마음이라는 것은 잠시도 가만히 있지 않습니다. 하지만 여기서도 '정'을 찾을 수 있다고 합니다. '망상이나 환상 같은 것 때문에 잘못된 생각을 가지고 자기 앎을 해치지 않으면' 그게 '정'

입니다[不以夢劇亂知謂之靜].

　　이렇게 순자는 허, 일, 정이라는 개념을 가져오면서, 통제하고 관리하는 주재자, 즉 천군의 개념을 강조합니다. 허, 일, 정의 개념에 따르면, 마음을 비우거나, 전일하게 하거나, 가라앉힐 필요가 없습니다. 마음 안에 있는 것들이 조화롭고 공정하면 되는 겁니다. 이 천군의 자격을 극대화하게 되면 지려가 완성될 수 있다는 것이 순자의 생각입니다. 천군이 잘 통제하기 위해서는 마음의 구조를 어떻게 잘 파악할 것인가가 중요하죠. 그리고 마음의 구조를 파악한다는 것은 곧 사회 구조를 파악하는 것과 같다고 봅니다. 천군과 천관의 자리에 임금과 신하를 놓았다고 할 수 있습니다.

남김없이 비추는 대청명의 경지

이렇게 심의 능력이 극대화되어서 허, 정, 일을 이룬 상태를 순자는 대청명(大淸明)이라고 부릅니다. '크게 맑고 밝음'이라는 뜻이죠. 맹자의 호연지기와 대비되는 개념입니다. 맹자의 호연지기가 선한 본성을 극대화한 것이라면, 순자의 대청명은 마음의 기능이 극대화되어서 모든 사물의 진상을 남김없이 투영해 내는 아주 맑은 물이나 환하게 비추는 거울과 같은 경지라고 할 수 있습니다. 심(心), 즉 천군의 능력이 한 군데로 치우치지 않고 완전히 균형을 이룸으로써 사물의 진상이 하나도 가림 없이 소소영령(昭昭靈靈)하게 다 드러나는 것을 대청명의 경지라고 할 수 있습니다. 성인은 그런 대청명의 경지를 이룩한 사람이고, 그 성인에 의해서 인간이 마땅히 따라야 할 예라는 표준이 주어졌다고 보는 거죠.

앞에서 예를 따랐을 때 언제든지 만족할 만한 결과가 주어져야 순자의 논리가 성립한다고 했었죠. 이제 만물의 진상을 남김없이 살필 수 있는 성인이 예를 만들었기 때문에 그런 결과가 보장된다고 볼 수 있는 겁니다. 따라서 지려를 통해 성(性)이 위(僞)로 바뀌게 되면 다시 처음의 성으로 돌아가는 일은 없다고 확신을 할 수가 있습니다. 그리고 모든 사람이 이 대청명의 경지를 이룩함으로써 성인이 될 수 있습니다.

그런데 아직 대청명의 경지에 도달하지 않은 사람은 사물을 훤히 볼 수 없으니까 확신을 갖기가 어렵겠죠. 그래서 우리는 그 길을 가는 도중에는 우선 성인의 말을 믿고 따라야 합니다. 화성기위(化性起僞)를 실천해야 하는 거죠. 그렇게 꾸준히 해 나가서 성인의 경지에 가 보면, 예에 따라서 행동해야 한다는 것이 처음부터 끝까지 환하게 보인다는 겁니다. 욕망에 따라 행동하면 나쁜 결과가 나온다는 것도 명징하게 보이겠죠. 그래서 이 모든 것을 알게 된다면 나쁜 결과를 불러올 선택을 할 사람은 없다는 겁니다. 우리는 모르기 때문에 그렇게 행동한다는 거고요.

순자는 이렇게 학(學)을 계속 쌓아 나가고 수양을 지속하다 보면 어떤 변화가 일어날 것이라는 가능성을 이야기하고 있는 듯합니다. 순자가 신비적인 이야기를 하지 않는다고 말씀드렸는데, 그럼에도 불구하고 우리가 계속 어떤 집적을 해 나가다 보면 거기에서 극적인 변화가 일어난다는 이야기를 하고 있습니다. 예를 들어 『순자』에는 "흙을 쌓아 산을 만들면 풍우가 일어나고[積土成山, 風雨興焉], 물을 모아 연못을 이루면 교룡이 생겨나며[積水成淵, 蛟龍生焉], 선을 쌓아 덕을 이루면 신명을 자득하여 성심을 갖추게 된다[積善成德, 而神明自得, 聖心備焉]"라는 말이 나옵니다. 흙이 쌓여서 산이 되는데, 산 자체는 풍우가 아니죠. 물 자체에는 용이나 이무기가 만들어질 요소가 없습니다. 그런데 우리가 어떤 행위를 계속하다 보면, 산에 저절로 풍우가 일고, 연못에 교룡이 깃들듯이 어떤 작용이 일어난다는 겁니다. 선(善)을 쌓으면 덕이 생기고, 거기서 신명(神明)을 얻을 수 있다고 했는데, 이때 신명에는 귀신이라는 의미는 별로 들어 있지 않습니다. 신묘한 밝은 마음이라는 뜻으로 인격 완성의 어떤 경지를 말하는 것이죠. 그러니까 노력을 누적하다 보면 질적인 변화가 일어나서 성심(聖心)을 자득하는 대청명의 경지에 이르러 무한한 지적인 능력을 갖추게 되고 그럼으로써 도덕적인 완성의 경지를 바라볼 수 있다는 겁니다.

성인에 이르는 길

순자의 이런 이야기는 우리에게 중요한 의미가 있습니다. 사람이 하나 더하기 하나를 끊임없이 이어서 완전한 경지에 이른다는 것은 사실 불가능하다고 할 수 있습니다. 하나씩 하나씩 더해 나가서 하루에 조금씩 조금씩 지식이 늘어날 수 있겠죠. 하지만 그렇게 해서 세상일을 다 알 수 없습니다. 세상에 사물이나 사건이 얼마나 많습니까? 흔히 소털보다 많다고 표현하죠. 이렇게 무한하다고도 할 수 있는 세상에서 하나씩 깨우쳐 가면 완성이라는 경지가 있을 수가 없습니다. 나중에 성리학에서 할 이야기이지만, 성리학의 격물치지(格物致知)도 사물의 이치를 궁구하는 것이죠. 하지만 역시 하나씩 이치를 궁구해 나아가서는 완전한 앎에 이를 수 없다는 것은 마찬가지입니다. 만 개를 알면 완성이라고 할 수 있을까요? 만 한 개가 있다고 하는 순간 그것은 완성이 아닙니다. 억 개를 알든, 수십억 개를 알든 마찬가지입니다. 그런데 주자는 여기에서 "일단활연관통"(一旦豁然貫通)의 경지가 열린다 말합니다. 어느 순간에 탁 트여서 모든 것을 하나로 꿰는 비약이 있다는 거죠.

순자에게도 이런 비약의 경지가 있다는 겁니다. 집적을 통해서 어느 순간, 풍우가 일고 교룡이 노니는 신묘함이 나타나는 것처럼, 성인을 이룰 가능성이 열려 있는 겁니다. 이건 순자나 맹자나 마찬가지입니다. 성인이 될 가능성을 열어 놓지 않으면 학습의 의미가 없어져 버립니다. 그래서 『맹자』에는 "[요순과 같은] 성현도 장부요, 나도 장부다"라는 말도 나오죠. 같은 사람이기 때문에 내가 하려고 한다면 성인의 경지에 이를 가능성을 누구나 가지고 있다는 겁니다. 다만 끊임없는 노력이 있어야 하는데, 노력이 계속 쌓이다 보면 어느 날 획기적인 변화가 일어남으로써 완성된 경지가 올 수 있다고 하는 거죠.

순자는 이런 경지를 "장천이불반기초"(長遷而不反其初), 완전히 위(僞)로 옮겨 가서 다시는 처음의 상태로 돌아가지 않는 것이라고 표현했었죠. 억지로 돌아가지 않도록 참는 것이 아니라, 지적 완성을 통해 그 경지야말로 가장 좋다는 것을 확실하게 알고 그런 지려에 성이 자연스럽게 따르면서 처음으로 돌아가지 않는다는 것이 중요합니다. 이런 점에서 순자는 유학의 학통을 강하게 이었다고 할 수 있습니다. 그런데 예라는 측면의 학통을 이었기 때문에 어떻게 보면 법가와 비슷한 효과를 내게 됩니다. 순자는 예를 잘 따르는 자에게는 상을 주라고 했거든요. 법가에서는 엄한 형벌을 내세웠지만, 순자는 '경상'(慶賞)이라는 표현을 씁니다. 예를 잘 실천하는 사람에게 상을 내리라는 겁니다. 그렇게 하면서 순자는 인간이 가진 이기심이라는 본성을 이용하려고 합니다. 인간의 욕구를 인정하고 그 욕구를 끌어내서 부국강병을 이루는 원동력으로 삼으려 한 것이죠. 하지만 이것은 어디까지는 예라는 틀 속에서 이루어지기 때문에 조화를 깨뜨리지 않고 구성원을 골고루 만족시키는 결과를 줄 수 있다는 겁니다.

이렇게 순자는 성인이라는 위대한 인격적 존재와 성인이 성립시킨 예에 대한 믿음, 그리고 외적인 제도에 강제적으로 따르는 것이 아니라, 확실한 지적인 인식을 자발적으로 선택함으로써 위대한 인격을 이룰 수 있다는 믿음을 가지고 있다는 점에서 유자의 틀 속에 머물러 있어요. 하지만 법가는 이 자발성이 빠져 있죠. 법가에서 인간을 보는 눈은 성악입니다. 인간은 가만히 놔두면 안 된다는 것이 법가의 입장이죠. 법가는 통제하고 억압하고 벌주는 것으로 사회를 유지해야 하고, 인간은 끝까지 자발성에 도달할 수 없다고 이야기합니다.

순자에게는 자발성의 경지가 열려 있습니다. 우리도 허일정의 수양을 통해서 대청명의 경지에 이를 수 있고, 이렇게 되면 외적인 제도나 법에 대한 두려움 때문이 아니라 스스로 이것이야말로 나의 성-정-욕을 완전하게 실현하는 길이라는 내적인 확신을 가질 수가 있습니다. 이렇게 주저함이 없이 더 나은 경지를 선택할 수 있는 길이 있다라고 인정하는 점에서 순자는 확실히 유가라고 할 수 있습니다. 하지만 그 속에 법가가 나올 가능성을 분명히 가지고 있다는 것을 다시 한번 기억해 두셔야 합니다. 이렇게 해서 순자에 대한 강의를 마치겠습니다.

6장

노장사상,
생사를 넘나드는 대자유

도가사상의 유래

도교와 도가

이 시간에는 노장(老莊)사상이라는 이름으로 도가(道家)사상에 대한 이야기를 해 볼까 합니다. 지금 도가사상이라고 말씀을 드렸는데, 도가와 도교(道敎)는 구별을 해야 합니다. 도교는 후대에 민간신앙과 신선사상 같은 것들이 결합을 하면서 종교로서 성립을 한 것을 말합니다. 『삼국지연의』에 나오는 오두미도(五斗米道), 즉 천사도(天師道) 같은 것들이 대표적이죠. 민간신앙, 주술, 부적, 신선사상, 나중에는 관운장 신앙 같은 것까지 전부 흡수해서 도교사상이 됩니다. 사상으로서의 도가와 구분해서 도교라고 부르는 거고요. 영어로는 도가를 '타오이즘'(Taoism)이라고 부르는데, 철학적(philosophical) 타오이즘과 종교적(religious) 타오이즘이라고 구분을 하기도 합니다. 물론 도교에는 도가사상이 뿌리로 자리 잡고 있지만, 도교와 도가사상 사이에는 분명한 차이가 존재하고 있습니다.

도가사상의 원조라고 할 수 있는 사상가들이 바로 노자(老子)와 장자(莊子)입니다. 『노자』와 『장자』라는 책이 남아 있는데, 『노자』는 『도덕경』(道德經)이라는 이름으로, 『장자』는 『남화진경』(南華眞經)이라는 이름으로도 불리고 있습니다. 그 밖에 『회남자』(淮南子)나 『열자』(列子) 같은 책들도 대표적인 도가 계통의 책들입니다.

도가사상은 우리가 앞에서 살펴보았던 유가사상과는 성격이 상당히 다른 사상입니다. 유가는 강고한 인륜적인 유대를 뿌리로 하고 그것을 강조하는 사상이라고 할 수 있죠. 효나 충과 같은 가치를 강조하면서 강한 사회 조직을 염두에 두고 있습니다. 하지만 도가사상은 그렇지가 않죠. 우리가 도가, 혹은 노자나 장자의 사상을 생각할 때 보통 가지는 관념은 자유롭고 자연친화적인 이미지이죠. 전원에 은거한 은자의 이미지가 강합니다. 그래서 중국 사람들의 사유구조를 들여다보면 유가와 도가가 반반 들어 있다고도 합니다. 벼슬을 하고 사회적으로 활동을 할 때는 유자로서 유가사상을 가지고 살고, 은퇴하면 향리로 돌아와서 도가사상을 가지고 산다는 거죠. 이 말은 중국인들의 사유의 절반을 차지할 만큼 도가사상이 비중이 크다는 의미이기도 합니다.

인도 기원설

그런데 노장을 뿌리로 하는 도가사상이 어디에서 나왔는지, 어떤 시대적 배경에서 나왔는지는 상당히 의문스러운 점이 있습니다. 노장 계통의 사상을 보면 유가사상과 너무 다릅니다. 그래서 중국적인 것이 아니고 불교와 비슷하다고 생각해 인도 쪽에서 온 사상이 아닌가 생각했던 사람들도 있었습니다. 이런 생각이 나온 것은 도가의 뿌리라고 할 수 있는 노자라는 사람 자체가 굉장히 신비스러운 사람이기 때문일 겁니다. 노자는 언제 태어나고 언제 죽었는지가 대단히 불확실한 사람입니다. 『사기』의「공자세가」를 보면, 공자가 노자에게 가서 예를 물었다는 기록이 있어서 공자와 같은 연대를 살았던 사람이라고 하는데, 확실한 전기가 남아 있지 않습니다. 또 『사기』「노장신한열전」에는 노자에 관해서 세 가지 이야기를 남기고 있지만, 그만큼 누구인지 확실하게 밝혀지지 않았다고도 볼 수 있는데요.

그중 하나의 이야기를 따르면 노자라는 사람은 출생부터 굉장히 신기합니다. 태어날 때부터 늙어서 나왔다고 하고, 그래서 노자라는 이름이 붙었다고도 하죠. 노자의 성은 이(李)이고, 이름은 담(聃)이라고 합니다. 이때 담 자는 '귀 클 담' 자인데요. 옛날 사람들은 이름을 그냥 붙이지 않았습니다. 이름에는 다 유래가 있어요. 가령 공자의 아들 이름은 리(鯉)입니다. 공자보다 먼저 죽어서 공자가 안타까워한 아들인데요. 이 아들의 이름인 리는

'잉어 리'입니다. 자는 백어(伯魚)고요. 이렇게 이름에 물고기와 관련된 글자들이 들어가는데, 공자가 이 아들을 낳았을 때 제후가 공자에게 산 잉어를 선물했다고 합니다. 제후로부터 선물을 받은 건 굉장히 영광스러운 일이죠. 그래서 아들의 이름을 '리'라고 지었다는 이야기가 전해집니다.

이렇게 이름을 그냥 짓는 법이 없는데, 노자의 이름에 '귀 클 담' 자가 붙은 걸 보면 이 사람이 귀가 컸던 모양이라고 추정할 수 있습니다. 중국 사람은 귀가 안 큰데 아마도 귀 큰 족속이 인도 쪽에 있었던 모양입니다. 부처님 귀가 그래서 큰지 모르겠네요. 어쨌든 이렇게 귀가 큰 종족이 인도에서 중국으로 이주해 오면서 노자의 사상을 가지고 왔는데, 늙어서 이주를 해 왔기 때문에 늙어서 태어났다는 설화가 생긴 게 아닌가 하고 생각을 하는 사람도 있습니다. 아주 일찍부터 서역 쪽의 사상이 중국으로 들어왔다는 건데, 이런 주장이 참 재미는 있는데 근거는 전혀 없는 주장이라고 할 수 있습니다. 역사적으로 전혀 고증을 할 수 없거든요.

초인(楚人) 정신

이런 주장까지도 나오는 이유는 노자 계통의 사상이 유가와 굉장히 다르기 때문인데요. 펑유란(馮友蘭) 같은 사람은 도가 계통의 사상을 '초인(楚人) 정신'이라고 표현하면서 그 차이를 설명하고자 합니다. 초인은 초 지방의 사람이라는 뜻이죠. 중국을 대표하는 강으로 황하와 양자강이 있죠. 초 지방은 남쪽의 양자강 유역을 가리키는 말입니다. 초패왕이라고 불렸던 항우가 이 지역 출신이죠. 오나라와 월나라, 초나라가 다 이 지역에 있었습니다. 이 양자강 유역은 황하 유역과 자연환경이 굉장히 달랐습니다. 황하는 엄청나게 사나운 강입니다. 하상이 높아서 홍수가 나면 멋대로 흐르는 길이 달라집니다. 어제까지 농경지였던 땅이 하루아침에 강이 되기도 하는 거죠. 그래서 황하 유역에서는 홍수를 잘 다스리느냐 못 다스리느냐가 엄청나게 중요한 문제가 됩니다. 홍수를 못 다스리면 사람들이 몇 년을 굶주려야 하는 겁니다. 사람들이 수도 없이 죽어 나가죠. 그런데 또 홍수를 잘만 다스리면 잘 먹고 살 수 있는 땅이죠. 이런 험악한 자연과 싸우기 위해서는 조직사회가 강조될 수밖에 없습니다. 인간들이 자연에 대해서 조직적으로 대항을 해야 하는 거죠. 유가사상이 바로 이런 배경에서 나왔다고 할 수 있습니다.

하지만 양자강 유역은 온난할 뿐만 아니라 강이 굉장히 순합니다. 호수도 많고 살기가 좋죠. 그런데 오히려 이런 땅에서 문명이 안 나오고 황하 유역에서 문명이 발생했죠. 초 지역에서는 놀기 좋아하고, 신비로운 것을 선호하는 분위기가 있었다고 합니다. 이렇게 대조적이었는데, 중국 문학의 큰 원류도 이 두 지역을 중심으로 갈립니다. 『시경』, 『서경』을 시작으로 하는 북쪽 지방의 문학과 양자강 유역을 배경으로 하는 『초사』(楚辭)라는 큰 두 줄기로 나뉘죠. 『초사』를 대표하는 시인으로 굴원(屈原)이 있습니다. 멱라수에 몸을 던져 죽은 사람이죠. 굴원이 지은 작품들을 비롯해서 남쪽에 근원을 둔 문학작품들이 중국 문학의 큰 줄기를 차지하고 있습니다.

그런데 이런 『초사』의 세계를 들여다보면, 분위기가 노장의 세계하고 좀 비슷해요. 그래서 펑유란 같은 학자들은 이 남쪽의 사유가 형상화되어서 나타난 것이 도가사상이 아닌가 이야기를 하는 겁니다. 그런데 이 이론에도 문제가 좀 있습니다. 노자와 장자가 이 남쪽 사람이 아니에요. 노자도 남쪽 사람이 아니고, 장자의 경우에 몽(蒙)의 칠원을 관리하는 관리였다고 하는데, 이 몽 땅이 남쪽이 아닙니다. 그래서 초 지방에서 유래한 사상이라는 학설도 그대로 믿기는 어려울 것 같아요.

난세를 구원하자, 공자와 묵자

그래서 어떤 특이한 학설을 주장하기보다 시대적 상황으로 이해하는 게 제일 좋을 것 같아요. 노사광(勞思光) 같은 이들이 했던 주장인데요. 지식인들이 난세를 살아가는 방식을 두 가지로 나누어 볼 수 있다는 겁니다.

춘추전국시대는 정말 총체적인 난세였거든요. 기존 규범들과 체계가 다 무너졌는데, 아직 새로운 질서를 세우지 못한 상황이죠. 그래서 이 시대는 제명에 죽기가 쉽지 않은 시대였습니다. 앞에서 『열국지』라는 책을 말씀드렸는데, 그 책에 등장하는 이름 있는 사람치고 제명에 죽은 사람이 거의 없습니다. 『장자』에도 이런 세태에 대한 이야기가 많이 나오죠. 작은 쇠갈고리를 훔친 사람은 도둑으로 몰려 죽음을 당하는데, 나라를 통째로 훔친 놈은 영웅이 된다거나, 이런 이야기들이 나옵니다. 난세였던 거죠.

이렇게 난세가 극심하면 두 가지 반응 양태가 나타납니다. 하나는 이 난세를 적극적으로 구원하겠다고 나서는 사람들이죠. 그 대표적인 사상이 유가입니다. 공자는 오십이 넘어서까지 자기를 알아 등용해 주는 임금을 만나 천하를 구하겠다고 상갓집 개처럼 떠돌아다녔다고 하죠. 정말 초라하고 고생스럽게 세상을 구하겠다고 돌아다닙니다. 어떤 때는 포위를 당해서 며칠을 굶기도 하고, 죽을 고비를 넘기기도 합니다. 제자인 자로가 이런 일을 겪다가 화가 나서 공자에게 섭섭한 표현을 하기도 하죠. 이에 대해 공자가 "군자는 곤궁하면 곤궁을 견뎌 낼 뿐이지만, 소인은 조금만 곤궁하면 그걸 못 참고 넘쳐 버린다"고 이야기를 하는 장면이 『논어』에 나옵니다. 그럴 정도로 공자는 고생을 하면서 천하를 구제하겠다고 돌아다닌 겁니다.

세상을 구하겠다고 나선 학파로 묵가(墨家)도 있습니다. 유가와 더불어 '유묵'이라고 불리기도 합니다. 묵가는 묵자의 사상을 중심으로 하는데요. 공자와 묵자가 세상을 구하려 얼마나 쉴 새 없이 쫓아다녔는지를 비유한 "공석불가난, 묵돌부득검"(孔席 不暇暖, 墨突不得黔)이라는 표현이 있을 정도입니다. '공자가 앉았 던 자리는 따뜻해질 새가 없고 묵자가 머물렀던 집의 부뚜막은 검댕 낄 사이가 없다'는 뜻이죠. "구들장이 엉덩이 덕 본다"고 하 잖아요. 자리에 한참 앉아 있어야 자리가 따뜻해질 텐데, 공자는 세상을 구하겠다고 하도 들썩거리니까 앉은 자리가 덥혀질 틈이 없다는 말입니다. 묵자도 마찬가지죠. 한 집에 하루이틀이라도 머물면서 밥을 해 먹어야 아궁이에 검댕이 끼든가 할 텐데, 밥 해 먹을 틈도 없이 돌아다녔다는 말이죠. 묵자에 대해서는 더 심한 표현도 있죠. "마정방종, 리천하위지"(摩頂放踵, 利天下爲之)라는, 묵가의 사상을 표현한 말로 『맹자』에 나옵니다. '이마부터 갈아 서 발꿈치까지 다 닳아 없어지더라도 천하를 위해서라면 한다' 는 뜻입니다. 천하를 위해 몸을 바치는 모습이 잘 드러나는 문장 이죠.

은자들의 사상

이렇게 유가와 묵가를 대표로 하는 세상 구제의 이념이 있다면, 다른 한쪽에서는 은자들의 사상이 있겠죠. 장저와 걸익이라는 두 은자가 공자의 심부름으로 나루 가는 길는 묻는 제자 자로에 게 "도도히 흐르는 이 세상의 흐름을 어떻게 바꾸겠다는 거냐"고

비아냥대는 장면도 있고, 초광 접여(楚狂 接輿)라는 사람이 공자의 집 앞을 지나가면서 "봉이여 봉이여, 어찌 그 덕이 쇠했는가"라고 노래를 부른 일도 있었습니다. 그러면서 "금지종정자, 태이"(今之從政者, 殆而)라고 하죠. '지금의 정치에 종사한다는 건 위태롭기만 할 뿐이다'라는 뜻입니다. 또 공자가 경(磬)을 연주하는 소리에 담긴 뜻을 평하면서, 세상이 안 알아주면 그뿐이지 그렇게 안타까워하면서 세상 구하려고 하는 모습이 참 비루하다고 비아냥댄 은자도 있었습니다. 그러면서 하는 말이 "심즉려, 천즉게"(深則厲, 淺則揭)입니다. '물이 깊으면 옷을 벗고 건너는 수밖에 없고, 물이 얕으면 바지를 걷고 건너면 된다'는 뜻입니다.

이 비슷한 표현이 굴원이 지었다고 전해지는 「어부사」에도 남아 있습니다. 문체나 여러 가지를 살펴보았을 때, 굴원의 저작이 아니라는 의심이 드는 작품이긴 하지만, 굴원이 어떤 사람인지를 잘 묘사하고 있죠. 내용은 이렇습니다. 굴원이 조정에서 쫓겨나서 안색이 초췌하고 배짝 말라서 볼품없는 모습으로 강가에서 거닐고 있었다고 하죠. 그러자 어떤 어부가 "당신은 삼려대부 굴원이 아니요. 어째서 여기까지 와서 노닐고 있는 겁니까?"라고 묻습니다. 이때 굴원이 유명한 말을 하죠. "세상 사람들이 다 취했는데 나만 홀로 깨어 있고, 세상 사람들은 다 탁한데 나만 홀로 맑다"[舉世皆濁我獨淸, 衆人皆醉我獨醒]. 그래서 이렇게 쫓겨났다는 거죠. 이 말을 들은 어부는 세상이 탁하면 당신도 좀 휘적거려서 같이 흐려지고, 세상이 다 취했다면 술지게미라도 얻어먹고 같이 취할 것이지 꼬장꼬장 잘난 척을 하다가 추방을 당했느냐고 굴원의 처사를 꼬집지요. 이에 대해 굴원은 "새로 머리 감은 사람은 관을 털어 쓰기 마련이고, 새로 목욕한 사람은 옷을 털어 입기 마련"[新沐者必彈冠, 新浴者必振衣] 이라고 하면서 이 깨끗한 몸에 어찌 세상의 더러움을 받아들이겠냐고 답합니다. 그럴 바에야 물에 빠져 죽어 물고기 뱃속에 장사를 지내겠다고 하죠. 그러자 어부는 "창랑(滄浪)의 물이 맑으면 갓끈을 씻고, 물이 흐리면 내 발을 씻겠네"[滄浪之水淸兮可以濯我纓, 滄浪之水濁兮可以濯我足]라고 노래를 부르며 어딘가로 가 버리죠. "심즉려, 천즉게"와 같은 표현이라고 할 수 있습니다.

이렇게 세상을 대하는 태도가 다릅니다. 은자들은 그렇게 세상을 구하겠다고 뛰어다니다가 자기 몸만 죽이기가 십상이라고 이야기를 합니다. 이런 태도가 가장 극단적인 사상으로 나타난 것이 양주(楊朱) 계통의 사상입니다. 양주는 철저한 이기주의자라고 표현됩니다. 양주의 사상을 단적으로 표현한 말로 "발일모이리천하, 불위야"(拔一毛而利天下, 不爲也)라는 말이 있습니다. '내 털 하나를 뽑아서 세상을 이롭게 할 수 있어도 하지 않는다'라는 뜻이죠. 맹자가 양주의 사상을 평한 말입니다. 제일 귀한 것은 자신의 몸이요 생명인데 무엇을 위해 그것을 손상시키겠냐는 뜻을 담고 있지요. 출세해서 세상을 구하겠다고 하는 이들을 보면 결국은 자기 생명을 갉아먹고 온전히 죽지 못하는데, 그게 무슨 소용이냐는 거죠. 본말이 어긋난 거라는 말입니다. 그걸 극단적으로 표현해서 털 하나 뽑아서 천하가 이롭다고 하더라도 나는 안 뽑겠다고 했다고 한 거죠. 이건 굉장히 중요한 반성입니다. 우리가 결국 무엇 때문에 사는지를 한번 반성해 볼 필요가 있는 거죠. 양주의 견지에서 보면 돈이 없어졌다고 생명을 버리거나 해서는 안 되는 겁니다. 돈도 결국 자기가 잘 살기 위해서 번 것인데, 돈이 없다고 삶을 버린다는 것은 본말이 전도된 일인 겁니다. 이게 양주사상의 의의일 겁니다.

이렇게 묵가와 양주는 양극단에 있습니다. 묵자는 온몸이 닳아 없어진다고 해도 천하를 이롭게 하겠다고 하고, 양주는 천하가 이롭다 해도 털 하나를 뽑지 않겠다고 하고 있죠. 난세를 대하는 두 가지 반응 양상이라고 할 수 있고, 실제로도 전국시대에는 "양주와 묵자 계통의 사상이 천하에 가득 찼다"[楊朱墨翟之言盈天下]고까지 할 정도로 널리 퍼져 있었다고 합니다. 위에 든 묵자와 양주의 사상을 형용한 말, 그리고 이 말까지 모두 『맹자』에 나오는 말입니다.

맹자는 이런 극단적인 이기주의와 극단적인 이타주의를 모두 지양하려 하죠. 묵자는 세상을 이롭게 하려 한다는 점에서는 유가와 비슷한 지향이라고 할 수 있지만, 겸애(兼愛)를 주장한다는 점에서 유가와 날카롭게 부딪힙니다. 묵가의 겸애는 쉽게 말해 내 부모와 남의 부모를 똑같이 사랑하라는 말입니다. 내 부모만 사랑하고, 내 자식만 사랑하기 때문에 천하에 다툼이 일어난다고 보는 거죠. 내 부모와 남의 부모, 내 자식과 남의 자식을 모두 똑같이 사랑한다면 천하가 이롭다는 것이 묵자의 겸애사상입니다.

그런데 유가 쪽에서 보면 이건 '망할 소리'인 겁니다. 유가사상의 관점에서 보면 인간의 도덕적인 마음이 애쓰지 않아도 자연스럽게 드러나는 것은 가족관계에서입니다. 친족에 대한 사랑은 크게 애쓰지 않아도 나오죠. 부모든 자식이든 어차피 남이지만, 그래도 자기처럼 생각하게 되는 남이잖아요? 그런 점에서 자기를 넘어서서 남을 사랑할 수 있는 출발점은 가족에서 나올 수밖에 없다는 것이 유가의 입장입니다. 가족이야말로 저절로 솟아나는 도덕의 우물이고, 그걸 펴서 천하로 넓혀 나가는 것이 중요하죠. 이런 입장에서 볼 때, 묵가의 사상은 도덕의 자연스러운 근원을 억지로 막고 고갈시키는 거라고 본 겁니다. 양주의 사상은 더하겠죠. 자기 혼자만 생각하면서 사회를 업신여기는 사상으로, 이걸 맹자는 '무군'(無君), 즉 임금을 업신여기는 사상이라고 표현을 합니다. 묵자에 대해서는 '무부'(無父), 즉 아비를 업신여기는 사상이라고 비난을 하고요. 그래서 묵자와 양주를 함께 일컬어 '무부무군지도'(無父無君之道)라고 부르기도 합니다. 맹자가 양주·묵적의 사상을 물리치는 것을 사명으로 삼을 정도로 당시에 이 두 사람의 설이 천하에 퍼져 있었다고 하고요.

그런데 의아스러운 점은, 시간이 조금 지나면 그렇게 천하에 퍼져 있던 양주 계통의 사상이 씨가 마른다는 것입니다. 맹자 시대에 그렇게 유행했다는 사상이, 그 이후로는 자취가 없어집니다. 이렇게 갑자기 사라진 것에 대해 이유를 여러 가지로 설명할 수가 있는데요. 우선 사회 변화에 따라 양주사상의 설득력이 없어졌다고 볼 수가 있습니다. 사람들이 귀를 기울이지 않으면 금세 사그라들고 후대에도 전해지지 않겠죠.

그런데 문제는 난세가 여전히 계속되고 있었다는 겁니다. 그렇다면 양주와 같은 주장을 하는 사람들이 없어질 수가 없죠. 그래서 노사광 같은 학자들은 같은 계통이면서도 훨씬 세련된 사상이 세상에 나와 버렸기 때문에 양주의 사상이 그 속으로 흡수되었다고 봅니다. 그게 바로 노장사상이라는 거죠. 저는 이런 주장에 전적으로 동의를 하는 것은 아니지만, 노장 계통의 사상이 세상을 위한다는 유가사상과는 다른, 은자들의 사상과 맥을 같이하고 있다는 점에서는 주목할 만한 점이 있다고 생각합니다.

도가, 초월의 사상

양주 계통의 사상은 흔히 독선기신(獨善其身)이라고 합니다. 독선이라는 말이 지금은 나쁜 의미로 쓰이지만, 그 자체로 나쁜 뜻을 가진 말은 아닙니다. 제 몸 하나를 잘 가꾼다는 말이죠. 또 "귀기, 경물중생"(貴己, 輕物重生)이라는 말도 있습니다. 자기를 귀하게 여기면서, '신외지물'(身外之物), 즉 자기 몸 밖의 것은 가볍게 여긴다는 말이죠. 내 생이 제일 중요하고, 그 밖에 명예라든가 돈이라든가 이런 것들은 가볍게 여긴다는 말입니다.

여기에서 노장사상의 중요한 특징이 드러납니다. 우선 노장사상은 출세하려는 사람들의 사상은 아닙니다. 초야에 은거한 사람들의 사상이죠. 초야에 은거하다 보니 이들은 자연과 친해집니다. 인간관계에 매달리지 않고, 자연의 순환을 보고 세속의 명리에 초연해집니다. 그러다 보니 세상 사람들의 모습을 방관자적인 입장에서 보게 되는 경향이 있지요. 노장사상에서는 확실히 우주선을 탄 것처럼 초월적인 위치에서 세상을 내려다보는 듯한 느낌을 받을 수 있습니다. 우리도 종종 이런 느낌을 받을 때가 있죠. 밤에 높은 곳에서 서울 같은 도시를 내려다보면 참 재미있죠. 저렇게 불빛이 많은데, 그 불빛마다 나 같은 사람들이 들어앉아서, 각자의 애환과 고민을 겪으면서 살고 있겠지 하는 생각을 할 때가 있습니다. 그러면 내가 지금 겪고 있는 심각해 보이는 문제도 좀 거리를 두고 보게 되는 여유가 생기기도 합니다. 노장사상이 이와 비슷한 느낌을 준다고도 할 수 있습니다.

다시 말해, 노장사상은 세속에서 아등바등 소시민적으로 살겠다는 사람들의 사상은 아니라는 거예요. 노장사상의 이런 성격은 『장자』의 첫머리를 보면 금방 알 수 있습니다. 『장자』의 첫머리는 엄청나게 큰 물고기 이야기부터 시작합니다.

대붕과 자유

북쪽 바다에 물고기가 있는데, 그 이름이 곤이다. 곤의 크기는 몇 천리나 되는지 알 수 없다.

北冥有漁其名爲鯤. 鯤之大, 不知其幾千里也.

그 물고기가 새로 변하는데, 그 이름은 붕이다. 붕의 등이 몇 천리나 되는지 알 수 없다.

化而爲鳥, 其名爲鵬. 鵬之背, 不知其幾千里也.

이렇게 큰 물고기가 있다는 것만도 황당한데, 그다음 문장은 더하죠. 물고기가 갑자기 새로 변하는데, 그 새의 등 역시 몇 천리인지 알 수 없을 정도로 크다고 합니다. 이렇게 큰 새가 해류가 급하게 일어나면 그 해류를 타고 활주를 해서 회오리바람이 일 때 하늘로 올라가 구만 리나 떨어진 남쪽 바다로 날아간다는 것이, 바로 『장자』의 유명한 첫 구절입니다. 이 첫 구절을 읽고 "에이, 황당무계하군!" 하면서 책을 덮는 사람은 도가와는 인연이

영 없는 사람이라고 할 수 있습니다. 하지만 소시민적인 삶에서 한 걸음 빠져나와서, 대붕(大鵬)처럼 자기 삶을 뛰어넘어 보고 싶은 사람이라면, 『장자』에 매력을 느낄 수 있을 겁니다. 그래서 저는 『장자』의 맨 앞에 놓인 이 이야기가 도가사상에 들어가는 관문이라고 생각해요.

이렇게 날아오른 대붕은 그 높은 곳을 날면서 세상을 내려다보는데, 그 모습을 "야마야, 진애야"(野馬也, 塵埃也)라고 표현합니다. '야마'는 아지랑이를 말하고, '진애'는 먼지가 자욱한 모습을 말하죠. 높은 곳에서 보니 살아 있는 것들이 서로 숨을 뿜으며 살고 있는 모습이 마치 아지랑이나 먼지가 자욱이 일어나고 있는 듯 보인다는 말이죠. 세상에 대해서 굉장히 초월적인 모습을 보여 주고 있죠. 반면 땅 위에 있는 매미나 작은 새는 이런 대붕을 비웃습니다. 자기들은 이 나뭇가지에서 저 나뭇가지까지 날아가는 것도 힘든데, 뭐 저렇게 높이 올라가 날고 있냐며 비웃는 이야기가 대붕 이야기 다음에 등장합니다. 초월적인 대붕과 세속적인 존재들을 대비시키고 있는 거죠.

그런데 여기서 우리가 조심해야 될 게 있어요. 이런 글을 읽으면, 흔히 대붕을 비웃는 세속적인 존재들의 어리석음을 이야기하기가 쉽습니다. 대붕이야말로 도가사상이 도달하고자 하는 경지라고 이해하기가 쉽죠. 그런데, 『장자』에 한해서 이야기하자면, 그렇지 않다고 말씀드릴 수가 있습니다. 장자는 여기서 대붕이 더 자유로운지, 작은 새가 더 자유로운지를 또 따집니다. 누가 더 자유로울까요? 이 질문에는 답이 없습니다. 대붕은 몸집이 크고 나는 힘이 강하기 때문에 작은 새가 갈 수 없는 곳을 갈 수 있죠. 하지만 몸뚱이가 워낙 크기 때문에 엄청난 부자유가 있습니다. 좁은 바다에는 살 수 없고, 큰 바람이 불지 않으면 날아오를 수 없습니다. 하지만 작은 새는 아무 데서나 마음대로 살 수 있죠. 어떤 존재가 더 자유로운지 우열을 가릴 수가 없습니다. 장자는 이런 지점까지 나아갑니다. 『장자』에 나오는 유명한 구절 중에 "학 다리가 길다고 자르지 말고, 오리 다리가 짧다고 학 다리를 잘라서 붙이려고 하지 마라"라는 말이 있죠. 각각 자연스럽게 태어난 모습대로 사는 것이 가장 행복한 삶이라는 이야기입니다. 이렇게 장자는 대붕과 같은 경지만을 이상적인 것으로 설정하고 있지는 않다는 것을 꼭 기억해 두셨으면 하고요.

자연의 입장

어쨌든 도가사상이라는 것이 세속적으로 영달에 쩔쩔매는 삶에서 벗어나고 싶은 욕구와 연결되어 있다는 것은 분명해 보입니다. 이건 출세나 세상을 구제하겠다는 이상에서 한 발 뺀 은자들의 사상과 연결되고, 다시 자연과 연결된다는 말씀을 앞에서 드렸습니다. 자연은 인간들의 영위를 넘어서는 면이 있죠. 가령 인간은 누구나 삶을 중히 여기고 죽음을 싫어하는데, 자연에 삶만 있고 죽음이 없다면 어떻게 될까요? 아무도 죽지 않는다면 말 그 대로 난리가 나겠죠. 죽고 썩어서 사라지지 않는다면, 이 세상이 포화 상태가 됩니다. 그래서 자연에서는 죽고 사는 일에 대해 어떤 것이 선하고 악한지를 아무도 말할 수가 없습니다.

선악뿐만 아니라 미추도 마찬가지죠. 인간은 대체로 똥을 싫어합니다. 하지만, 자연 입장에서는 똥처럼 소중한 게 없을 것 같아요. 똥이 거름이 되고, 식물의 먹이가 되고, 다시 식물이 다른 동물의 먹이가 되고, 똥이 되고, 거름이 되는 것이 자연의 순환이죠. 앞에서 인도사상을 살펴보았지만, 세계의 탄생이나 유지가 신의 일이라면, 파괴 역시 신의 영역에 속한 것이었죠. 파괴가 없으면 큰일이 납니다. 그래서 인도의 신상을 보면 한쪽은 자비로운 모습이고 한쪽은 악마인 경우도 있습니다. 가령 고대 인도에서 대지의 여신은 모든 생명을 보듬고 키워 주는 신이면서 동시에 자기 자식을 잡아먹는 신이기도 합니다. 죽으면 어떤 생명이든 다 대지로 가는 거죠. 이게 자연의 모습인데, 이런 자연의 관점에서 우리 인간들이 살아가는 모습을 한번 보세요. 인간적인 시각에서 좋고 나쁜 것, 아름다운 것과 추한 것을 구분하고, 그 구분에 자기를 붙들어 매어서 스스로 구속을 하고 있지 않습니까?

물론 선악미추를 구분하는 것 그 자체가 나쁜 것은 아닙니다. 우리가 아름답게 여기고 선하게 여기는 것들은 대개 우리 생명에 도움을 주는 경우가 많거든요. "보기 좋은 떡이 먹기도 좋다"는 말도 있지요. 미적인 감각도 생명이 기대고 있는 어떤 자연적인 성향에서 나왔을 거란 말씀입니다. 문제는 선악미추에 대한 판단이 굳어져 고정관념이 되면, 그것이 좋은 건지 나쁜 것인지 반성도 안 하고 무조건 매달리게 된다는 거죠. 그래서 나중에는 맛을 위한 맛, 아름다움을 위한 아름다움이 생기고, 그것이 우리를 구속하여 진정한 생명성을 가로막는 사태도 벌어집니다. 인의예지 같은 것도 마찬가지입니다. 인의예지도 근본적으로는 우리 인간이 사회를 이루고 사는 데 꼭 필요한 가치로부터 나온 것이고, 훌륭한 역할을 했을 겁니다. 그런데 시간이 갈수록 그것이 하나의 관념 체계로 굳어지고, 그것 자체가 가치 있는 것이 되면, 우리를 짓누르고 부자연스럽게 만들죠. 그래서 무엇이 근본이고 말단인지를 구분할 수 없게 되는 겁니다.

이걸 노자는 "다섯 가지 색깔[五色]이 사람을 눈멀게 하고, 다섯 가지 소리[五音]가 사람을 귀먹게 하며, 다섯 가지 맛[五味]이 인간의 입을 망가뜨린다"[五色令人目盲, 五音令人耳聾, 五味令人口爽]라고 표현합니다. 오색이나 오음, 오미 같은 것들이 처음에는 우리의 자연적인 욕구를 충족시키는 데에서 나왔지만, 나중에는 그 자체가 하나의 독립된 가치로 추구되면서 오히려 우리를 구속해 버린다는 뜻이죠.

도(道)와 무(無)

이렇게 도가사상은 자연의 입장에서, 인간의 세상을 넘어서는 자연운행의 큰 이치를 보려 합니다. 이런 관점에서 나오는 것이 바로 '도'(道)입니다. 도는 길이라는 뜻인데, 여기서 파생해서 자연운행의 이치, 코스 등을 한마디로 도라고 한 거죠. 그런데 동양사상에서 도는 여러 가지가 있을 수 있습니다. 우선 공자가 이야기한 도가 있습니다. 공자는 "조문도, 석사가의"(朝聞道, 夕死可矣)라고 했죠. '아침에 도를 듣는다면 저녁에 죽어도 좋다'는 뜻입니다. 여기서 말하는 유가적인 도는 인도(人道)입니다. 사람이 걸어야 할 도리나 윤리 같은 걸 말하는 거죠. 이게 유가의 도라고 할 수 있습니다.

도가의 도는 천도(天道)라고 이야기합니다. 천도는 '하늘의 도'인데, 여기서 하늘이란 것은 자연이라는 말에 가깝습니다. 『노자』에 "인법지, 지법천, 천법도, 도법자연"(人法地, 地法天, 天法道, 道法自然)이라는 말이 나옵니다. 이 문장에서 '법'(法)은 모두 '본받다'라는 뜻입니다. '사람은 땅을 본받고, 땅은 하늘을 본받고, 하늘은 도를 본받고, 도는 자연을 본받는다'라고 해석할 수 있겠죠. 그러니까 도가의 도는 하늘의 도이고, 자연의 도란 말입니다. 이런 도를 전면에 내세우기 때문에, 노장사상을 '도가'라고 부르는 거죠. 이런 입장에서 볼 때, 우리가 인간적인 관념의 틀로 설정한 인도(人道)라고 하는 것은 자연의 도를 왜곡하고 한정 지음으로써 인간을 불행하게 만드는 것이 될 수 있다는 겁니다. 이 게 바로 도가사상의 기본적인 골격입니다. 물론 노자와 장자 사 이에 다른 점이 있기도 하지만, 기본적으로는 도라는 관점에서 통일되어 있다는 말이죠.

이 천도는 자연운행의 전체적인 근원으로서, 총체성을 지닌 것입니다. 자연의 도가 전체적인 도라면, 인간이 설정한 도는 자 연의 도를 억지로 쪼개 놓은 도라고 할 수 있습니다. 그것도 결에 맞게 쪼개는 것이 아니라 자신들의 관점으로 쪼개다 보니 엄청 난 왜곡이 발생할 수밖에 없다는 거죠. 인간들은 자기들의 관점 에 따라 어떤 것은 좋고, 어떤 것은 나쁘다고 판단하죠. 그 좋아 하고 싫어하는 것에서 가장 중요한 기준이 되는 것은 삶과 죽음 입니다. 자신의 삶이라는 입장에서 삶을 도와주는 것은 좋은 것 이고 그 반대 방향으로 작용하는 것은 나쁜 것이지요. 그리고 그 렇게 삶을 도와주는 특성 가운데 가장 높은 덕목으로 꼽히는 것 이 인(仁)입니다. 유가적인 관점에서는 하늘과 땅이 생명을 도와 주는 덕을 지니고 있다고 생각합니다. 그것을 "천지호생지덕"(天 地好生之德)이라고 표현합니다. 그러나 자연의 관점에서 보면 이 는 터무니없는 말입니다. 자연운행에는 무엇을 살리겠다거나 죽 이겠다는 의지가 없습니다. 그래서 『노자』에는 "천지불인"(天地 不仁)이라는 말이 나오죠. 공자의 사상에서는 인(仁)이 최고의 가 치인데, 노자는 "하늘과 땅은 어질지 않다"라고 이야기를 하고 있습니다. 그러면서 하는 이야기가 천지는 만물을 제사 때 쓰고 버리는 풀로 만든 인형과 같이 여긴다고 하죠.

사실 유가적인 인의(仁義) 개념을 가지고는 천지의 운행을 해석하기가 어렵습니다. 노자의 말대로 천지는 만물을 살리기만 하는 것이 아니라 죽이기도 하죠. 어떤 목적을 가지고 살리거나 죽이는 것도 아닙니다. 무한한 전체의 흐름 속에서 그렇게 흘러갈 뿐인 겁니다. 그런데 인간들은 그 한 부분을 잘라서 좋은 것과 나쁜 것, 아름다운 것과 추한 것을 가른다는 겁니다. 이렇게 도가 깨진 다음에야 인의가 나오고, 인간이 지적으로 세상을 구분할수록 도에서 점점 멀어지게 된다는 거죠. 그래서 도에 가까워지는 방법은 나날이 덜어 가는 방법입니다. 그런데 유가에서 강조하는 학(學)은 아는 것을 늘리는 방향이죠. 이 방향으로 가면 도에서는 멀어지게 된다는 겁니다.

이렇게 노장사상에서는 앎이나 학문에 대해 비판적인 입장인데요. 예전에 서울대학교 문구점에서 팔던 서울대 마크가 찍힌 노트에 "오생야유애, 이지야무애"(吾生也有涯, 而知也無涯)라는 『장자』의 구절이 인쇄되어 있는 것을 보고, 참 재미있다고 생각했던 적이 있습니다. 이 말은 '나의 삶은 끝[涯]이 있지만 앎에는 끝이 없다'는 뜻이죠. "인생은 짧고 예술은 길다"와 비슷한 말로 이해하면 앎에 끝이 없으니 살아 있는 동안 열심히 공부해야 한다는 뜻으로 읽을 수 있습니다. 그런데 문제는 이 문장이 『장자』

에 나온 문장이라는 겁니다. 『장자』에서 앎에 대한 추구를 좋게 볼 리가 없죠. 그래서 바로 뒤를 보면, "이유애, 수무애, 태이"(以有涯, 隨無涯, 殆已)라는 말이 이어지죠. 끝이 있는 인생을 가지고 끝이 없는 것을 추구하는 것은 위태로울 뿐이라는 말입니다. 쉽게 말해 공부하지 말라는 소리거든요. 그런 문장을 앞부분만 똑 떼어서 서울대 노트 앞 장에 턱 박아 넣었으니 정말 우스운 일이 아닙니까? 서울대 학생들 공부하지 말라고 고사 지내는 겁니까?

이렇게 도가사상에서는 인간이 지적으로 무언가를 영위하는 것은 끊임없이 도를 분할하는 것이고 도에서 멀어지는 것이라고 본다는 겁니다. 도는 오히려 쪼개지지 않은 통나무와 같은 것으로 묘사됩니다. 쪼개지지 않은 전체성이 하늘의 도라면, 쪼개서 그릇으로 쓰는 것이 인간들이 추구하는 지혜나 분별과 같은 것이라는 말이죠.

그리고 노자는 이런 전체성을 무(無)라는 개념으로 설명하기도 합니다. 무는 없다는 뜻이죠. 보통 그릇에 빈 곳이 있어서 쓸모가 있다는 비유를 많이 쓰는데, 그렇게 보기보다는 전체성으로 보는 것이 더 노자에 가까울 듯합니다. 무는 이름 붙일 수 없는 전체를 가리킵니다. 이름을 붙일 수 있다는 것은 다른 것과 구분이 된다는 말이죠. 어떤 구체적인 것으로 존재하게 된 것을 유(有)라고 말한다면, 그렇게 구체적인 존재로 나뉘기 전의 전체성을 무라는 말로 표현한 것으로 볼 수 있다는 겁니다. 유(有)로 형상화된 것에 이름을 붙일 수 있고, 분리되지 않은 전체성에는 이름을 붙일 수 없습니다. 어떤 것으로 한정 지어지지 않는 거죠. '없다'라는 의미보다는 이런 '전체성'의 의미가 바로 노자가 말하는 무에 가깝다는 말입니다. 이렇게 유(有)로 구체화되고 형상화된 걸 추구하기보다는 자연의 전체성이라는 입장에서 세상을 보려고 하는 것이 바로 도가사상의 근본적인 입장이라고 할 수 있습니다.

온전히 살기 위하여

도가사상은 이렇게 무나 전체성 같은 형이상학적인 차원까지 나아가지만, 사실 처음에는 자기 생을 온전히 하겠다는 생각에서 출발했다고 할 수 있습니다. 양주의 사상과 마찬가지로 『노자』와 『장자』에도 생을 온전히 하겠다는 생각이 굉장히 강하죠. 인간이 도를 모르고 살면, 인간적인 목적을 설정하고 그걸 이루고자 하다가 도에 어긋나는 짓을 하게 됩니다. 이렇게 도에 어긋나는 짓을 하면 자연으로부터 보복이 돌아와서 생을 망친다는 생각이 노장사상에는 강하게 있습니다. 반대로 도를 알면 온전하게 자기 삶을 꾸려 갈 수 있다는 것이죠. 노자의 말에서 한 구절만 살짝 떼어 와 볼까요? "지상왈명, 부지상, 망작, 흉"(知常曰明,

不知常, 妄作, 凶). 풀이하면 이런 말이 됩니다. "떳떳한 도를 아는 것을 '밝다'고 표현한다. 떳떳한 도를 알지 못하면 망령된 짓을 하여 흉하다." 결국 도를 밝게 알아야 흉함을 피할 수 있다는 것이지요.

그래서 노장사상에서는 도가 운행하는 모습을 많이 이야기합니다. 예컨대, 도는 극에 달하면 반대로 돌아간다는 특징이 있죠. 앞서 나간 사람은 꺾이기가 쉽습니다. 사납게 부는 바람은 하루 종일 불지 않고, 거세게 내리는 소나기도 하루 종일 오는 법이 없습니다. 한마디로 "물극필반"(物極必反)이라고 할 수 있죠. '사물이 극에 달하면 반드시 그 반대되는 것이 오게 마련'이라는 말입니다. 그래서 내가 유(有)를 추구한다면 그 내면에 무(無)를 지니고 있어야 한다는 역설이 나옵니다. 무를 가지고 유를 취하면 유 쪽으로만 치우쳐 나가지 않기 때문에 자연에서 오는 부작용이 덜하다는 거죠. 또 남보다 높이 서고 앞서 나가고자 하는 사람은 항상 자기를 낮춰야 합니다. 그래야 부작용이 없죠. 앞서 나가려고만 하면 남들의 견제를 받아서 쉽게 꺾인다는 겁니다. 도가 사상, 특히 노자사상의 이런 면은 노회한 처세술로 여겨질 수도 있습니다.

어쨌든 도의 운행을 잘 체득하고 거기에 자기를 맡기면, 그때 비로소 온전한 삶을 누릴 수 있다는 의식이 노자나 장자 사상의 바탕에 있다고 할 수 있습니다. 특히 『장자』에는 생명을 온전히 누리는 것에 대한 이야기가 많이 나옵니다. 이런 이야기 중 첫 번째로 소개할 이야기는 장자와 혜시(惠施)의 대화인데요. 혜시라는 인물은 『장자』에 많이 등장하는 인물이어서 간단히 소개를 하고 넘어가도록 하겠습니다.

장자의 라이벌, 혜시

혜시는 제자백가 중에서 명가(名家)에 속한 사상가로, 고대 희랍 철학의 궤변론자들과 비슷한 이야기를 많이 했습니다. "계란에도 털이 있다", "오늘 월나라에 갔는데 어제 도착했다", "날아가는 화살은 날아가지도 멈추지도 않는 때가 있다" 등등의 희한한 주장을 많이 했죠. 굉장히 뛰어난 논변가라고도 할 수 있는데요. 장자에게 평생의 호적수와도 같은 인물입니다. 그래서 『장자』에는 혜시와 논쟁을 한 이야기가 많이 실려 있습니다.

　그 가운데 강가에서 물고기를 보면서 한 논쟁은 유명하기도 하지만 매우 재미있죠. 장자와 혜시가 호(濠)라는 강가를 함께 거닐다가 물속에서 물고기가 유유히 놀고 있는 것을 보게 됩니다. 장자가 감탄을 하면서 말합니다. "물고기가 물속에서 한가로이 놀고 있으니, 이것이 물고기의 즐거움이구나"라고요. 그러자 혜시가 바로 시비를 겁니다. "너는 물고기가 아니면서 물고기가 즐거운지를 어떻게 아는가"라고 묻죠. 장자는 "너는 내가 아니면서 내가 아는지 모르는지 어떻게 아는가"라고 받아치죠. 말이 되죠. 장자가 물고기가 아니어서 물고기가 즐겁다는 것을 알 수 없다면, 마찬가지로 혜시 역시 장자가 아니니까 장자가 아는지 모르는지를 알 수 없다는 논리입니다. 그런데 혜시도 만만치 않죠. "나는 네가 아니니까 네가 물고기의 즐거움을 아는지 모르는지 모른다. 마찬가지로 너 역시 물고기가 아니니, 물고기가 즐거운지 어떤지 알 수 없다"라고 반박을 하죠. 장자가 궁지에 몰렸습니다. 그런데 『장자』에 기록된 이야기인데 장자가 지는 걸로 끝낼 수는 없죠. 장자는 "처음으로 돌아가자. 네가 처음에 너는 물고기가 아니면서 물고기가 즐거운지 '어떻게 아는가'라고 물었지. '어떻게 아는가'라고 물은 것은 내가 알긴 아는데 '어떻게' 아느냐고 물은 게 아니냐"라고 대답을 합니다. 이미 처음 질문에서 장자가 물고기의 즐거움을 안다는 것을 인정하고, 그 방법을 물은 거라는 말입니다.

논쟁은 이렇게 끝나는데요. 장자의 이런 논리를 논리학에서는 '강조의 오류', '애매의 오류'라고 합니다. 장자가 이상한 궤변을 폈다고 할 수 있죠. "'원수를 사랑하라'고 했는데 너는 내 원수가 아니니까 사랑할 수 없다"와 같은 논리입니다. '원수'라는 말에 강조를 두어서 논리를 펴다 보면 생기는 오류인 거죠. 이 논쟁에서는 장자가 '어떻게'라는 말을 강조했다고 할 수 있고요.

또 이런 이야기도 있습니다. 장자가 제자를 거느리고 혜시의 무덤가를 지날 일이 있었다고 하죠. 장자가 탄식을 합니다. "혜시가 살아 있을 때는 내 재주를 마음껏 뽐낼 수 있었는데, 혜시가 죽고 나서 내 재주를 뽐낼 수가 없다"라고요. 그러면서 예를 들죠. 옛날에 장석이라는 목수가 있었는데, 목수의 기술이 얼마나 훌륭했던지 친구인 광대의 코끝에 파리 날개처럼 얇게 물감칠을 하고서 도끼를 휘둘러 그 물감만 긁어냈다고 합니다. 도끼를 다루는 재주가 귀신같았다는 거죠. 어떤 왕이 그 이야기를 듣고 목수를 불러서 재주를 보여 달라고 했답니다. 그런데 장석은 보여 줄 수 없다고 하죠. 예전에는 코에 대고 도끼를 휘둘러 쳐도 믿고 버텨 주는 친구가 있었는데, 그 사람이 이제 죽고 없다는 겁니다. 다른 사람들은 놀라서 도망을 가거나 움직여서 코를 베이기 때문에 재주를 보여 줄 수가 없다는 거죠. 장자에게 혜시가 그런 존재였다는 말을 하고 있는 겁니다.

쓸모없음의 큰 쓸모

혜시라는 인물에 대해서 간단히 알아보았는데요. 다시 주제로 돌아가서, 장자와 혜시가 나눈 대화 중에 온전한 삶을 누리는 것을 큰 나무에 비유한 이야기가 있습니다. 혜시가 장자를 빗대어서 한 그루의 나무를 묘사합니다. 굉장히 크지만 가지가 구불구불하고 옹이가 많은 나무가 있는데, 목수들이 거들떠도 보지 않는다는 거죠. 크기만 하고 쓸데는 없는 나무처럼 장자의 주장도 번지르르하고 큰 이야기를 하지만 현실적인 쓸모는 없다는 것을 빗대서 이야기하는 겁니다. 여기에 장자는 쓸데가 없어 목수들이 베어 갈 일이 없으니, 아무것도 없는 들판에 그 나무를 심어 놓고 그 밑에서 유유자적할 수 있지 않겠냐고 대답을 하죠.

이와 비슷한 이야기가 앞서 말했던 장석이란 목수를 주인공으로 해서 다시 나옵니다. 장석이 제자를 데리고 길을 가는데, 길에 앞서 혜시가 묘사한 것과 같은 나무가 있습니다. 나무가 얼마나 큰지 둘레가 수십 아름이나 되는 우람한 나무가 있으니까, 제자는 무심히 지나치지 못하고 넋을 놓고 보고 있었는데, 장석은 쳐다도 보지 않고 지나가는 겁니다. 그러니까 제자가 선생을 쫓아가면서 묻죠. "아니 목수가 저렇게 훌륭한 나무를 그냥 지나칩니까?"라고요. 그러자 장석이 "산목(散木)이다"라고 한마디로 대답을 하죠. 쓸모없는 나무라는 뜻입니다. 서예가 중에 작품에 서명을 하면서 '산인'(散人)이라고 쓰는 경우가 있는데, 『장자』에서 빌려 온 표현이죠. '쓸모없는 사람'이라는 뜻을 담은 겁니다. 장석은 그 나무가 쓸모가 없었기 때문에 그렇게 장수를 누리며 크게 자랄 수 있었다고 하죠. 잎이 맛있으면 짐승들이 뜯어먹고, 재목으로 좋으면 목수들이 베어 갔을 테니 결코 저렇게 자랄 수가 없었을 거라는 말입니다.

또 "산목자구야, 고화자전야"(山木自寇也, 膏火自煎也)라는 구절도 나옵니다. 산의 나무는 쓸데가 있으므로 스스로 베임을 당하고, 기름불은 탈 수 있는 유용성이 있어서 제 몸을 태운다는 말입니다. 모두 쓸모가 있어서 생을 온전히 하지 못하는 것을 비유하죠. 여기서 "쓸모없음의 큰 쓸모"[無用之大用] 라는 말이 나옵니다. 생을 위한 큰 쓸모는 쓸데없음에 있다는 말이죠. 그런데 인간들이 하는 일을 보세요. 계속 쓸데 있는 인간이 되려고 용을 쓰죠. 어디에든 쓰이지 못해 안달입니다. 그러면 결국 제 생을 갉아먹게 된다는 거죠. 이렇게 장자의 사상에는 은자들이나 양주가 지향했던, 자기 생을 온전히 누리겠다는 바람이 깔려 있다고 할 수 있습니다.

생과 사에서 벗어나기

이렇게 노장사상의 시작은 온전한 삶에 대한 추구라고 할 수 있을 텐데요. 그런데 이렇게 도를 알고 그것을 따른다고 해서 생을 온전히 하는 게 가능할까요? 『노자』에는 벌써 그렇게 하는 것이 어렵다는 이야기가 나옵니다. 몸을 가진 것 자체가 이미 큰 걱정거리라는 사고방식이 등장하거든요. 또 『장자』에는 삶은 (몸에 생기는) 사마귀나 혹과 같고, 죽음은 부스럼이나 종기의 고름을 짜내는 것과 같다는 말이 나옵니다. 고름을 짜내면 병이 낫잖아요. 죽음이란 것이 결코 나쁜 게 아니라는 말이지요. 그러니까 처음에는 양주나 은자들의 생각을 이어받아 몸을 중심으로 생명을 중시하는 것에서 시작했다면, 그 뿌리인 육체적인 생명에 대한 관점을 근본부터 돌이켜 버리는 대전환이 있어요. 점점 몸을 가진 것 자체가 문제라는 식의 반성이 노장사상 안에서 등장을 하는 겁니다.

『장자』에는 또 "유어예지구중"(遊於羿之彀中)이라는 말도 나옵니다. 예라는 명궁이 화살을 겨누고 있는 사정권 앞을 왔다 갔다 하고 있는 것이 삶이라는 겁니다. 예는 태양도 쏴서 떨어뜨렸다고 하는 전설에 등장하는 명궁인데요. 이런 사람이 겨누고 있는 앞을 오락가락하고 있으니, 언제 화살을 맞아도 이상하지 않은 것이 인생이라는 거죠. 오히려 예가 맞추려고 하는데 안 맞는 게 이상한 겁니다. 그러니까 우리에게 재앙이 있는 건 오히려 당연한 것이고, 재앙을 어떻게 하면 피할까 하고 절절매는 그 마음이 얼마나 우리를 자유롭지 못하게 얽매는지 깨달아야 한다는 겁니다.

앞에서 장자가 '쓸모없음의 큰 쓸모'를 힘주어 이야기했다고 말씀을 드렸는데, 그와 반대가 되는 경우도 있습니다. 제자들과 여행을 하다가 어느 집에서 신세를 지게 되었는데, 주인이 귀한 손님이 왔다고 하인에게 거위를 잡아서 요리를 하라고 시키죠. 그러자 하인이 "꽥꽥 잘 우는 거위가 있고, 못 우는 거위가 있는데, 어떤 놈을 잡을까요"라고 묻죠. 주인은 잘 못 우는 쓸모없는 거위를 잡으라고 합니다. 이걸 보고 제자들이 장자에게 "선생님께서 늘 쓸모가 없어야 한다고 하셨는데, 저 거위는 쓸모가 없어 죽으니, 어디에 맞춰야 합니까?" 묻죠. 이때 장자의 대답이 쓸모 없음과 쓸모 있음의 중간에 머물러야 한다는 것이었는데, 그렇게 죽음을 피하기 위해 요리조리 교묘하게 행동하는 마음 자체가 내 삶을 부자연스럽게 한다고 이야기를 합니다.

그래서 장자는 '생사'에 대한 관념을 철저히 해부하면서 생과 사를 벗어 버리는 방향으로 나아갑니다. 몸을 중심으로 하는 생명의 개념을 넘어서 정말 자유로운 '보다 큰 생명'이 등장을 합니다. 정신적인 생명이라고도 할 수 있고, 총체적인 삶을 가리킨다고도 할 수 있는데, 육체적인 생명에서 한 단계 나아간 관념이 등장하는 겁니다. 도가사상에 있어 어떤 진보라고도 말할 수 있겠죠.

『장자』에 나오는 장자와 해골의 대화가 이런 경지를 잘 보여줍니다. 장자가 어디를 가다가 노숙을 하게 되었는데, 거기서 해골을 하나 발견하죠. 장자가 그 해골을 툭툭 치면서 어쩌다 이렇게 죽게 되었냐고 물으면서 희롱을 합니다. 그러고는 그 해골을 베고 잠이 들었는데, 꿈에 그 해골이 나와서 죽음의 좋은 점을 이야기하죠. 죽음의 세계는 아무 걱정거리가 없어 임금이 누리는 즐거움보다 즐겁다고 합니다. 그 이야기를 들은 장자가 "수명을 관장하는 신을 만나 당신을 다시 살게 해 주면 어찌하겠는가?"라고 묻고, 해골바가지는 이 죽음의 세계가 얼마나 좋은데 그 더러운 세상에 다시 태어나겠냐고 하면서 거절하는 이야기가 나옵니다. 제가 "죽음의 세계야말로 가장 평화롭고 행복한 세계다. 왜

냐? 거기 갔다가 돌아온 사람이 없기 때문이다"라는 농담을 자주
하는데요. 장자의 이야기와 같은 이야기라고 할 수 있죠.

이런 이야기도 있습니다. 어떤 여자가 궁녀로 뽑혀서 왕궁으
로 들어가게 되죠. 궁궐에 들어갈 때, 부모 곁을 떠나는 게 싫어
서 죽을 듯이 울었습니다. 그런데 막상 궁에 살아 보니까, 왕의
총애를 받으면서 호화롭게 사는 게 너무 좋은 겁니다. 그래서 자
기가 떠나올 때 왜 그렇게 죽을 듯이 울었나 하며 부끄러워했다
는 이야기가 있죠. 죽음도 마찬가지라는 겁니다. 죽기 전에는 죽
음이 두려워서 안 죽으려고 용을 쓰지만, 정작 죽고 나면 왜 그랬
나 부끄러워할 수도 있다는 말입니다. 물론 우리는 죽은 후에 어
떨지는 모릅니다. 하지만 모른다는 것이 중요해요. 어떨지 모르
는데, 우리는 생이라는 것에만 매달려서 살고 있다는 겁니다.

우리는 생이 귀하다는 생각뿐 아니라 인간만이 귀하다는 생
각도 하죠. 그런데 자연의 도라는 입장에서는 그럴 리가 없죠.
『장자』에 이런 이야기가 나옵니다. 대장장이가 쇠를 녹여서 주
물을 만들려고 하는데, 쇳덩어리 하나가 팔짝팔짝 뛰면서 "나는
막야 같은 명검이 될 테야"라고 외친다면, 대장장이는 재수 없
는 쇳덩어리라고 하겠죠. 마찬가지로 자연의 무한한 운행은 누
가 의도하지 않은 것이죠. 그런데 그런 흐름 속에서 "나는 꼭 인
간이 되어야 해"라고 날뛰면 그게 쇳덩어리가 "나는 보검이 되
겠어"라고 날뛰는 것과 다를 바가 없다는 겁니다. 장자는 심지어

"죽어서 쥐의 간이 되면 어떻고, 벌레의 뒷다리가 되면 어떻냐"고까지 이야기를 하죠. 자연이라는 것은 어떤 존재에게나 공평한 것인데 인간들이 그 안에 자기 표준을 세우고, 이것은 죽음이고 이것은 삶이다, 이것은 귀한 것이고 이것은 천한 것이라고 구분을 하는 것은 정말 우스운 일일 수 있습니다. 도가의 생사에 대한 탐구가 이렇게까지 나아가는 겁니다.

문명에 대한 비판

기심(機心)을 경계하다

그런데 여기서 한 번 다시 생각을 해 보아야 합니다. 이런 노장의 사상이 우리가 살아가는 데 도움이 될까요? 사실 도움이 안 될 겁니다. 더 공부하고 더 분주하게 움직이는 것을 비판적으로 보는 사상이, 특히 지금과 같은 세상에서는 도움이 되지 않을 가능성이 높습니다. 그런데 이런 사상을 한 번이라도 맛본 사람과 그렇지 못한 사람 사이에는 차이가 있다는 것도 분명합니다. 숨 쉬는 방법이 달라집니다. 여유가 있는 마음으로 세상을 보는 것과 그렇지 않은 것은 굉장히 달라질 수가 있어요. 욕망을 가지고 아주 적극적으로 세상에 뛰어드는 사람들의 사상은 아니지만, 우리 삶 전체를 근본적인 견지에서 돌아보고 내가 진정 나를 위해서 뭘 하고 있는가를 돌아보는 데는 노장사상만 한 것이 없다고 말할 수 있습니다.

　개인적인 측면뿐만 아니라, 현대 문명을 비판하는 데 있어서도 노장사상만큼 유용한 사상을 찾기가 어려울 듯합니다. 『장자』에 나오는 이야기 중에 공자의 제자 자공이 등장하는 이야기가 문명 비판의 큰 시사점을 던져 주고 있습니다. 어느 날 자공이 길을 가다가 밭에 물을 주는 노인을 보게 되었는데, 노인이 우물을 내려가서 물을 한 통 길어다가 올라와서 밭에다 붓는 일을 계속 하고 있는 겁니다. 한 통 길어 올라와서 붓고, 다시 한 통 붓고…. 자공은 노인이 너무 고생을 하는 것 같아서, 가서 두레박이라는 것을 만들면 물을 쉽게 길어 올릴 수 있다고 가르쳐 줍니다. 이 이야기를 들은 노인은 버럭 화를 냅니다. 자공이 이야기하는 것이 바로 '기심'(機心)이라는 거죠. 기심은 뭔가를 꾀하려는 마음, 편리를 도모하려는 마음을 말합니다. 이런 마음이 한 번 싹트기 시작하면 기심의 노예가 되어서 평생 거기서 벗어날 길이 없다는 것이 노인이 화를 낸 이유죠. 이야기를 듣고 자공이 혼이 쏙 빠져서 정신없이 떠나죠. 돌아와 공자를 만나서 노인을 만난 이야기를 하자, 공자는 "그 사람은 혼돈씨의 도를 배우는 사람"이라고 설명을 해 주죠.

　사실 우리가 현재 살아가고 있는 방식은 모두 기심에 따라 사는 거라고 말씀드릴 수 있을 듯합니다. 어떻게든 더 편한 것을 추구하려고 하죠. 그런데 우리의 삶을 편안하게 해 주는 기계가 생기면 인간이 그만큼 편안함을 느끼던가요? 편안함이란 객관적으로 어떤 수치를 가진 것이 아니지요? 물론 처음에는 그 편안함에 만족해할지 모르지만, 계속 그렇지가 않죠. 편리함에 맛을 들이면, 그다음에 더 편한 것, 더 편한 것을 찾게 됩니다. 이렇게 하다 보면 자연과도 점점 멀어지고, 내 삶도 점점 기심 속에 매몰된다는 점을 경계해야 하는 건 틀림없습니다.

무위와 소국과민

노자와 장자의 도는 기심에 대한 경계에서 더 나아가 무위(無爲)를 말합니다. 도의 작용이라는 것은 기본적으로 무위, 즉 함이 없음입니다. 인위적으로 억지로 하는 것이 없는 거죠. 사물의 입장에서 보면 저절로 그렇게 되는 것처럼 보이는 것이 자연의 도입니다. 그런데 실제로 무위라는 입장을 철저히 고수하면 어떻게 해야 하죠. 인위적인 것을 다 때려 부수면 되는 걸까요? 문제는 때려 부수는 행위도 인위라는 겁니다. 그러니 무위의 사상에는 인위를 없애는 길도 없습니다. 여기에 노장사상의 딜레마가 있습니다. 관념적인 세계 속에서는 완전한 대자유가 실현된 것 같은데 현실 세계로 내려오면 흘러가는 대로 그냥 따르는 길밖에 없어요. 억지로 무언가를 하지 않는 가운데 서서히 변하는 길 말고는 없는 거죠.

노자사상이나 장자사상에만 해당되는 게 아니라, 모든 사상에는 정합성(整合性)이 있어야 합니다. 정합성이라면 좀 어려운 말이 되나요? 쉽게 말하면 아귀가 맞아야 된다는 뜻입니다. 제시하는 목적과 그것을 추구하는 수단, 그리고 이론과 실천 사이에 아귀가 맞아야 하는 거죠. 어떤 사상이 어떤 이상을 주장하고 제시하면 그 이상을 추구하는 방법도 그 이상과 일치해야 돼요. 그 정합성이 깨지면 그 사상은 겉보기에는 그럴듯하지만 결정적인 파탄이 나와요. 가령 유가사상에서 덕치와 예치를 중시한다고 말씀드렸죠. 그런데 어떤 사람이 유가사상을 실천하고 싶은데, 당면한 사회 구조가 덕치나 예치를 펼 상황이 도저히 아닌 겁니다. 그래서 우선은 강력한 힘을 가지고 사회를 정리해서 덕치나 예치로 할 수 있는 구조를 만든 다음에 덕치를 하겠다라고 한다면 그게 가능할까요? 아마도 안 될 겁니다. 사람은 길이 들거든요. 하나의 방법을 쓴다는 것은 그 방법에 사회나 사람들이 길이 든다는 말입니다. 한번 강제적인 수단을 동원해서 정치를 펴면, 그 방법에 길든 사람들이 세상에 꽉 차서 덕치나 예치는 더욱 어려워질 겁니다. 도가사상도 마찬가지라는 거죠. 일단 인위적인 행위를 통해 인위를 모두 없애겠다는 것이 말이 되지 않는 거죠.

그래서 도가사상이 좋아 보인다고 무조건 받아들이자고 하기보다 그 사상이 어떤 배경에서 나왔는지, 어떤 사회 환경에서 작동할 수 있는 사상인지를 살펴보는 것이 중요합니다. 노자가 생각하는 사회적·물질적 토대는 기본적으로 원시 공동체 사회에 가깝습니다. "소국과민"(小國寡民), 작은 나라와 적은 백성을 말하죠. 작은 공동체 안에서 법이나 인위적인 것 없이 배고프면 먹고, 목 마르면 물 마시면서 사는 사회. 이런 사회가 바로 노장사상이 바탕에 깔고 있는 사회의 모델이라고 할 수 있습니다. 그렇다고 지금의 사회를 싹 쓸어서 작은 공동체를 여럿 만들자고 나서서는 안 되겠죠. 이런 사회적 이상 역시 무위자연의 도를 바탕으로 억지스럽지 않게 행해야 하는 겁니다. 이렇게 이야기를 하면 효과가 금방 나타나기를 바라는 사람들은 받아들이기가 어렵습니다. 그러니까 관념의 세계에서 큰 자유를 줄 수 있을지 몰라도 구체적인 해결책을 내놓기에는 또 대단히 어려움이 있는 사상이 노장사상이라고 할 수 있습니다.

노장사상의 효용

그런데, 도가의 기본 사상이 무위라고 했지만, 노자의 무위와 장자의 무위에는 조금 차이가 있습니다. 노자의 사상은 굉장히 강한 정치성을 가지고 있거든요. 그래서 노자의 사상은 '무위'라고만 해서는 안 되고 꼭 '무위이무불위'(無爲而無不爲)라고 이야기해야 합니다. "함이 없으면서 하지 아니함이 없다"라는 뜻이죠. '무원칙의 원칙'이라는 말과 비슷한데요. 원칙을 하나 세우면 그 원칙은 어떤 한정된 범위에서만 적용이 되죠. 그런데 원칙을 가지지 않으면 임기응변으로 어떤 상황에도 다 통하는 원칙이 될 수 있는 겁니다. 그래서 노자에는 가장 간소한 것이 가장 큰 효과를 낸다거나, 아무것도 하지 않는 것 같으면서도 모든 걸 다 한다거나, 법을 간소화한 통치와 같은, 통치에 적용할 수 있는 사상들이 많이 담겨져 있습니다. 하지만 『장자』에 가서는 그렇게 통치에 적용할 수 있는 가능성들이 현저히 줄어듭니다. 관념적인 영역에서는 대자유의 경지가 제시되지만, 현실 세계로 나와서 구체적인 정치나 규범에 적용되기에는 어려운 점이 많죠.

하지만 또 『장자』만큼 신바람이 나게 하고 마음에 해방감을 주는 사상이 없죠. 옛날 사람들은 장자의 문장을 '하늘과 같다'고 했습니다. 참고로 사마천의 글은 '땅과 같다', 한유의 글은 '바다와 같다'는 평가도 함께 전해지죠. 그 정도로 장자의 글은 천의무봉이라 할 수 있을 만큼 호활하지요. 그리고 그 호활한 문장 속에 이 세상을 뛰어넘는 듯한 호활한 사상을 담아냅니다. 춘추전국시대를 거치면서 인류가 욕망을 기본으로 해서, 그걸 충족시키는 길을 내닫기 시작했는데, 그 길과는 상당히 다른 길을 제시하고 있는 겁니다. 근본을 돌아보고, 인간적인 영위를 자연이라는 근본적인 지평에서 바라보게 하는 것, 그럼으로써 내가 지금 어디로 달려가고 있는지를 반성하게 하는 데에 아주 큰 힘을 갖는 사상이라고 할 수 있습니다.

하지만, 현실 세계는 이미 너무 많이 달려왔습니다. 그래서 노장사상만 가지고 현실 속에서 살아가려고 하면 망하기가 딱 좋은 것도 사실입니다. 그런데 망하지 않는 길은 있을 것 같습니다. 대자유의 마음을 가지면서도 그 안에 무언가 하나 확실한 것을 세울 수 있다면, 본말이 전도된 삶이 아니라 자유를 숨 쉬면서도 이 세상에서 당당하게 살아갈 수 있는 멋진 모습도 나올 수 있지 않을까 하는 소망을 가져 봅니다.

특히 기후와 환경이 큰 문제가 된 현대 사회에서 환경학이나 생태주의 쪽에서는 노장사상에서 많은 시사를 얻기도 합니다. 지금 하고 있는 고민들의 원류가 노장사상 안에 들어 있다는 점에서 도가 계열의 책들이 현대에도 굉장히 귀한 고전으로 재해석되고 받아들여지는 흐름이 있는 거죠. 현실성 여부를 떠나서 우리 문명 자체에 대한 근본적인 비판과 새로운 시도는 끊임없이 이루어져야 한다고 저는 믿습니다. 왜냐하면 인류가 지금과 같은 삶을 반성 없이 계속 살아간다는 것은 지구에서 암세포로 살아가는 것과 다름이 없기 때문입니다. 인간이 사는 곳은 다 자연이 망가지고 다른 생물들이 고통을 받으니 인류가 지구를 갉아먹는 암세포와 다를 바가 없죠. 이런 시대에 노장사상이 굉장히 큰 효용성을 가질 것이라는 점은 틀림이 없어 보입니다.

7장

『주역』,
삶과 사회의 원리를 밝히다

『주역』은 어떤 책인가

오늘은 세상에서 가장 어려운 책 중에 하나라는 『주역』(周易)에 대해서 알아보는 시간을 가지겠습니다. 제가 2001년에 EBS에서 한 석 달 동안 『주역』 강의를 한 적이 있었는데, 그때 제가 『주역』은 자신 없다고, 하필이면 그 어려운 책을 나한테 맡기냐고 그랬던 적이 있습니다. 그러니까 담당 피디가 그렇게 어렵다고 하는 걸 보니 안심이 된다는 겁니다. 『주역』에 대해 잘 안다고 나오면 걱정이 된다는 거죠. 미신 쪽으로 이상한 강의가 이루어질까 봐 겁이 났는데, 제가 『주역』은 자신이 없다고 하니 안심이 된다면서 『주역』 강의를 맡긴 적이 있습니다.

『주역』은 '주역'보다는 '역'(易)이라고 불러야 할 듯합니다. '주역'에서 '주'(周)는 왕조의 이름입니다. '주역'은 '주나라의 역'

이라는 말이죠. 그런데 주나라 이전, 즉 하(夏)대와 은(殷)대에도 역이 있었습니다. 하나라 때의 역은 연산역(連山易)이라고 했고 은나라 때의 역은 귀장역(歸藏易)이라고 했다는데요. 지금은 두 역 모두 자취가 없습니다. 지금도 연산역이나 귀장역이라는 것들이 나오기는 하는데, 후대에 만들어진 위서라고 보아야 하고요. 이렇게 전 시대의 역은 남아 있지 않고 주나라 때의 역만 남아서 '주역'이라고 부르는 겁니다.

『주역』은 점치는 책

『주역』은 기본적으로 점치는 책입니다. 사람의 미래와 운명을 보는 대표적인 방법으로 크게 세 가지를 들 수 있습니다. 상(相), 명(命), 점(占)이 바로 그것이죠. 상이라는 건 관상(觀相), 수상(手相) 같은 것을 말하죠. 존재의 모습 속에 존재의 미래가 드러난다고 보아서, 그 모습을 살펴서 미래를 알겠다는 게 상학입니다. 명학이라는 것은 사주학이 대표적이죠. 존재가 타고난 시간이라든가 별자리 같은 것과의 연관 관계 속에서 그 존재가 가진 생명 에너지의 성격과 그 가는 길의 성격을 알 수 있다는 거죠. 비유하자면, 존재가 가진 생명 에너지는 자동차에, 가는 길은 도로의 상태라고 할 수 있습니다. 가령 수(水)가 필요한 사주인데 도로에 수(水)로 가득하다면 좋다는 식으로 해석을 할 수 있죠. 이런 게 명학입니다.

그런데 이 명학은 운명이 결정되어 있다는 것은 아닙니다. 타고나길 산길을 잘 가는 차로 태어날 수도 있고 속도를 잘 내는 차로 태어날 수도 있죠. 좋지 않은 차로 태어날 수도 있습니다. 하지만 길이 어떤가에 따라서 삶도 달라지겠죠. 세단형 차와 같은 명을 타고났는데 시간이라는 도로가 비포장도로, 산골 험한 길로 깔렸다면 힘든 미래가 예상되겠죠? 차도 좋고 길도 좋아도 운전자가 난폭운전을 하면 금방 사고가 나겠죠. 또 차가 아무리 좋지 않더라도 살살 달래 가면서 달릴 수 있다면 순탄하게 살아갈 수도 있는 겁니다.

그리고 마지막으로 『주역』이 속해 있는 것이 바로 점학이죠. 점이라는 건 어떤 갈림길에서 어느 길로 가야 좋을지 모를 때 선택을 하기 위해 쓰는 방법입니다. 선택이 필요할 때 결단을 할 수 있게 하는 것이 점이죠. 아주 기본적인 점으로는 동전 던지기가 있죠. 『주역』의 64괘는 음과 양으로 이루어지는데, 기본적으로는 동전 던지기의 성격을 가지고 있다고 할 수 있습니다. 모든 점은 갈림길에서 어느 쪽을 선택할 것인가를 결정하는 것이라는 말입니다.

그러니까 사주하고는 굉장히 다릅니다. 사주는 인생에 있어서 큰 운세를 봐주는 것이지만, 사주에 의해서는 갈림길에서의 정확한 선택을 말해 줄 수는 없습니다. "당신 운이 지금 대체적으로 좋은 때니까 잘해 봐라", "당신 운에 목(木)이 맞으니 목에 맞는 사업을 해 봐라"라고 조언을 해 줄 수는 있죠. 그런데 목에 맞는 사업을 하려고 하는데, 제재소와 종이공장이 비슷한 조건으로 놓여 있다면, 사주는 무엇을 결정하라고 말해 주기가 쉽지 않습니다. 물론 사주학 나름의 방법이 있겠지만, 원래 사주학의 특징이 갈림길에서의 선택에 특화된 것이 아니라는 것은 분명하지요.

그래서 저는 어떤 언론매체 등에 실리는 '오늘의 운세'라는 것에 대해서는 정말 납득을 할 수 없습니다. 오늘의 운세를 사주로 뽑기는 정말 힘들거든요. 사주는 생년, 월, 일, 시를 각각 간지로 표시해서 총 여덟 글자를 놓고 보는 건데요. 띠는 그중에 태어난 해의 한 글자를 결정하는 것이거든요. 예를 들어 임진(壬辰), 무진(戊辰)과 같은 진(辰)년은 모두 용띠지요. 그걸 가지고 오늘의 간지와 맞춰 보아서 운세를 예상한다는 것은, 사주학이 사람의 운명을 예측하는 효과적 방법이라고 하더라도 정말 거의 불가능한 일일 것 같습니다. 그런데 또 신기하게도 맞는 것도 같죠. 왜냐하면 오늘의 운세 같은 걸 보면 귀에 걸면 귀걸이, 코에 걸면 코걸이 식으로 적당히 맞게 되어 있거든요. 마치 여름 되면 물 조심 하라고 하는 것과 비슷할 겁니다.

그래서 실제로 사주나 점을 보는 일을 하는 사람들은 애매한 말을 잘해야 합니다. 누가 점을 치러 오면, "집안의 대들보가 흔들리네"라고 한 마디 하는 거죠. 그럼 점을 보러 온 사람이 알아서 해석을 하죠. 가령 주부라면 남편 걱정, 자식 걱정, 돈 걱정 때문에 왔을 가능성이 많으니, "아! 남편이야말로 대들보라 할 수 있지" 하고 생각하고는, 알아서 자기들이 줄줄 털어놓는 겁니다. 자식 걱정으로 온 사람은 자식이 대들보가 되고…. 그렇게 싹 털어 내고, 또 점을 봐주는 사람이 가려운 데를 좀 긁어 주고 하면, 속이 시원해지면서 용한 점쟁이를 만났다고 하는 거죠. 이렇게 사주를 가지고 점을 봐주는 점집들은 많은데,『주역』을 가지고 점을 보는 사람들은 사실 별로 없습니다. 왜냐하면『주역』이 굉장히 어렵기 때문입니다. 사주도 물론 복잡하고 어렵지만,『주역』은 암호풀이 같아서 더 어렵거든요.

태극기는『주역』의 원리를 담은 것

하지만 잘 모르는 사람이 보면, 사주나『주역』이나 비슷해 보일 수도 있겠다고 생각합니다. 그래서 제가 EBS에서『주역』을 강의 한다고 나섰을 때, 기독교계에서 "어떻게 공영방송에서 미신을 강의하느냐?"라는 반발이 있었다고 합니다. 그런데 그렇게 이야 기를 하면, 우리나라는 그야말로 '미신 공화국'이라고 할 수 있습니다. 국기부터가『주역』을 압축해서 그린 그림이죠.『주역』「계사전」에 "역유태극, 시생양의, 양의생사상, 사상생팔괘, 팔괘정 길흉, 길흉생대업"(易有太極, 是生兩儀, 兩儀生四象, 四象生八卦, 八卦 定吉凶, 吉凶生大業)이라는 말이 나옵니다. "주역에 태극의 원리가

태극 (太極)	도(道), 일양일음(一陽一陰)							
양의 (兩儀)	음(⚋)				양(⚊)			
사상 (四象)	태음 (太陰, ⚏)		소양 (少陽, ⚎)		소음 (少陰, ⚍)		태양 (太陽, ⚌)	
팔괘 (八卦)	곤 (坤, ☷)	간 (艮, ☶)	감 (坎, ☵)	손 (巽, ☴)	진 (震, ☳)	리 (離, ☲)	태 (兌, ☱)	건 (乾, ☰)

있으니, 이것이 양의를 낳고, 양의가 사상을 낳고, 사상이 팔괘를 낳고, 팔괘에 의해서 길흉을 판별하고, 길흉을 판별함으로써 큰 업적을 이룰 수 있다"는 뜻이죠. 양의는 보통 음양(陰陽)을 뜻한다고 보지만, 천지(天地)라고 보는 사람도 있습니다. 사상은 태양, 태음, 소양, 소음을 가리킨다고 보는데, 이 역시 천지와 해와 달을 가리킨다고 보는 견해도 있습니다. 어떻게 해석을 하든, 이렇게 양의와 사상을 거쳐서 팔괘가 나오죠. 『주역』은 이 팔괘를 가지고 길흉을 판별하는 책이라고 할 수 있는데요.

이렇게 『주역』의 원리에서 나온 태극을 가운데 배치하고 네 귀퉁이에 팔괘 중에 건곤감리(乾坤坎離), 네 개의 괘를 배치한 것이 바로 태극기입니다. 왜 팔괘 중에 그 네 개의 괘를 골라서 배치했냐 하면, 태극기에 배치된 네 개의 괘가 뒤집어도 똑같은 모양을 하는, 상하가 대칭을 이루는 괘이기 때문입니다. 모양이 방정한 괘들이죠. 그래서 이 네 괘를 '사정괘'(四正卦)라고도 부릅니다. 뒤집으면 모양이 변하는 치우친 괘들은 제외한 것이고요. 한 마디로 태극기는 『주역』의 압축판이라고 할 수 있습니다. 그러니 『주역』을 미신이라고 하면, 우리나라는 미신의 상징들을 국기로 삼는 미신 공화국이라고 할 수 있다는 말입니다. 하지만 그렇게 볼 수만은 없는 측면이 있으니까 우리가 『주역』의 상징들을 국기로 삼고 있는 것이겠죠. 그래서 대한민국 국민이라면, 우리가 왜 『주역』을 압축한 상징을 국기로 삼고 있는지를 한번 생각해 보아야 합니다. 그러려면 『주역』을 몰라서는 안 되겠죠.

『주역』의 성립

『주역』은 굉장히 심오한 책이라고 할 수 있습니다. 기본적으로는 점치는 책이지만, 위로 올라가면 형이상학적인 우주의 원리와 우리 인생의 원리를 포괄하고 있는 책이 또 『주역』이라고 할 수 있을 겁니다. 이 『주역』이라는 책은 팔괘를 기본으로 합니다. 건(乾 : ☰)·태(兌 : ☱)·리(離 : ☲)·진(震 : ☳)·손(巽 : ☴)·감(坎 : ☵)·간(艮 : ☶)·곤(坤 : ☷). 이게 팔괘입니다. 전설상으로는 팔괘를 복희씨(伏犧氏)가 그렸다고 하죠. 복희씨는 중국 전설 시대의 훌륭한 임금들인 삼황오제(三皇五帝) 중에 삼황에 들어가는 인물입니다. 복희, 신농(神農), 황제(黃帝)가 삼황으로 꼽히죠. 복희씨가 그린 팔괘는 후대로 전해져 주 문왕(文王) 때 『주역』으로 완성되었다고 합니다. 주 문왕은 주나라를 사실상 열었다고 볼 수 있는 인물이죠. 실제로 은을 정벌하고 역성혁명을 통해 주 왕조를 연 것은 문왕의 아들인 무왕(武王)이었고요. 문왕 때 이미, "삼분천하유기이"(三分天下有其二)라고 해서 천하의 3분의 2를 가지고 있었다고 하는데, 그런데도 문왕은 역성혁명을 일으키지 않고 끝까지 은을 섬겼다고 전해지죠.

그러다 보니 문왕의 생애에는 참 비참한 일이 많았습니다. 한때는 폭군인 은 주왕(紂王)에 의해 유리라는 땅에 유폐되기도 했었죠. 그렇게 갇혀서 죽을지 살지 한 치 앞을 알기 힘든 때도 있었고요. 또 자기 아들을 삶은 국을 먹기도 합니다. 이때 죽은 아들이 백읍고(伯邑考)라는 아들인데, 굉장히 훌륭한 사람이었다고 합니다. 은 주왕이 바로 이 백읍고를 죽여서 그 고기로 만든 음식을 문왕에게 먹게 했다 합니다. 문왕은 결국 왕명을 따라야 하기에 먹을 수밖에 없었다 하지요. 그러한 참혹한 상황을 겪으면서도 은인자중하여 결국 크게 나라를 일으켜, 그 아들 대에서는 은 왕조를 멸하고 주 왕조를 열게 됩니다. 이『주역』이라는 책은 그런 험난함 속에서 완성되었다고 볼 수 있습니다. 그래서인지,『주역』에는 전체적으로 근심하고 미리 걱정하는 구절들이 매우 많습니다.

마지막으로 공자가『주역』의 경문에 대한 주석을 붙여서 마무리를 했다고 하죠. 보통 경전에는 '경'(經)이 있고, 그에 대한 설명을 붙이는 '전'(傳)이 있는데,『주역』에서는 공자가 붙인 '전'을

'십익'(十翼)이라고 부릅니다. 10개의 날개라는 뜻이죠. 십익은 단전(彖傳) 상·하, 상전(象傳) 상·하, 계사전(繫辭傳) 상·하, 문언전 (文言傳), 설괘전(說卦傳), 서괘전(序卦傳), 잡괘전(雜卦傳), 이렇게 열 가지를 말합니다. 그러니까 문왕이 완성한 『주역』의 경문에 는 점사만 있었는데, 그 주역을 이해하기 위한 내용을 보충하고 그 철학적인 의미 등을 풀어내 밝힌 것이 공자의 '십익'입니다. 『주역』을 이해하기 위해 꼭 필요한 글들이라고 할 수 있습니다.

그런데 '십익'을 정말로 공자가 지었는지는 불분명합니다. 앞의 팔괘와 64괘를 완성한 것이 복희씨와 문왕이라는 것도 문 헌학적으로 고증이 된 것은 아닙니다. 하지만 여기서는 일단 전 통적 해석에 따라서 말씀을 드리고 있습니다. 정리하면, 복희씨 가 처음으로 8괘를 긋고, 그다음에 문왕이 64괘를 만들어 점사를 달고, 그다음에 공자가 십익을 첨가함으로써 현재의 『주역』 체 제가 완성되었다는 것이 『주역』의 성립에 관한 전통적인 견해라 고 할 수 있습니다.

『주역』의 구성과 해석

『주역』은 가장 미신적이라고 할 수 있는 점에서부터 태극과 음 양을 통해 우주와 인생, 자연을 이해하는 형이상학적 원리까지 담고 있는, 깊이와 폭이 엄청난 책입니다. 그래서 당연하게도 어려울 수밖에 없습니다. 거꾸로 이야기하면 "『주역』은 내가 제일 잘 안다", "내 식으로 해석하는 것이 옳다"라고 이야기하는 사람이 있다면, 그건 문제가 있는 겁니다. 왜냐하면 『주역』은 해석의 다양성을 보장하는 책이기 때문입니다.

음양에서 팔괘로

『주역』은 기본적으로 부호의 체계입니다. 가장 근본적인 부호로 양(一)과 음(--)의 부호가 있죠. 가운데가 이어진 막대기 모양의 부호가 양, 가운데가 끊어진 부호가 음입니다. 지금 음, 양이라고 이름을 붙여서 말씀드리고 있지만, 이 음, 양이라는 이름도 나중에 붙었을 겁니다. 아마도 처음에는 두 가지 부호만 있었겠죠. 『주역』의 체계는 전부 본뜸의 논리라고 할 수 있는데요. 천지와 자연의 모습과 움직임을 본떠서 『주역』의 괘상을 만들었기 때문에 그 괘들이 다시 인생과 우주의 미래 변화를 보여 줄 수 있다는 겁니다. 그래서 『주역』 64괘의 기본이 되는 음과 양의 부호 역시 무언가를 본뜬 상징이라고 할 수 있는데, 남성과 여성의 성기를 본떠서 만들어졌다는 것도 매우 유력한 설 가운데 하나입니다.

이렇게 남성적인 원리와 여성적인 원리를 상징해서 만들어진 음과 양의 기호에는 여러 가지 의미가 붙습니다. 숫자로는 양은 3, 음은 2를 상징하는데요. 왜냐하면 양은 세 개의 작은 토막이 붙어서 이어진 부호이고, 음은 두 개의 토막 사이에 있어야할 토막이 없는 것이니, 숫자 2를 상징하는 것으로 봅니다. 또 홀수는 양이고, 짝수는 음입니다. 수학 쪽에서도 이런 배치가 상당히 설득력이 있다고 하더라고요. 짝수는 짝이 맞기 때문에 안정적인데, 홀수는 짝이 없는 것이 있으니, 찾아 돌아다닌다고 합니다. 그래서 동적인 수라고 보기도 합니다. 그런 의미에서 양은 동적인 것, 음은 정적인 것을 상징하기도 하죠. 이 밖에도 많은 것들이 양과 음에 배속이 됩니다. 남성적인 것과 여성적인 것을 시작으로, 밝음과 어두움, 튀어나온 것과 움푹 들어간 것 등등 여러 가지 대립항들이 있죠. 이 모두를 음과 양이라는 틀로 볼 수 있다는 겁니다.

이 음양이 두 개씩 겹쳐진 것이 사상(四象)입니다. 사상은 태양, 태음, 소양, 소음, 이렇게 네 가지라고 말씀을 드렸었죠. 그런데, 『주역』에는 태양, 태음, 소양, 소음이라는 말이 아예 나오지 않습니다. '사상'이라고만 했는데, 후대에 이런 사상에 해당하는 두 획의 괘를 만들고 거기에 이름을 붙인 것이지요. 실제로 두 획의 괘가 있었다는 증거도 없습니다.

그렇게 음양이 사상을 거쳐서 도착하는 것이 바로 팔괘입니다. 동양권에서는 전통적으로 천, 지, 인의 삼재(三才)를 중요한 상징으로 여기는데요. 그래서, 『주역』에서도 천지인 삼재를 상징해서 세 개의 음양 부호를 겹쳐서 팔괘를 완성했다고 봅니다.

음양 두 부호를 세 개씩 겹치면 여덟 개의 경우의 수가 나오죠. 건, 태, 이, 진, 손, 감, 간, 곤, 이 여덟 가지가 바로 팔괘입니다. 팔괘를 구성하는 각각의 음양 부호는 '효'(爻)라고 하는데, 각 괘에서 맨 위에 위치한 효는 하늘[天]을, 맨 아래는 땅[地]을, 중간은 사람[人]을 의미하는 자리가 됩니다.

天
人
地

앞에서 음과 양의 부호에 여러 가지 성격을 부여할 수 있었죠. 마찬가지로 팔괘에도 여러 대상들을 대입할 수 있습니다. 자연물 중에서 대입될 수 있는 대표적인 상징을 들자면, 건은 하늘, 태는 연못, 리는 불, 진은 우레, 손은 바람, 감은 물, 간은 산, 곤은 땅입니다. 가족관계도 팔괘에 대입할 수 있는데, 건괘에는 아버지가, 곤괘에는 어머니가 대입된다는 것은 쉽게 짐작할 수 있겠죠? 『주역』 팔괘의 음양은 홀수로 들어가 있는 부호의 성격을 따릅니다. 건은 양이 셋이니 양, 곤은 음이 셋이니 음의 성격을 가졌겠죠. 나머지 괘들도 양의 부호가 하나라면 양의 성질을 가진 괘이고, 음의 부호가 하나라면 음의 성질을 가진 괘라고 할 수 있습니다. 또 괘를 볼 때는 맨 아래의 괘부터 따져 올라가는데요. 이에 맞춰서 형제관계 역시 팔괘에 배속될 수 있습니다. 우선, 맨

	건(乾) ☰	태(兌) ☱	리(離) ☲	진(震) ☳	손(巽) ☴	감(坎) ☵	간(艮) ☶	곤(坤) ☷
자연	하늘 (天)	연못 (澤)	불 (火)	우레 (雷)	바람 (風)	물 (水)	산 (山)	땅 (地)
성질	굳셈	기쁨	빛남	움직임	따름, 들어감	험난함, 빠짐	멈춤	유순함
가족	아버지	막내딸	중간 딸	큰아들	큰딸	중간의 아들	막내 아들	어머니
신체	머리	입	눈	발	넓적 다리	귀	손	배
나이	늙은 남자	젊은 여자	중년 여자	장년 남자	장년 여자	중년 남자	젊은 남자	늙은 여자
방위	서북 (西北)	서 (西),	남 (南)	동 (東)	동남 (東南)	북 (北)	동북 (東北)	서남 (西南)

아래 효만 양이고 나머지 두 효는 음인 진괘의 경우에는 양효가 하나만 있으니 아들이고, 양이 맨 아래 첫번째 자리를 차지하고 있으니, 큰아들이라고 할 수 있습니다. 같은 원리로 맨 아래가 음이고 나머지가 양인 손괘는 큰딸, 가운데 효만 양효인 감괘는 중간 아들, 가운데 효만 음효인 리괘는 중간 딸, 맨 위의 효만 양인 간괘는 막내아들, 맨 위의 효만 음인 태괘는 막내딸을 의미합니다. 같은 원리를 나이로 대입하면, 건은 늙은 남자, 곤은 늙은 여자, 진은 장년의 남자, 손은 장년의 여자…, 이런 식으로 배치가

됩니다. 방위도 팔괘에 대입될 수 있고요. 가장 기본적인 것들을 앞의 간단한 도표로 보여 드리기로 하지요.

이렇게 음과 양의 조화에 따라 팔괘에 여러 상징들을 대입할 수 있는데, 조금 다르게 상징을 배치할 수도 있습니다. 가령, 거북이나 조개, 딱정벌레처럼 겉이 딱딱한 동물들은 어느 괘에 배속이 될까요? 바로 리괘(☲)에 들어갑니다. 위 아래로 굳건한 양이 있고, 안으로 부드러운 음이 자리 잡고 있으니, 이런 동물들의 모습과 비슷하다고 해서 리괘에 배속을 하는 거죠. 또 리괘는 배가 큰 사람을 상징하기도 합니다. 속이 비었다는 데 착안한 거고요. 길로 보아서 곤(☷)은 뻥 뚫린 길이고, 진괘(☳)는 처음에 막힌 듯하지만 이후에는 잘 뚫린 길을 상징하기도 합니다. 간괘(☶)는 잘 가다가 틀어막힌 경우라고 할 수 있겠죠. 건(☰) 같은 경우는 길이 없다고 할 수도 있는데, 건괘를 길이라는 기준에 맞춰 점해석을 하는 경우는 거의 없습니다.

또 어떤 경우에는 곤괘를 대중을 뜻하는 것으로 보기도 합니다. 왜 그런지 아시겠습니까? 바로 조각의 수가 가장 많기 때문입니다. 여섯 개로 팔괘 중에 가장 많죠. 또 양은 지도자를 상징하고 음은 따르는 사람을 상징하기에, 음의 부호가 셋 모인 곤이 대중을 상징한다고 보기도 합니다. 이런 팔괘의 대입 규칙을 이야기하고 있는 것이 바로 「설괘전」입니다. 주역으로 점을 치면 괘라는 부호로 답이 나옵니다. 이 부호를 해석하기 위해서는 부호 해석의 원칙이 있어야 하겠지요. 주역점의 해석 방법은 효나 괘에 어떤 성질이나 사물, 사태 등을 대입해 보는 것입니다. 그 대입의 구체적인 예와 원칙이 있어야 하겠지요? '양에는 어떤 것들이 대입될 수 있고, 건괘에는 어떤 것들이 대입될 수 있으며…' 하는 사례와 규칙 말입니다. 「설괘전」이 그런 역할을 하고 있습니다.

64괘, 사태를 말하다

『주역』의 64괘는 팔괘를 위아래로 겹쳐서 만들어집니다. 세 개의 획으로 구성된 팔괘를 두 개 겹치면 총 여섯 개의 획이 되죠. 그 여섯 획으로 구성할 수 있는 경우의 수가 64가지입니다. 팔괘까지는 대입할 수 있는 것들이 주로 성질이나 사물이었습니다. 가령, 건은 강건함, 곤은 유순함, 진은 움직임, 리는 붙음, 태는 즐거움, 감은 험난함, 간은 그침, 손은 겸손함과 같이 성질을 대입할 수도 있죠. 그런데 팔괘를 겹쳐서 64괘가 되면 이제 어떤 사태를 대입해 볼 수 있습니다. 예컨대, 화지진(火地晉) 괘가 있습니다. 위에 리괘가 오고 아래에 곤괘가 오는 괘를 화지진 괘라고 하죠. 리괘가 불[火]을 상징하고, 곤괘는 땅[地]을 상징하기 때문에 '화지'(火地)라고 하고 '진'(晉)은 이 괘의 이름이 따로 붙은 겁니다. 이렇게 괘가 구성되면, 사태를 상징할 수가 있습니다. 가령 땅 위로 태양이 불끈 솟아오른 모습을 그려 볼 수 있죠. 시간적으

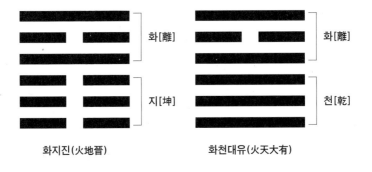

화[離]

화[離]

지[坤]

천[乾]

화지진(火地晉)   화천대유(火天大有)

로는 새해에 해당하는 '사태'를 나타내고 있는 괘입니다.

　또 하나의 괘를 볼까요. 위에 리괘가 있고, 아래에 건괘가 있으면, 화천대유(火天大有)입니다. 리괘는 불[火]을 상징하고 건괘가 하늘[天]을 상징하니까 '화천'이 되고, '대유'는 이 괘의 이름입니다. 이 괘는 어떤 사태를 묘사하고 있죠? 하늘 위에 불이 있으니, 중천에 떠 있는 해입니다. 앞의 진(晉)괘가 막 떠오른 해를 뜻한다면, 화천대유는 하늘 높이 해가 떠 있는 상황을 그리고 있다고 볼 수 있습니다. 그 밖에도 여러 해석의 가능성이 있습니다. 화천대유를 보시면, 음양의 비율이 어떻게 되죠? 음이 하나고 양이 다섯이죠. 한 여자와 다섯 남자가 있는 모습인데, 이 음의 자리인 오효의 자리가 상괘의 가운데로 제왕의 자리거든요. 회사로 치면 사장 자리라고 할 수 있습니다. 그러니까 여성인 사장이 남자 직원들을 거느리고 있는 모습으로 볼 수도 있습니다. 또 리괘의 '붙는다'라는 성격과 건괘의 '강건함'이라는 8괘의 특징을

64괘

1 중천 건 重天乾	2 중지 곤 重地坤	3 수뢰 준 水雷屯	4 산수 몽 山水蒙	5 수천 수 水天需	6 천수 송 天水訟	7 지수 사 地水師	8 수지 비 水地比
9 풍천 소축 風天小畜	10 천택 리 天澤履	11 지천 태 地天泰	12 천지 비 天地否	13 천화 동인 天火同人	14 화천 대유 火天大有	15 지산 겸 地山謙	16 뇌지 예 雷地豫
17 택뢰 수 澤雷隨	18 산풍 고 山風蠱	19 지택 림 地澤臨	20 풍지 관 風地觀	21 화뢰 서합 火雷噬嗑	22 산화 비 山火賁	23 산지 박 山地剝	24 지뢰 복 地雷復
25 천뢰 무망 天雷无妄	26 산천 대축 山天大畜	27 산뢰 이 山雷頤	28 택풍 대과 澤風大過	29 중수 감 重水坎	30 중화 리 重火離	31 택산 함 澤山咸	32 뇌풍 항 雷風恒
33 천산 둔 天山遯	34 뇌천 대장 雷天大壯	35 화지 진 火地晉	36 지화 명이 地火明夷	37 풍화 가인 風火家人	38 화택 규 火澤睽	39 수산 건 水山蹇	40 뇌수 해 雷水解
41 산택 손 山澤損	42 풍뢰 익 風雷益	43 택천 쾌 澤天夬	44 천풍 구 天風姤	45 택지 췌 澤地萃	46 지풍 승 地風升	47 택수 곤 澤水困	48 수풍 정 水風井
49 택화 혁 澤火革	50 화풍 정 火風鼎	51 중뢰 진 重雷震	52 중산 간 重山艮	53 풍산 점 風山漸	54 뇌택 귀매 雷澤歸妹	55 뇌화 풍 雷火豐	56 화산 려 火山旅
57 중풍 손 重風巽	58 중택 태 重澤兌	59 풍수 환 風水渙	60 수택 절 水澤節	61 풍택 중부 風澤中孚	62 뇌산 소과 雷山小過	63 수화 기제 水火旣濟	64 화수 미제 火水未濟

가져와서 다르게 해석을 하는 등, 여러 방법으로 괘가 무엇을 상징하는지를 생각해 볼 수 있습니다.

이렇게 말씀을 드리면, 괘의 해석이라는 것이 너무 작위적인 게 아닌가라고 의문을 제기하시는 분들이 있습니다. 맞죠. 귀에 걸면 귀걸이고, 코에 걸면 코걸이라고 할 수 있습니다. 하지만, 점을 칠 때, 너무 정확하게 점사가 나오면 점치는 일에는 필수적이라 할 수 있는 범용성이 떨어지지 않겠어요? 점이라는 것은 그 풀이를 가지고 인생 만사를 알아야 하는 것인데, 그 풀이가 정확한 하나의 의미만을 갖는다면, 점을 칠 수가 없습니다. 어떤 점을 쳤으면, 그걸 가지고 내 문제와 맞춰야 하는 것이기 때문에 무한한 가능성을 열어 두는 겁니다. 특히 『주역』은 가장 추상적인 부호와 가장 구체적인 우리의 삶을 맞춰야 하기 때문에 더욱 그럴 수밖에 없죠.

상수학(象數學)과 의리학(義理學)

『주역』이 기본적으로 점을 치는 데서부터 출발했다는 것을 이해하지 않고, 형이상학적인 논리만 가지고 따져서는 『주역』을 이해했다고 할 수 없습니다. 『주역』은 점복의 책으로 이해하는 방법이 있고, 상수학으로 이해하는 방법이 있고, 의리학으로 이해하는 방법이 있습니다. 상수라고 하는 건 도형과 수로 『주역』을 풀어내는 것인데, 『주역』의 부호 체계를 가지고 여러 가지 상징을 나타내 보인다든가, 상을 본떠서 무언가를 만든다든가 하는 것을 말합니다.

『주역』을 의리(義理)로 파악한다는 것은, 『주역』을 통해 우리가 살면서 마땅히 따라야 될 도리를 설파하는 것을 말합니다. 의리학으로 『주역』을 풀어낸 대표적인 인물로 정이천(程伊川)이라는 사람이 있습니다. 정이천은 『주역』을 해석하면서 점복은 거의 말하지 않습니다. 군주의 도리, 신하의 도리, 남편의 도리, 아내의 도리 같은 것들만 이야기를 하죠. 또 역사적인 사건을 가져와서, 그 사건이 『주역』의 어떤 괘에 해당하고, 그때 어떻게 행동하는 것이 옳았는데, 그러지 못했기 때문에 나쁜 결과가 왔다, 그런 상황이라면 마땅히 이래야 했다, 라는 식으로 해석을 합니다. 이게 의리학입니다.

그러나 우선 『주역』은 기본적으로 점복의 서였다는 점을 기억해야 합니다. 그런데 『주역』처럼 철학적인 원리를 가지고 점을 치는 점법은 동서고금을 막론하고 없다는 것도 특징입니다. 우선 음양이라는 부호를 만들어 냈다는 것 자체가 벌써 철학적인 사유에서 나온 것이라고 할 수 있습니다. 세상이라는 건 아무리 복잡해도 궁극적으로 쪼개 들어가다 보면 결국 음이라는 요소와 양이라는 요소로 해석할 수 있다는 사고방식이 『주역』에는 자리 잡고 있는 겁니다.

지금은 어렵지 않게 이야기할 수 있지만, 몇천 년 전, 미신적인 사고가 인간들을 지배하고 있던 시절에 이런 생각을 해낸다는 것이 쉬운 것은 아닙니다. 사실 우리가 미신적인 사고에서 벗어나 있다고 생각하지만, 여전히 사람들은 미신적인 사고를 많이 가지고 있습니다. 아무리 미신을 믿지 않는 사람이라고 자신을 해도 한밤중에 공동묘지 같은 곳에 며칠씩 가 있으라고 하면, 결국 마음속에서 귀신이 기어 나올 겁니다. 어렸을 때, 소풍만 가려고 하면 비가 온다고 생각했던 것도 마찬가지죠. 학교 고목에 승천 못한 이무기가 살아서 그렇다는 둥, 이상한 이야기들을 많이 꾸며 내잖아요. 사실은 비가 안 온 날이 더 많을 텐데, 소풍을 기다리는 마음에 비 온 날만 기억에 남아서 그렇게 생각을 하는 걸 겁니다. 우리가 세상을 해석하는 것이 여전히 합리적이지만은 않다는 말이죠. 이상하더라도 어떤 원인을 가져다 붙여서 해석을 해 두어야만 속이 시원합니다.

사람이 수정란에서부터 사람의 모습을 갖추는 과정을 보면, 생물이 겪어 온 진화의 역사를 그 과정에서 다 겪는다고 하죠. 처음에는 원생동물에서 물고기 같은 모양으로 변했다가 나중에 꼬리도 없어지고 사람의 모양으로 변해 간다고 합니다. 정신도 마찬가지일 겁니다. 우리도 어릴 때에는 동화책을 읽잖아요. 그 속에는 미신적이고 마술적인 사고방식이 다 들어가 있습니다. 그런 것들을 읽다가 자라면서 점점 합리적이 되어 간다고 생각할 수 있는데, 사실 성인이 된 후에도 어릴 때의 미신적이고 마술적인 사고방식이 우리 정신 속에 다 잠복해 있다고 할 수 있습니다. 지금도 이런데 고대에는 더 미신이 지배를 했을 겁니다. 그런 시대에, 세상이 아무리 복잡하다 해도 음과 양이라는 두 개의 원리로 분석이 가능하다, 두 개의 원리를 조합한 64개의 틀 속에서 세상의 모든 것이 설명 가능하다라고 생각을 했다는 것은 대단한 일이라고 할 수 있습니다.

운동과 변화의 책

게다가 음양이라고 하는 것 자체가 대단히 또 재미있어요. 음은 음이기만 하고 양은 양이기만 한 것이 아니죠. 『주역』의 사고방식에서는 음이 극에 달하면 양으로, 양이 극에 달하면 음으로 변하는 운동이 일어납니다. 태극의 모양처럼 음이 극에 달하면 벌써 양이 일어나기 시작하는 겁니다. 이렇게 음양의 순환이 꼬리를 물어요. 그리고 음과 양에 사물이나 성질을 대입할 때에도 남자는 무조건 양에 대입하고 여자는 무조건 음에 대입하는 방식으로 작동하지도 않습니다. 남녀를 일반적으로 놓고 볼 때는 물론 남자가 양이고, 여자가 음에 대입이 됩니다. 하지만 남성이 뒤에서 받쳐 주는 역할을 하고 여성이 주도적인 역할을 한다면, 이때는 이끄는 여성이 양이고 남성이 음의 위치에 대입됩니다. 이렇게 음양의 개념은 어떤 존재를 규정하기보다는 상대적인 개념입니다. 관계성이 중요한 개념이라는 말이죠.

이렇게 『주역』의 사고방식은 대단히 철학적이면서도 고정되어 있지 않은 사고방식이라고 할 수 있습니다. 이런 사고를 통해 인생이나 우주의 변화를 상징적으로 나타낼 수 있다는 것도 굉장히 높은 수준의 사고방식이라고 할 수 있고요. 이런 것이 『주역』의 묘미이기도 하고 한편으로는 어려운 점이기도 한 거죠.

여섯 개의 자리

『주역』으로 점을 치면 64괘 중에 하나가 나옵니다. 앞에서 살펴본 것처럼, 하나의 괘는 여섯 효로 구성이 되죠. 여섯 개의 자리가 있다고 생각하면 됩니다. 아래에서부터 1부터 6까지 번호를 매길 수 있습니다. 앞에서 홀수가 양, 짝수가 음에 해당한다고 말씀을 드린 것처럼, 여섯 개의 자리 중에 1, 3, 5는 양의 자리입니다. 2, 4, 6은 음의 자리죠. 여섯 개의 자리는 기본적으로는 위의 세 개, 아래의 세 개로 나뉩니다. 팔괘 두 개가 겹쳐진 것으로 보기 때문이죠. 그런데, 천지인 삼재로 따져 보면, 두 효씩 나누어 맨 위의 두 효는 천, 가운데 두 효는 인, 맨 아래의 두 효는 지로 보기도 합니다. 또 2, 3, 4의 자리만 떼어서 팔괘 중 하나로 해석하기도 하고 3, 4, 5를 따로 떼어 해석하기도 합니다. 또 어떤 때는 괘를 뒤집어서 보기도 합니다. 어떤 사람이 물어서 점을 쳤을 때, 내 입장에서 어떤 괘가 나왔다면 상대 입장을 보기 위해서 이

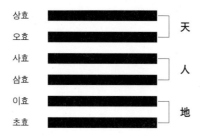

괘를 뒤집어서 보기도 하는 겁니다. 또 궁합을 보거나 할 때는 위나 아래의 세 획만 뒤집어서 보기도 합니다. 이걸 반합(牉合)이라고 하죠. 한마디로 부호 해석의 방법이 엄청나게 많다는 겁니다.

비(比)와 응(應)

하지만 『주역』 해석의 핵심은 감응이라고 할 수 있습니다. 효 사이에 어떤 상호관계를 맺느냐가 무엇보다 중요하죠. 『주역』에는 몇 가지 기본적인 감응관계가 있습니다. 우선 가까이 있는 효 사이의 관계를 '비(比)의 관계'라고 합니다. '비'는 나란히 있다는 뜻이죠. 글자 자체가 사람이 나란히 서 있는 모습을 형상화하고 있죠. 반면 사람이 서로 등지고 서 있는 모습을 표현한 것이 '북녘 북'(北) 자죠. 상형문자의 특징이 잘 드러나는 재미있는 글자들이죠. 바로 옆의 효와의 관계가 비라고 했으니까 괘를 보면 1과 2, 2와 3, 3과 4, 4와 5, 5와 6의 관계가 비라고 할 수 있습니다. 가까

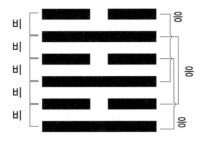

이 있으니까 서로 영향을 주고받는 관계입니다.

　그다음으로는 '응(應)의 관계'가 있습니다. 응은 상응한다는 말이죠. 상괘와 하괘의 첫번째 효, 즉 1효와 4효가 서로 응하는 관계입니다. 마찬가지로, 2와 5, 3와 6도 상응관계죠. 『주역』에서는 비와 응 중에서 응의 영향이 더 크고 중하다고 봅니다. 예컨대 1효가 양효라고 하면 1효의 정당한 파트너인 4효에는 음효가 오는 것이 가장 좋겠죠. 그런데 바로 옆 2효에도 음효가 있다면, 1효가 정당한 파트너인 4효를 찾아가는 것이 응으로 올바른 관계이고, 2효가 1효를 자꾸 끌어당기는 것은 정당한 관계는 아니라고 보는 겁니다.

중(中)과 정(正)

또 『주역』에서 중시하는 것이 중(中)과 정(正)입니다. 『주역』의 각 효는 맨 아래에서부터 진행되는 것으로 본다는 말씀을 여러 번 드렸죠. 맨 아래 1효는 사람의 연령이나 지위로는 아주 어린 나이이거나 미천한 신분이라고 봅니다. 위로 올라갈수록 점점 나이나 신분이 상승하는 것으로 보지요. 그렇다고 무작정 올라가는 것만이 좋은 것은 아닙니다. 여섯 획으로 된 하나의 괘를 상하로 나누면 각각 팔괘가 된다고 했죠. 이 중에서 가운데 있는 획, 즉 여섯 획으로 보았을 때, 2효와 5효가 중으로서 가장 중요한 자리라고 할 수 있습니다. 『주역』을 해석할 때, 이 자리는 다른 자리보다 더 중시됩니다. 실제 세상에서도 사람들이 자연스럽게 모여드는 중심 역할을 하는 사람이 있죠. 언제나 상황의 중심에 서 있기 때문에 그 사람이 어떻게 행동하는지에 따라서 일이 확확 달라집니다. 마찬가지로 『주역』에서도 2와 5는 괘에서도 굉장히 강한 역할을 한다고 봅니다.

그중에서도 5효의 힘이 더 강한데요. 상괘와 하괘로 나눠서 보면 하괘는 재야를 상징하거든요. 아직 벼슬에 나아가지 못한 사람들을 말합니다. 2효는 재야 세력 가운데에서 중심 역할을 하는 사람이라고 할 수 있죠. 현대의 회사로 보면 평사원 중에서 핵심 역할을 하는 사람이라고 보면 되겠습니다. 지수사(地水師, ䷆)괘의 경우는 군대를 이끌고 전쟁에 나가 있는 장수에 해당하기도 하지요. 이때도 5효는 임금에 해당합니다. 이에 비해 상괘는 벼슬자리에 올라간 상황을 말합니다. 그중에 중을 차지하고 있는 것은 옛날 같으면 임금이죠. 지금 회사로 말하면 사장의 자리라고 할 수 있을 겁니다. 괘 전체를 지배하는 자리라고 할 수 있어서, 두 개의 중의 자리에서도 5의 자리가 더 중시되는 겁니다.

그럼 6의 자리는 중의 자리보다 더 높으니 좋아야 하는 것 아닐까요? 그런데 『주역』의 원리는 지나치게 높으면 언제나 떨어지게 되어 있다는 겁니다. 그래서 6은 실권이 없는 고문과 같은 자리라고 할 수 있습니다. 특히 6의 경우에는 임금의 자리에서 물러난 상왕과 같은 의미라고 할 수 있습니다. 회사로 치면 은퇴한 고문 정도로 볼 수 있겠죠.

정(正)은 양의 자리에 양이 들어가고 음의 자리에 음이 들어간 것을 말합니다. 앞에서 양의 자리가 1, 3, 5, 음의 자리가 2, 4, 6이라고 말씀드렸죠. 양의 자리에 양이 들어가고, 음의 자리에 음이 들어간 것을 정이라고 하는 겁니다. 지금까지 이야기한 응과 비, 중과 정, 자리에 따른 음양의 배속을 정리하면 다음과 같은 표가 되겠네요.

⑥(상효) → 음의 자리, ③과 응, ⑤와 비

⑤(오효) → 양의 자리, ②와 응, ④⑥과 비, 중(中)의 자리

④(사효) → 음의 자리, ①과 응, ③⑤와 비

③(삼효) → 양의 자리, ⑥과 응, ②④와 비

②(이효) → 음의 자리, ⑤와 응, ①③과 비, 중(中)의 자리

①(초효) → 양의 자리, ④와 응, ②와 비

『주역』 공부, 수지맞는 장사

진인사대천명(盡人事待天命)

점을 쳐서 괘를 뽑으면 이런 상응관계, 비의 관계, 중과 정 등을 살피고 따져서 내 앞에 놓은 문제들과 맞춰 보는 겁니다. 그런데 점을 치기 위해서는 선택해야 하는 어떤 문제가 있어야 합니다. 아무 선택할 것 없이 점을 치는 것은 의미가 없죠. 내가 고민을 하다가 어떤 갈림길만 남았을 때, 그때 점을 치는 겁니다. "내 운세는 어떨까" 같은 막연한 질문으로는 점을 칠 수 없는 거죠. TV에서 『주역』 강의를 했다고 여전히 저한테 점쳐 달라는 분들이 종종 있는데요. 그래서 무슨 일이 있냐고 하면 아무 일도 없다고 대답을 합니다. 그럼 점을 칠 필요가 없는 거예요. 사람은 끊임없이 갈림길에 서게 되는데, 지적인 능력을 충실히 동원을 해서 논리적으로 따져 보고 주변의 형세를 다 따져 보고 나서, 딱 두 가지 선택지가 나왔을 때, 내 능력으로는 절대 선택을 할 수 없다고 생각했을 때 점을 쳐야 하는 겁니다. 물론 꼭 그런 건 아니고 일반적인 운세에 대해 점을 치는 경우도 있습니다. 그렇지만 그것은 『주역』의 본질에서 조금 벗어난 일이라고 생각합니다. 선택의 기로에서 올바른 선택을 위해! 그것이 주역점의 본질이라는 것은 틀림없습니다.

점이라는 것이 이런 성격을 가진 것이기에, 점을 치지 말아

야 하는 경우가 몇 가지 있죠. 우선 나쁜 일을 하려고 점을 쳐서
는 안 됩니다. 도둑질을 하는데 길한지 흉한지를 점치는 건 말이
안 되죠. 『주역』「계사전」에는 주역점이 얼마나 신묘한가를 강조
하고 있는데 이런 신묘한 점으로 나쁜 짓을 하면 막을 길이 없지
않겠어요?

또 형세가 너무나 분명한 것도 점을 쳐서는 안 됩니다. 누가
봐도 뻔해서 당연히 해야 할 일인데, 그걸 할지 말지 점쳐서는 안
된다는 거죠. 누가 봐도 그 길흉이 뻔한 것도 점쳐서는 안 되고
요. 어떤 일이 있을 때, 있는 자료를 다 모아서 검토하고 이리저
리 생각해도 이성적으로는 판단이 안 서는 경우…. 우리가 마주
치는 갈림길의 많은 경우가 이에 해당하겠지요? 불확정성의 원
리까지 끌어올 필요도 없죠. 그렇지만 일단은 우리가 마주한 갈
림길에 대한 충실한 자료 수집과 진지한 검토가 있은 다음에 점
이라는 수단이 동원되어야 한다는 것을 강조해 둡니다. 실은 그
렇게 하지 않으면 점을 쳐 놓고도 해석을 못해요. 많은 자료를 모
으고 진지한 검토를 한 다음에 점을 치면, 점을 통해 문제를 새로
운 시각에서 보게 되고 또 좋은 조언을 얻어 낼 수가 있습니다.

『주역』에서 점은 보통 산가지를 가지고 우연하게 64괘 중 하
나를 뽑아내는 겁니다. 그렇다면, 이렇게 우연히 구성된 괘가 어
떻게 미래를 맞출 수 있느냐는 의심이 들 수 있죠. 물론 이런 의
심이 들면, 점을 치지 않으면 되겠죠. 하지만 우연성에서 어떤 필

연성이 드러난다고 보는 이들도 있습니다. 칼 융은 이걸 '싱크로니서티'(synchronicity)라는 말로 표현합니다. 융은 내적인 프로세스가 우연성을 빌려서 바깥으로 표현된다고 보았습니다. 공조성이라고 번역이 됩니다. 그러니까 인간의 내적인 움직임과 괘의 나타남이 일치한다는 것을 이야기하는 겁니다. 그래서 지금도 칼 융 연구소 같은 데서는 『주역』 연구를 하고 심리 치료에도 『주역』을 쓰기도 합니다.

삶과 사회의 원리를 밝히다

하지만 이런 원리가 과학적으로 증명된 바는 없죠. 그럼 왜 『주역』을 공부하고 점을 쳐야 하는 걸까요? 제가 어떤 글에서 『주역』을 공부하는 것은 "수지맞는 장사"라고 표현한 적이 있습니다. 점이 맞느냐 안 맞느냐를 떠나서 『주역』 공부를 남는 장사라고 말씀드리는 이유가 있어요. 제가 고등학교 때 『주역』을 처음 읽었어요. 우연히 집에 『주역』을 해설한 책이 있었는데, 제가 그런 걸 좋아했거든요. 관상 책도 보고 수상 책도 보고 했는데, 마침 『주역』이 있었던 거죠. 들춰 봤을 때 재미가 없었으면 그냥 치워 버리고 말았을 텐데, 처음에 우연히 보았던 괘가 참 재미있었습니다.

　다음의 두 괘를 보시면 어느 괘가 더 좋아 보이나요? 왼쪽은 하늘이 위에 있고 땅이 아래에 있는 모양이고, 오른쪽은 땅이 위

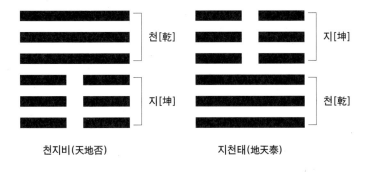

천[乾]

지[坤]

지[坤]

천[乾]

천지비(天地否)　　　　　지천태(地天泰)

에 있고 하늘이 아래에 있는 모양이죠. 하늘이 하늘의 자리에 있
고 땅이 땅의 자리에 있으니 왼쪽이 더 좋아 보인다고 생각하는
게 자연스러워 보입니다. 하지만, 괘의 이름을 보면 왼쪽 괘는 천
지비(天地否), 오른쪽 괘는 지천태(地天泰)라고 불립니다. 비(否)
는 보통 '부'라고 읽지만, 이렇게 괘 이름에 쓰일 때는 '비'라고 읽
죠. 꽉 막힌다는 뜻입니다. 오른쪽 괘의 이름 태(泰)는 창통(暢通)
한다는 의미고요.

　이 두 괘에 대한 설명을 보고 제가 놀란 겁니다. 천지비 괘는
높은 하늘은 자신의 높음을 자만하여 낮은 땅을 살피지 않고, 낮
은 땅은 하늘의 마음을 헤아리지 않고 고개를 처박고 있어서 하
늘과 땅이 만나지 못하고 찢어져 있는 상태라는 설명이 있었습
니다. 그렇기 때문에 하늘과 땅 사이에 교감이 없고 천지만물이
생장할 수가 없는 상황이죠. '비색'(否塞), 즉 막히고 끊어진 모습
입니다. 그에 비해 태괘는 높은 하늘은 스스로 땅 밑으로 자기를

낮췄고, 낮은 땅은 하늘을 받들려는 마음으로 위로 올라갔다고 봅니다. 하늘과 땅의 교감이 있으니 만물이 잘 살아갈 수 있겠죠. 이렇게 비괘와 태괘의 역설적인 풀이를 보고서 참 재미있다고 느꼈습니다.

그러니까 이 괘라는 것이 단순히 길하다 흉하다를 이야기하는 것이 아니라 우리의 삶과 사회의 원리, 우리가 살아가는 방법 같은 것들을 나타내 주고 있다는 느낌을 받은 거죠. 회사에서도 높은 직급에 있는 사람이 자기가 높다고 스스로 자부해서 아랫사람들 사정을 신경 쓰지 않고, 아랫사람은 아랫사람대로 뒤에서 상사들 욕이나 하고 있으면 천지비의 상황이라고 할 수 있죠. 이런 회사가 잘되기는 어려울 겁니다. 사회도 마찬가지고요. 회사든 사회든 구성원들 간에 교감이 일어날 때 그 속에서 뭔가 이루어진다는 겁니다. 그러니까 우리가 어떤 구체적인 문제를 놓고 점을 쳤을 때, 지천태 괘나 천지비 괘를 뽑았다고 하면, 거기서 길흉만 보는 것이 아니라 내가 어떻게 살아야 할지, 그 도리를 알 수 있는 거죠. 그래서 『주역』에 통달하면 점을 치지 않아도 된다고 합니다. 어떤 사태를 보면, 그 사태가 『주역』의 어떤 괘에 해당하는지를 금방 파악하고 그에 맞게 대처할 수 있다는 거죠. 그럼, 따로 점을 칠 필요가 없겠죠.

수뢰준, 어려울 때의 처신

이렇게 『주역』이라는 책은 단지 점을 치고자 하는 사태에 해당하는 것이 아니라 우리 삶 전반에 대한 원리와 철학, 처세 방법들을 포괄적으로 가르쳐 주는 책이라고 할 수 있습니다. 각 괘는 부호의 조합이지만, 상황을 보여 주고 그 상황에서는 어떻게 처신하는 것이 옳은지를 이야기해 주죠. 예를 들어 볼까요?

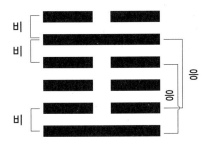

이 괘는 수뢰준(水雷屯) 괘입니다. '준'(屯)은 '둔전'(屯田) 같은 말에 쓰일 때는 '둔'이라고 읽지만, 괘 이름일 때는 '준'으로 읽습니다. 이 수뢰준은 사대난괘(四大難卦)라고 불리는 괘 가운데 하나입니다. 원래 『주역』에는 절대적으로 길하고 절대적으로 흉한 괘는 없습니다. 『주역』 「계사전」에는 "궁즉변, 변즉통, 통즉장구"(窮則變, 變則通, 通則長久)라는 말이 있죠. 어떤 사태든 '궁극에 달하면 변하게 마련이고 변하면 통하게 되고 통하면 오래간다'는 말입니다. 이 말처럼 아무리 흉해 보이는 괘라도 어떤 상황이 극에 달하면 변하게 되거든요. 그래도 점괘로 나오면 참 일이 안 풀리고 고생을 하는 괘들이 있기는 한데, 그건 괘들을 사대난 괘라고 부릅니다. 사대난괘는 중수감(重水坎, ䷜), 수산건(水山蹇, ䷦), 택수곤(澤水困, ䷮), 수뢰준 괘를 말합니다. 중수감 괘는 험난함이 겹친 상황을 말하고, 수산건은 절름발이가 산을 넘는다고 해서 역시 험난한 괘입니다. 택수곤은 연못에 물이 쫙 빠져서 바닥에 깔려 버린 상황이고, 마지막 수뢰준은 임신 출산의 고통 같은 창조의 고통을 말하는 괘입니다.

우리가 살펴볼 수뢰준은 이렇게 험난한 상황을 이야기하고 있는데요. '준'(屯) 자는 풀이 땅을 뚫고 나오느라고 허리가 휜 모습을 그리고 있습니다. 무언가 새로운 생명이 탄생한다는 것은 그만큼 힘든 일이라고 할 수 있죠. 그런데 이 괘의 모습을 잘 살펴보면 재미있는 것을 발견할 수 있습니다. 지금 음이 넷이고 양은 둘인데, 음효 중에서 3효가 재미있습니다. 2효도 음효지만, 이 음효 옆자리인 1효 자리에 양효가 있어 비의 관계를 이루고 있죠. 또 5효에도 양이 자리 잡고 있어서 응도 잘 이뤄지고 있습니다. 4효에 있는 음도, 5효의 강력한 양과 비를 이루고 있고, 6효도 마찬가지입니다. 그런데 3효는 옆에도 양이 없고, 3효와 응의 관계를 이루는 6효 역시 음효죠.

지금 수뢰준이라는 상황이 굉장히 어려운데, 이런 상황에서 양효인 1과 5는 현자를 말합니다. 다른 이들을 이끌어 줄 사람이죠. 그래서 2효와 4효, 6효 모두 비와 응의 관계를 통해 현자가 이끌어 줄 수 있는데, 이 3효만 이끌어 줄 사람이 없는 겁니다. 이말은 이끌어 주는 사람, 의지할 만한 사람이 없다는 말이 됩니다. 이 효의 효사를 살펴볼까요? "사슴을 쫓는데 사냥터지기가 없어 수풀 속으로 빠져들어 간다. 군자는 일의 기미를 살펴야 하니 이런 경우는 그만두는 것만 못하다. 가면 부끄러운 꼴을 당한다." 점을 쳐서 이 괘를 얻으면 그런 운명을 만나는 것이라고 보면 안 됩니다. 선택지를 놓고 점을 치라고 했지요? 이 점괘를 얻으면 내가 선택하려는 방향이 나 혼자의 욕심에 빠져 현명한 이의 도움도 없이 위험 속으로 나가는 상황이 될 가능성이 높다고 하는 제시를 하는 겁니다. 당연히 선택을 하지 않는 편이 좋지요. 그러니까 어떤 일을 꼭 당한다는 운명론은 아닌 겁니다. 또 한편으로는 일반적인 상황에서도 욕심에 끌려 위험 속으로 들어가서는 안 되며, 어질고 현명하여 잘 이끌어 줄 사람을 찾는 것이 중요하다는 것을 말하고 있지요.

중천건, 때에 맞는 처신

괘를 하나 더 보죠. 『주역』에서 첫번째 나오는 괘가 건위천 괘입니다. '천'이 둘 겹쳤다고 해서 중천건(重天乾)이라고도 하죠. 양만 여섯인 괘입니다. 다음 페이지를 보시면 맨 아래 효부터 차례로 효사가 붙어 있죠. 맨 아래의 초효의 효사를 보면, "잠룡물

상효	⚊	上九, 亢龍有悔.
5효	⚊	九五, 飛龍在天, 利見大人.
4효	⚊	九四, 或躍在淵, 无咎.
3효	⚊	九三, 君子, 終日乾乾, 夕惕若, 厲, 无咎.
2효	⚊	九二, 見龍在田, 利見大人.
초효	⚊	初九, 潛龍勿用.

용"(潛龍勿用)이라고 되어 있습니다. '못 속에 잠겨 있는 용이니 쓰지 말아라'라는 뜻이죠. 효사에서 '잠룡'은 '상'(象)이라고 합니다. 상황을 상징적으로 보여 주는 부분이죠. '물용'은 '점'(占)이라고 합니다. '어떻게 해야 한다'라는 내용이 들어 있죠. 이렇게 상과 점으로 구성되는 경우가 많습니다. 2효에는 "현룡재전, 이견대인"(見龍在田, 利見大人)이라는 효사가 붙어 있습니다. 역시 앞의 '현룡재전'은 상이죠. '용이 밭에 나타났다'는 겁니다. '이견대인'은 점으로 대인, 즉 덕이 큰 사람 또는 지위가 높은 사람을 만나는 것이 좋다는 뜻이죠. 3효의 효사는 "군자 종일건건, 석척약, 려, 무구"(君子, 終日乾乾, 夕惕若, 厲, 无咎)입니다. '군자는 종일토록 꾸준히 노력을 하고 저녁이 되면 두려운 듯이 반성을 한다, 위태로우나 허물은 없다'라고 해석할 수 있습니다.

네번째 효의 효사는 "혹약재연, 무구"(或躍在淵, 无咎)죠. '뛰어오르기도 하고, 다시 못에 잠기기도 한다. 허물이 없다'라는 뜻입니다. 다섯번째는 "비룡재천, 이견대인"(飛龍在天, 利見大人)입니다. '나는 용이 하늘에 있다. 대인을 만나는 것이 이롭다'라는 뜻으로 기분이 좋은 괘죠. 마지막 여섯번째는 "항룡유회"(亢龍有悔), '교만한 용으로 후회가 있다'입니다. 나아갈 줄만 알고 물러설 줄 모르는 교만한 용이기 때문에 후회할 일이 생긴다는 거죠.

이렇게 중천건 괘의 효사의 흐름을 쭉 살펴보았는데요. 이 효사만 봐도 생각해 볼 문제가 많죠. 우선 초효의 '잠룡물용'에서 '잠룡'은 어린 나이이거나 학문을 닦고 역량을 축적해야 하는 시기를 말합니다. 이렇게 역량을 키워야 하는데, 그런 과정에 있는 사람을 써서는 안 된다는 겁니다. 공부고 스포츠고 너무 어려서부터 혹사를 당하면 나중에 발전하기가 힘든 것과 마찬가지입니다. 기본기를 충실히 닦은 사람들이 나중에 나이를 먹으면서 기량이 크게 느는 경우가 많죠. 그래서 『주역』에서는 잠룡일 때는 그 사람을 함부로 쓰면 안 된다고 하는 겁니다.

두번째 효의 현룡은 이미 평범한 용이 아닙니다. 아래 괘에서 중심 역할을 하는 용이죠. 하늘까지는 못 올라갔어도 이미 밖으로 드러난 용입니다. 이때는 대인을 만나는 것이 좋다고 했는데, 위아래의 상호감응이 일어나는 것이 굉장히 중요하다는 말입니다. 회사에서도 평사원 가운데서 중심적인 역할을 하는 사람은 사장의 의지를 읽고 회사가 나아갈 방향에 어떻게 부응하느냐가 중요하겠죠.

그다음 3과 4의 자리는 경계가 많은 자리로, 『주역』 전체를 보면 이 효들에 조심하라는 말이 제일 많이 붙어 있습니다. 3의 자리는 회사로 치면 이사로 올라가느냐 명퇴를 하느냐가 갈리는 때로 보면 될 듯합니다. 아래에서 가장 높은 위치이면서 위로 올라가야 하는 자리이기 때문에 조심해야 할 일이 많을 수밖에 없겠죠. 그래서 중천건 괘에서도 종일 부지런하게 노력하고, 저녁에는 잘못이 없나 반성을 한다는 효사가 붙어 있는 겁니다.

네번째 효도 위태롭기는 마찬가지인데요. 왕의 측근으로 올라간 자리라고 할 수 있는데, 함부로 날뛰어서도 안 되고, 그렇다고 무능해서도 안 되겠죠. 그리고 공은 왕에게로 돌려야 하는 자리인 겁니다. 꼭 왕이 잘나서가 아니라, 왕에게 공을 몰아 줄 때 왕의 권위가 유지되고 4의 자리도 굳건해질 수 있겠죠. 자기가 공을 세웠다고 자기가 잘했다는 것을 자꾸 드러내면, 내쳐지기가 쉽겠죠. 그래서 효사가 '한 번쯤은 뛰어올라 능력을 보이고, 공을 세우고 나면 다시 못에 머물면서 자중하는 모습'으로 나와 있죠. 그렇게 했을 때 별일이 없다는 겁니다. 나아가고 물러날 때를 잘 보면서 움직여야 하는 어려운 자리라고 할 수 있습니다.

그다음 다섯번째 효에서 드디어 용이 하늘로 올라갑니다. 이때는 구름을 부르고 비를 뿌리면서 자기 능력을 발휘해야 하는 때죠. 그런데 이때도 혼자서 할 수 있는 것이 아니라 "대인을 만나야 이롭다"고 합니다. 아래와 뜻이 통해야 한다는 말이죠. 덕이 있는 신하를 등용해서 쓸 때 능력을 온전히 발휘할 수 있다는 이야기를 하고 있는 겁니다.

　마지막으로 여섯번째 효(상효)는 중을 넘어섰죠. 앞에서 다섯번째 효가 중(中)이고, 여섯번째 효는 과도함을 나타내는 자리라고 말씀을 드렸습니다. 중천건 상효(6효)의 용이 그렇습니다. 항룡(亢龍)은 교만한 용이죠. 나아갈 줄만 알고 물러설 줄 모르는 용입니다. 당연히 후회가 따라붙겠죠.

　『주역』64괘 중에 수뢰준과 중천건 괘에 대해서만 간략하게 이야기를 해 보았는데요. 이런 풀이를 보면, 『주역』이 우리 삶이 처할 수 있는 여러 상황을 가장 추상적인 부호를 통해 드러내고 있다는 것을 알 수 있습니다. 그 부호를 보면서 전체적인 조화와 관계성 속에서 내가 어떤 자리에서 어떻게 처신해야 바람직한지 처방을 내려 주기도 하고, 마땅히 어떠해야 한다는 의견을 주기도 합니다. 그러니까 점을 쳤을 때, 맞고 안 맞고가 중요한 것이 아니죠. 점을 치기 전에 내가 가진 능력을 총동원해서 당면한 문제의 해법을 최대한 좁히고, 그래도 불확실할 때 점을 치면 거기서 어떤 시사를 받을 수 있다는 겁니다. 점을 쳤다고 해서 무조건 이쪽으로 가면 된다는 식의 답이 나오는 것이 아니라는 말이죠. 내가 처한 상황, 내가 위치한 자리 등등을 나온 점괘와 맞추면서 자기 상황을 객관적으로 보는 연습을 하는 것이 중요합니다.

　그런데 우리는 막상 점을 쳐 놓고도 해석을 잘 못하는 경우가 많습니다. 남의 일이라면 객관적으로 보고 이야기할 수 있지만, 자기 일을 놓고 점을 치면 잘 보기가 어렵습니다. 그래서 점 치는 데에도 수양이 필요합니다. 가장 추상적인 부호 여섯 개를 가지고 가장 구체적인 자기 일과 맞추는 게 그렇게 쉽지가 않아요. 고도의 집중과 상상력, 비유, 이런 걸 다 동원해야 돼요. 그러니까 점을 잘 해석하기 위해서는 수행이 필요하기도 하고, 또 그렇게 해석해 보려는 시도가 수행의 과정이기도 한 겁니다.

점의 실제

동전점 치는 법

이쯤 설명을 드리면 점은 어떻게 치는 건가 궁금하실 듯도 하네요. 여러 가지 방법이 있습니다. 주희의 『주역본의』 등에 나오는 '본서법'(本筮法)이 가장 대표적인 점법인데, 저는 이 점법을 쓰지 않습니다. 아니, 인정하지 않지요. 왜냐하면 노양(老陽)과 노음(老陰)이 나올 확률이 3 : 1로 완전히 다른데, 그에 대한 설명이 없어요. 제가 EBS에서 『주역』 강의를 할 때 처음 문제제기를 한 듯합니다. 그 전에 본서법에 의문을 제기한 기록을 찾을 수가 없었고요. 아무튼 그 외에도 약서법(略筮法) 등 여러 점법이 있는데 여기서는 가장 간단한 동전으로 치는 점법을 소개해 드리지요.

　동전 세 개를 가지고 여섯 개의 획을 만들어 내면 되는 건데요. 그림이 있는 쪽과 숫자가 있는 쪽 중에서 음양을 정하고 흔들어서 던지면 되는데, 보통 그림이 있는 쪽을 양으로 정하고 점을 치죠. 세 개가 모두 양이면 노양, 하나가 양이고 둘이 음이면 소양입니다. 앞에서 음양 중에 홀수 개가 있는 것이 전체의 음양을 결정한다고 말씀드렸죠. 그래서 양이 하나고 음이 둘이면 양이 되는 겁니다. 마찬가지로 음이 셋이면 노음, 음이 하나고 양이 둘이면 소음이 되는 겁니다. 이렇게 동전 세 개를 여섯 번 던져서 아래부터 괘를 그려 나가면 됩니다. 그럼 여섯 개의 효로 64괘 중에 하나가 완성이 되겠죠. 이 괘를 본괘(本卦)라고 합니다. 여기서 끝이 아닙니다. 『주역』에서는 궁극에 달하면 변한다는 원리가 있다고 말씀을 드렸죠. 그래서 노양은 음으로, 노음은 양으로 변하게 되는데, 이 효를 동효(動爻)라고 합니다. 본괘에서 노양과 노음을 각각 음과 양으로 변화시켰을 때 나온 괘를 지괘(之卦) 혹은 변괘(變卦)라고 합니다. 상황이 본괘에서 지괘로 변하고 있다는 것인데요. 동효의 효사와 본괘와 지괘를 비교 검토하면서 자기 상황을 해석해야 합니다.

　이것보다 더 간단한 동전점법이 또 있습니다. 여섯 개의 동전을 준비하는데, 그 가운데 하나의 동전은 나머지 다섯 개의 동전과 다른 종류의 동전이어야 합니다. 즉 다섯 개의 100원짜리 동전과 한 개의 50원짜리 동전 같은 식으로요. 이 여섯 개의 동전을 잘 섞은 다음 하나씩 아래에서 위로, 무작위적으로 줄 세워 놓습니다. 물론 그 전에 동전의 어떤 쪽을 양으로 하고 음으로 할 것인지는 정해야 하지요. 한 줄로 세우면 여섯 개 동전의 음양으로 하나의 괘가 그려지지요? 그 가운데 다른 종류의 동전이 있는 자리를 동효(動爻)로 잡는 겁니다. 즉 그 자리가 음이면 본괘에서는 음이고, 그것을 반대로 변화시켜서 지괘를 만드는 것이지요. 이 점법은 동효가 하나만 나오는 것이 특징입니다.

앞에서 점례를 통해 보여 드린 것을 참조하시면 실제로 점치는 데 도움이 되실 겁니다. 자신이 선택하려는 문제에 대한 충분한 검토를 거친 뒤, 점괘를 통해 좀더 객관적인 관점에서 자기 문제를 이해하고 조언을 구하려는 자세를 가지면, 점치는 것은 전혀 미신적인 행위가 아닙니다.

가뭄을 예측하다

『주역』을 설명하고 있는 책들을 보면 각 괘에 대한 일반적인 설명을 하고 있는데요. 추상적인 부호를 구체적인 상황과 맞춰야 하기 때문에 일반적인 해석을 참조하면서도 엄청나게 다른 해석들을 동원할 필요가 있습니다. 그러면서 스스로 부호를 뜯어볼 수 있는 능력이 생기는데요. 여기서는 괘를 어떻게 구체적으로 적용할 수 있는지, 얼마나 다양한 해석이 가능한지를 몇 가지 예를 들어 살펴보겠습니다.

앞에서 중천건 괘의 효사를 죽 살펴보았는데요. 일본의 어떤

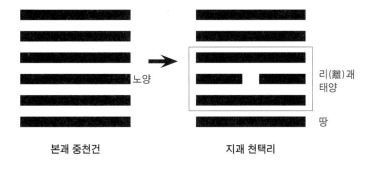

노양

리(離)괘
태양

땅

본괘 중천건   지괘 천택리

점술가에게 농무부 장관이 와서 올해 풍흉을 점쳤다고 합니다. 중천건이 나왔는데, 삼효가 노양이라서 지괘는 천택리가 나왔다고 하죠. 앞에서 노양과 노음이 각각 음과 양으로 변하면 지괘가 된다고 말씀드렸죠. 세번째 효가 변했으니까 이럴 때는 세번째 효를 중심으로 보는데요. 중천건의 세번째 괘 효사가 뭐였죠? "군자는 하루 종일 부지런히 힘쓰고 저녁에는 두려운 듯이 반성하면 위태로우나 허물이 없다"라는 효사였죠. 그럼 이걸 가지고 어떻게 풍년이 들지를 알 수 있을까요? 그 역술가는 꽤 오랫동안 가뭄이 들겠지만, 국민들의 노력으로 큰 흉년은 면할 것 같다고 점을 풀었답니다.

　이런 풀이가 어떻게 나온 걸까요? 지괘인 천택리를 보고 푼 것인데요. 보통 초효와 2효는 땅으로 봅니다. 그중에서도 초효는 땅 속에 해당하고 2효는 땅 표면에 해당하지요. 중천건의 두

번째 괘 효사가 '현룡재전, 이견대인'이었는데, 여기서 밭이라는 것이 바로 땅 표면을 말하는 겁니다. 괘 전체로 보아 1, 2효는 땅, 3, 4효는 사람, 5, 6효는 하늘에 해당합니다. 즉 천지인(天地人) 삼 재의 위치인 셈이지요. 그런데 지괘인 천택리 괘의 2, 3, 4효를 잘 라서 보면, 팔괘 중에서 불을 상징하는 리(離)괘입니다. 그러니까 땅(1효) 위에 해가 이글거리고 있는 모습이라고 본 겁니다. 그래 서 가뭄이 든다고 한 거죠. 그리고 또 본괘의 3효 효사를 보면 '저 녁까지 두려워하듯 반성한다'고 했으니, 가뭄이 일찍 끝나지는 않을 거라고 본 겁니다. 하지만 결국 '위태롭지만 허물이 없다'고 했으니, 큰 흉년은 면할 것이라고 푼 거고요. 이 점술가가 이렇게 해석을 한 겁니다. 부호만 가지고는 도저히 이런 풀이가 나올 것 같지 않은데, 이렇게도 뜯어보고 저렇게도 뜯어보고 하면서 자 기가 점치려고 하는 일에 맞춰서 해석을 하는 것이 필요합니다. 이게 『주역』의 어려움이에요. 쉽지가 않죠.

문제에 따라 달라지는 해석

중천건 괘와 관련해서 한 가지 더 이야기를 해 보죠. 중천건 중 에서도 5효는 용이 승천을 해서 하늘을 날아다니고 있으니, 아주 기분이 좋은 괘라고 할 수 있죠. 그런데 어느 날 점치는 선배 옆 에서 견학을 하고 있는데, 이 중천건의 5효가 나온 겁니다. 그런 데 그 선배는 점치러 온 사람한테 하던 일을 그만두는 게 좋겠다고 이야기를 하는 겁니다. 좀 의아하잖아요? 그래서 나중에 물어 봤더니, 점치러 온 사람은 돈 버는 일을 물어보러 온 건데, 용이 하늘을 나는 점괘가 무슨 소용이 있냐는 겁니다. 하늘은 실체가 없잖아요. 그래서 돈 버는 일에는 실체가 없고 말짱 꽝인 괘라는 겁니다. 공부하는 사람이 뽑으면 발전이 있는 참 좋은 괘지만 돈 버는 일에 중천건을 뽑아서 잘 풀린 일은 별로 본 적이 없다고 그 러더라고요.

그러니까, 어떤 문제를 점치느냐에 따라서 얼마든지 다른 해 석이 요구되는 것이 『주역』이라는 말입니다. 그러니까 『주역』 자체가 가지고 있는 의리와 처세의 지혜가 상당히 큰 도움을 주 는 것 외에 자기가 자기 현실 문제를 뜯어보는 연습을 하는 것이 『주역』이 주는 큰 이득이라는 말씀을 거듭 드립니다. 정말 우리 는 평생을 살면서도 자신을 뜯어보지 못하죠. 어딘가에 빠져서 허우적거리면서 다람쥐 쳇바퀴 돌듯이 살아가는데, 삶을 반성하 고 뜯어보는 기회를 갖는다는 것은 굉장한 행운이라고 할 수 있 습니다. 자기 문제에 매몰되어 있으면, 그 문제는 절대 해결되지 않습니다. 한발 빼서 여유 있게 볼 필요가 있죠. 또 추상적인 부 호로 문제를 들여다보면 복잡했던 문제들이 단순하게 정리되기 도 합니다. 그래서 『주역』을 공부하고 점을 쳐 보는 것은 '수지가 맞는 일'이라고 말씀을 드리는 겁니다.

무엇보다 『주역』은 관계성의 논리입니다. 『주역』에서는 어떤 것이 고정적인 선함을 가지거나 고정적인 악함을 가지고 있지 않아요. 음은 악이고 양은 선이다? 그런 거 없습니다. 음이 음의 자리에 가서 제 역할을 하면 선이고, 양이 양의 자리에 있으면 그게 선인 거예요. 또 주변의 존재들과 적절한 감응관계를 맺고 있으면 그게 선이고, 그렇지 못하면 그게 악한 성질을 갖는 겁니다. 이렇게 어떤 존재가 그 자체로 선악을 가지고 있다는 것이 아니라 전체적인 조화와 관계성 안에서 세상을 파악하는 것이 대단히 중요합니다. 『주역』은 음양의 전체적인 조합 속에서, 관계라는 측면을 통해서 세상을 보는 시각을 준단 말이죠. 소시민적인 삶에 매이지 않고 자기 삶을 관조하고 음미하면서 사는 자세가 『주역』을 통해 길러지지 않을까 생각을 하면서, 『주역』에 대한 강의는 여기에서 마치겠습니다.

8장

성리학,
본성을 온전히 드러내기

성리학의 배경

유학의 맥이 끊기다

성리학(性理學)은 그 이름에서 알 수 있는 것처럼 성(性)과 리(理)에 대한 학문입니다. 성과 리의 문제를 중심으로 다루는 학문이라는 말이지요. 보통 성리학이라고 하지만, 우리나라에서는 주자학(朱子學)이라고 부르기도 하고 정자(程子)와 주자(朱子)의 학문이라고 해서 정주학(程朱學)이라고 부르기도 합니다. 또 신유학이라고도 하는데, 서양에서는 이 뜻을 따라서 네오 컨퓨셔니즘(Neo-Confucianism)이라고 부르기도 하죠.

신유학이라고 부르는 까닭은 그 전의 유학의 발전적인 모습, 창조적인 모습이 순자에서 일단 끝났다고 보기 때문입니다. 공자와 맹자, 순자로 이어지고 난 다음에 긴 암흑기가 있었죠. 앞에서도 설명을 드렸지만, 진시황의 분서갱유는 유학에 치명타를 가했습니다. 진시황이 책을 불태웠다고 했지만, 실생활에 필요한 책들은 태우지 않았습니다. 이념성이나 관념에 치우쳐, 실생활에 필요하지 않은 책이라고 생각한 것들을 없앴는데요. 『주역』도 점치는 데 필요한 책이라서 재앙을 면했습니다. 대부분의 유학 서적들은 재앙을 면치 못했지요. 그리고 '갱유'라는 말은 유자들을 파묻어 죽였다는 말이니까, 유학이 분서갱유에 가장 직접적인 타격을 받았다는 것이 명백합니다.

요즘 같으면, 책을 없애고 싶어도 없앨 수가 없죠. 워낙 광범위하게 퍼져 있으니까요. 그런데 진시황 당시에는 책을 없앤다는 것이 가능했습니다. 예전에는 책 한 권이라고 해도 그 속에 담긴 내용은 얼마 되지 않았습니다. 대나무 쪽을 엮어 말아서 휴대할 수 있을 정도가 한 권이었기 때문에 거기에 기록되는 양이 얼마 되지 않는 거죠. 그만큼 부피도 크고 만들기도 힘들었던 것이 책이기 때문에 수거하기는 쉬웠고, 감추기는 어려웠습니다. 그러니까 책을 찾아내 불태운 사건은 지식의 전승, 특히 유학 지식의 전승에는 치명적일 수밖에 없었던 것이지요.

그래서 그다음 시대인 한나라 때의 유학, 바로 훈고학이 나오게 되는 겁니다. 훈고는 옛 문헌을 발굴해서 복원하고 그 뜻이 무엇인지를 밝히는 학문입니다. 예전 걸 회복하기에도 너무 바빴던 겁니다. 그러다 보니 새로운 탁월한 견해 같은 것들이 나올 여지가 없어요. 이때부터 예전의 학문을 복원하고 분류, 정리하는 경학(經學)이라는 흐름이 쭉 이어집니다. 경에 대한 연구를 하는 학문이죠. 뛰어난 스승으로부터 제자로 이어지면서, 경에 대한 해석의 견해를 지키며 발전시켜 나갑니다. 이것을 경학의 가(家)라 불렀지요. 이런 학문 풍토가 수, 당으로 이어지죠.

게다가 수, 당에 들어오면서 도교와 불교가 융성하게 됩니다. 위진남북조 시대부터 불교가 들어오기 시작했고, 또 당나라 때는 도교가 대접을 받고 크게 융성하게 됩니다. 당나라 왕의 성이 이(李)씨였는데, 전해지기로 노자의 성도 이씨였거든요. 그래서 노자를 크게 높였던 시기가 당나라 때였습니다. 그러다 보니 도교가 엄청나게 융성하게 되죠. 이때, '도장'(道藏)이라는 도교 경전도 정리가 됩니다. 원래 도교에는 경전이 별로 없습니다. 그런데 불교를 본떠서 경전들을 '도장'이라는 이름으로 정리를 하죠. 그런데 워낙 급하게 만들다 보니, 불경을 가져다가 부처님만 노자나 태상노군으로 바꿔서 날조한 경전까지 나오기도 합니다. 그만큼 도교와 불교가 성행을 했다는 말이죠. 이렇게 유교는 순자 이후로 새로운 모습을 보이지 못하고 있었고, 그 사이에 도교와 불교가 융성하게 되면서 유교로서는 도통이 끊어진 암흑기를 겪고 있었던 겁니다.

심성론과 수양론의 부족

그런데 중국인들에게는 자기들이 세계의 중심이라는 자존심이 있습니다. 중화의식이죠. '중국'이라는 이름 자체가 굉장히 자존심을 내세운 호칭입니다. 자기들이 세계의 중심이라는 뜻을 담고 있으니까요. 그래서 저는 중국이라는 이름을 쓰는 것에 좀 거부감을 가지고 있습니다. 차라리 범세계적으로 쓰는 이름, 차이나(China)라고 했으면 좋겠다는 생각을 합니다. 자기들은 세계의 중심이고, 우리를 동이니 동방의 나라니 부르는 게 좀 이상한 거죠. 기준이 중국에 있고, 우리가 동쪽에 있으니 이렇게 부르는 건데, 그 호칭에 대해서는 우리도 좀 생각을 해 봐야 할 문제 아닐까요?

어쨌든 중국인들의 자존심이 굉장히 강했기 때문에 외래 종교인 불교가 들어와서 설치는 것에 대해서 많은 중국의 지성들은 큰 거부감을 느꼈습니다. 그래서 유학자들 중심으로 중화의 자존심 회복을 위한 움직임이 일어납니다. 앞에서 공자, 맹자, 순자 강의도 했지만, 원래 유학이라는 학문이 굉장히 깊이 있는 학문입니다. 사회 윤리와 개인 윤리를 제시하고, 실생활 속에서 그걸 어떻게 추구해 나갈 수 있는가를 제시하는, 굉장한 강점을 가지고 있는 학문이라고 할 수 있죠. 그런데 불교와 도교가 융성하는 모습을 보면서 유학자들은 유교에 특히 부족한 부분이 있다는 것을 깨닫죠. 바로 우주론과 심성론에서 도교와 불교에 비해 취약성을 드러내고 있었던 겁니다.

한, 수, 당을 거쳐 내려오면서 그때까지 유학에서는 오경이나 십삼경 같은 경전에 대한 연구를 중심으로 하고 있었거든요. 심성론의 측면과 수양론의 측면은 굉장히 약했습니다. 반면 불교는 인도 요가 전통의 세례 속에서 굉장히 치밀하게 인간의 내면을 분석하고 수양의 단계를 제시해서, 궁극적인 이상까지 나아갈 수 있는 여러 가지 수행법을 가지고 있었습니다. 도교도 내단과 외단 등을 가지고 불로장생을 추구하는 수행법이 굉장히 많이 발달을 했는데, 거기에 비하면 유교는 경전 중심의 학문이지, 이런 실질적인 수행에 대한 지침을 가지고 있는 학문은 아니었던 겁니다.

새로운 유학의 탄생

이런 문제의식 속에서 유학의 장점을 극대화시키고 부족한 부분을 보완하면서 유학을 새로운 체계로 정립하려는 움직임이 일어납니다. 그게 바로 성리학을 시작으로 하는 신유학이라는 흐름입니다. 신유학은 우선, 유가의 전통 속에서 심성론과 우주론에 해당하는 전적들을 집중적으로 조명하기 시작합니다. 그렇게 해서 나오게 된 경전들이 '사서'(四書)입니다. 『논어』, 『맹자』, 『대학』, 『중용』, 이렇게 네 권의 경전이 사서죠. 그런데 이 책들은 수, 당 때까지도 '사서'라고 묶여서 지칭되지 않았습니다. 네 권의 책이 '사서'라는 이름으로 특별히 중요시된 것은 신유학과 더불어서입니다. 앞에서 말씀드렸듯이 그 전에는 십삼경, 혹은 오경을 중심으로 해서 연구가 되었죠. 심지어 『대학』과 『중용』은 『예기』라는 책에 들어 있었던 내용들입니다. 『예기』 안의 한 편으로 들어 있던 것을 독립적인 책으로 분리시킨 겁니다.

『맹자』와 함께 이렇게 분리된 『중용』과 『대학』이 사서에 들어갔는데요. 『중용』은 천명과 인간, 하늘과 인간 관계에 대해서 집중적으로 조명한 책이고, 『대학』은 '수신제가치국평천하'(修身齊家治國平天下)라는 유학의 큰 얼개를 제시한 책입니다. 『맹자』는 인성론에 대해 집중적으로 조명한 책이기 때문에 사서에 들어갔다고 할 수 있습니다. 이렇게 사서를 통해 유학의 부족한 부분들을 강화시켰던 겁니다. 그리고 다른 한편으로는 자기들이 굉장히 비판을 하는 불교나 도교에서도 심성론과 수양론의 일부를 가져오기도 합니다. 이런 과정을 통해 기존 유학의 단점을 극복한 새로운 유학이 등장하게 되는데 이 유학이 신유학의 효시인 성리학입니다.

리와 기를 짝짓다

성리학을 이루는 기본 개념을 말하자면, 리(理)와 기(氣)라는 개념입니다. 그 전에는 성리학에서 쓰이는 식으로 리와 기라는 말이 쓰였던 적은 없습니다. 리와 기가 짝을 이뤄서 쓰인 적도 없습니다. 리는 리대로, 기는 기대로 쓰이고 있었던 거죠.

'리'(理)는 '구슬 옥'(玉) 변에 '리'(里) 자가 붙은 글자죠. 구슬이나 돌에 있는 결이 리입니다. 돌을 다듬으려면 어떻게 해야 되죠? 돌의 결을 따라서 손질을 해야 한다고 합니다. 결을 따라서 하지 않으면 손질도 어렵고 결과물도 좋지 않겠죠. 도끼질도 마찬가지입니다. 도끼질 잘 못하는 사람이 팬 장작이 더 잘 탄다는 말이 있잖아요. 잘 쪼개지 못하고 여러 번 도끼질을 하다 보니, 나무가 다 조각이 나서 불이 잘 붙는다고 하죠. 그런데 도끼질 잘 하는 사람은 결을 알고 탁탁 잘 쪼개거든요. 그럼 부스러기가 나오지 않아서 오히려 불이 잘 안 붙고, 타는 것도 더디다네요. 이렇게 어떤 물건이나 일에는 결이 있고, 그 결을 따라서 일을 해야 일이 수월하고 순리대로 이루어집니다. 그게 바로 리, 이치죠. 리에 따라서 세상일을 하면 잘 이루어지고, 다스리는 일도 리에 따라서 하면 잘 다스려진다는 겁니다.

기(氣)라는 개념은 리와 붙어서 쓰이지 않았다고 했죠. 기는 그 자체로 동양적인 사유에서 매우 중요한 개념입니다. 중국적인 사유를 서양철학과 비교해서 들여다보면 중국철학에는 없는 한 가지 개념이 눈에 띄는데요. 바로 원자론입니다. 원자론은 서양철학사에서 아주 중요하죠. 원자는 고대 그리스어로는 아토모스(átomos)인데, 앞의 '아'는 부정사이고, '토모스'는 분할하다라는 뜻이죠. 더 이상 분할할 수 없는 존재라는 말입니다. 이런 분할 수 없는 알갱이의 조합으로 세상을 설명하는 이론이 서양철학사에서 중요하게 등장하는데, 동양에서는 아무리 전적을 뒤져 봐도 분할할 수 없는 알갱이의 개념이 안 나옵니다. 원자론적인 사고가 별로 없다고 할 수 있죠.

이것이 중국의 기 개념 때문이 아닐까 합니다. 알갱이라는 것은 기본적으로 디지털적이에요. 그런데 기의 개념은 아날로그적이라고 할 수 있습니다. 기(氣)라는 글자를 상형으로 따지면 아지랑이가 올라가는 모습에서 나왔다고 합니다. '气'가 아지랑이가 올라가는 모습을 나타내고, 쌀 미(米) 자는 기의 음을 나타내는 역할을 했다고 보는데요. 기라는 개념이 아지랑이와 비슷한 면이 있죠. 봄에 아지랑이가 피어오르는 걸 보면 뭐가 있기는 있는데 정확히 보이지는 않죠. 하지만 어쨌든 그것이 알갱이로 쪼개질 수 있다는 생각은 들지 않습니다.

하지만 동양철학에서도 가장 작은 것을 묘사할 때가 있겠죠. 『장자』에 보면, 세상에서 가장 작은 것을 묘사하는데, 더 이상 쪼개질 수 없다고 하는 게 아니라, '지극히 작은 것은 속이 없다'[至小無內]라고 표현합니다. 그럼 가장 큰 것은 뭐라고 할까요. '지극히 큰 것은 바깥이 없다'[至大無外]고 하죠. 그러니까 동양에서 가장 작은 것과 큰 것을 표현할 때도 디지털적인 쪼개짐이 아니라 팽창과 축소라는 아날로그적 의미로 드러난다고 할 수 있습니다. 이게 다 기 개념에 바탕을 하기 때문입니다.

그런데 기는 물질일까요, 정신일까요? 어떤 사람이 '기운이 세다'라고 하면 물질이 강하다는 건가요? 이럴 때는 에너지가 강하다고 보아야겠죠. 또 기상이 출중하다, 기상이 빼어나다라고 할 때 기는 뭔가요. 이건 또 정신적인 것에 가깝잖아요. 씩씩한 기상이 튼튼한 몸을 가졌다는 것은 아니잖아요. 그러니까 기는 에너지이기도 하고 정신적인 형태도 가질 수 있는, 존재의 가장 근원적인 측면을 표현했던 겁니다. 『맹자』에서도 '호연지기', '야기'(夜氣) 같은 개념들이 나왔었죠. 이런 개념들 역시 물질적인지 정신적인지 쉽게 구분이 안 돼요. 물질과 정신을 통틀어서 이야기하는 어떤 근원적인 에너지 비슷한 느낌이 들죠. 이렇게 기 개념은 한마디로 정의하기가 참 힘든 개념이라고 할 수 있습니다. 어쨌든 성리학 이전부터 오랫동안 쓰여 왔던 개념이라는 것은 분명합니다.

불교와 도교의 영향

이렇게 따로 존재하던 리와 기의 개념을 붙여서, 이 둘로 세상을 설명하는 학문의 틀을 만들어 낸 것이 바로 성리학입니다. 그러면 이런 발상이 갑자기 창의적으로 나온 것일까요? 그건 아니에요. 성리학의 '리기론'은 불교 화엄학(華嚴學)의 '이사론'(理事論)을 모델로 했다고 할 수 있습니다. 화엄학에서는 이법계(理法界), 사법계(事法界)를 이야기합니다. '리'(理)와 '사'(事)를 나눠서 보는 거죠. 의상조사가 지은 「법성게」를 보면 "이사명연무분별"(理事冥然無分別)이라는 구절이 나옵니다. "리(理)와 사(事)는 인식을 넘어서 있어 뚜렷이 나뉘지 않는다"고 풀이할 수 있지요. 이때 리는 본질, 이치, 진리 등의 의미라고 할 수 있습니다. 그리고 사는 현상이라고 말할 수 있습니다. 그러니까 본질과 현상은 둘로 나눠져 있지 않다는 말이 되겠네요. 또 화엄사상에는 "이사무애, 사사무애"(理事無碍, 事事無碍)라는 말도 나오죠. 굉장히 심오한 말이라 쉽게 풀이할 수 없지만 가장 일반적인 해석을 보여 드리지요. 본질[理]과 현상[事]이 서로 함께하여 걸림이 없고, 현상들[事事]도 서로 연기적으로 존재하여 홀로 존재하지 않고 서로 융섭되어 있다는 뜻이 될 것 같습니다. 이렇게 불교의 사상, 특히 화엄학에서 리와 사라는 틀로 세계를 설명하고 있는데요. 불교에서 리는 본질적인 측면을, 사는 현상적인 측면을 이야기한다고 보면 됩니다. 불교의 이런 개념틀을 모델로 해서, 중국에 전통적으로 있던 리와 기의 개념을 연결시키고 그것을 세상과 인간을 설명하는 틀로 만들어 낸 것이 바로 성리학이라고 할 수 있습니다.

또 성리학에는 불교의 영향뿐 아니라 도교적인 요소들도 들어가게 됩니다. 성리학의 기원은 주돈이(周敦頤)까지 올라갑니다. 주돈이는 호가 염계(濂溪)로 주렴계, 그래서 염계 선생이라고도 불리죠. 주렴계한테서 정명도(程明道)와 정이천(程伊川) 형제가 배웠습니다. 영향을 받았다고 볼 수 있지요. 그리고 주자가 정명도, 정이천 형제를 사숙했다고 하죠. 주자가 두 정씨 형제에게 직접 배우지는 않았지만 영향이 커서, 성리학을 정주학(정자와 주자의 학문)이라고 부르기도 합니다. 이런 연결고리가 있어서 성리학의 뿌리는 주돈이까지 거슬러 올라간다고 할 수 있는데요. 주돈이가 쓴 글이 「태극도설」(太極圖說)입니다. '태극도'라는 그림을 그리고 거기다가 해설을 붙인 것이지요. "무극이태극"(無極而太極), 즉 "무극이면서 태극이다"라는 문장에서 시작해서, "태극이 움직여서 양을 낳고, 움직임이 극에 달하면 다시 고요해진다. 고요해져서 음을 낳고…" 식으로 이어지는 설을 붙인, 성리학의 바탕과 같은 책이라고 할 수 있습니다.

그런데 태극 위에 무극을 두는 사유는 이전의 유학에서는 전혀 찾아볼 수 없는 새로운 이야기입니다. 물론 그것이 상하관계라고 단정할 수는 없겠지요. 주희는 그것을 "모습은 없지만 이치는 있는 것"을 말한다 하였습니다. 근원적인 원리의 두 측면을 말한 것으로 푼 것이지요. 그렇다 하더라도 일단 '있음'이라 할 수 있는 태극과 '없음'이라 할 수 있는 무극을 위아래로 놓은 것 자체가 도가적인 사상과 연관성이 있음을 보여 줍니다. 노자가 한 말을 생각해 볼까요? "'있음'[有]은 '없음'[無]에서 생긴다"[有生於無]. 무극과 태극의 관계를 어찌 설정하든 '없음'을 강조하는 도가사상의 영향이 없다고 부정하기 힘들지 않을까 싶습니다.

그리고 이 '태극도'의 근원을 추적해 보면 도교의 책인 『참동계』(參同契)에 나오는 '수화광곽도'(水火匡廓圖), '삼오지정도'(三五至精圖) 같은 그림이나 송나라 초기의 도사인 진단(陳搏)이 그렸다는 '무극도'(無極圖)와 매우 비슷합니다. 이 그림들은 기(氣)를 수련하여 신선이 되는 과정을 그린 그림입니다. '태극도'는 그 그림의 형태를 거의 그대로 빌려 오면서, 아래로부터 올라가던 순서를 위에서 아래로 내려오는 것으로 바꾸지요. 그러니까 순서로는 뒤집힌 것이지만 모습 자체는 거의 비슷하다는 말입니다. 관련이 없다고 잡아뗄 수가 없어요. 주돈이의 「태극도설」에는 도교와 그 수행법의 영향이 짙게 깔려 있다고 말할 수 있다는 겁니다. 결국 그 「태극도설」을 뿌리로 삼는 성리학에 도교적인 것들까지도 들어 있다고 할 수 있습니다.

이렇게 불교와 도교적인 요소들까지 들여 왔지만, 그렇게 성립되고 나서는 오히려 차별성을 강하게 드러내지요. 맹렬하게 불교와 도교를 배척합니다. '사이비'(似而非)라는 말이 있죠. '비슷하지만 아닌 것'이라는 뜻인데, 사이비가 제일 무섭죠. 아예 다르면 잘못된 점이 금방 드러나니까 피해가 없지만, 비슷하면서 아닌 것이 제일 위험하다는 겁니다. 성리학에서 볼 때 불교나 도교가 사이비였던 겁니다. 아주 그럴싸하기 때문에 피해가 더 크다고 이야기를 하죠.

경전에 대한 과감한 해석

이렇게 출현한 성리학은 철학사에서 굉장히 비약적인 발전이라고 할 수 있습니다. 성리학 이전의 경학(經學)은, 경(經)이라고 하는 것은 한 자도 고칠 수가 없다는 근본 원칙 위에 서 있습니다. 경학의 입장에서 볼 때 경은 성인이 편찬한 것이거나 성인의 말씀이 그대로 기록된 것이거든요. 절대 고칠 수가 없는 겁니다. 그래서 뜻이 통하지 않는 글자나 구절이 나와도 어떻게든 설명을 해 보려고 온갖 해설을 다 붙여요. 그런데 성리학은 경에 대한 태도가 굉장히 대담합니다. 경전을 읽다가 뜻이 잘 안 통하면, 연문(衍文)이나 착간(錯簡)이라고 판단해 버립니다. 연문은 부연설명한 것이 본문으로 잘못 들어간 것이고, 착간은 죽간이 잘못 끼어든 것을 말합니다. 옛날에는 죽간을 순서대로 매서 책을 만들었는데, 매다가 순서를 잘못 묶거나 다른 죽간이 끼어든 것이 바로잡히지 않고 굳어진 것을 착간이라고 하는 거죠. 성리학자들은 경이 잘못되었다는 이야기를 과감하게 하는 거죠. 경학의 입장에서 보면 성리학은 지금의 속된 말로 표현하면 '망할 놈의 학문'이라고도 할 수 있습니다.

리와 기, 성리학의 핵심 개념

보편성과 특수성

이렇게 성리학은 과감하면서도 창조적인 학설들을 제시했다고 할 수 있는데요. 그 핵심 개념이 바로 앞에서도 말씀드렸던 리와 기입니다. 간단히 말해서 리는 보편성의 원리이고, 기는 특수성의 원리라고 할 수 있습니다. 우리는 어떤 것을 탁자라고 부르죠. 그리고 세상에는 탁자라고 부를 수 있는 것이 무수히 많습니다. 그 모든 탁자들이 다 다르게 생겼지만, 똑같이 탁자라고 불리는 것은 개념의 보편성이 있다는 말이죠. 저와 여러분이 다르게 생겼지만 똑같이 사람이라고 부르는 이유도 마찬가지죠. 사람으로서의 보편적인 특징이 있는 겁니다.

이런 보편성을 공유하면서도 기의 차이가 있기 때문에 개별자들은 특수한 존재로 드러나는 거죠. 보편성만 가지고서는 사물이 성립할 수가 없습니다. 또 특수성, 즉 기의 측면만 가지고서도 사물이 성립할 수가 없죠. 쇠로 만들든 나무로 만들든 탁자라고 이름 붙이려면 보편성을 가지고 있어야 하는 겁니다. 그런 보편적인 원리가 '리'적인 것에 해당하고, 특수한 재료나 모양을 통해 특수한 것이 드러나는 것이 '기'적인 측면이라고 일단 이해를 하고 넘어가겠습니다.

성리학의 리기론과 가장 비슷한 것을 서양철학에서도 발견할 수 있는데, 바로 아리스토텔레스의 철학이 그렇습니다. 구한말에 이인재(李寅梓)라는 학자가 쓴 『철학고변』(哲學攷辨)이라는 책이 있어요. 성리학적인 사유틀을 가지고 서양철학을 소개하는 책인데요. 성리학적 틀을 서양철학에 들이댔을 때, 가장 놀라운

철학자가 아리스토텔레스였던 모양입니다.『철학고변』에서는 그의 철학을 보면서 '서양의 대철인'이라고 극찬을 합니다. 왜냐하면 성리학 입장에서 보았을 때, 형상과 질료라는 개념이 성리학의 설명과 잘 맞아떨어지는 겁니다. 형상과 질료가 각각 리와 기 개념에 잘 맞아떨어지는 데다가, 아리스토텔레스에서는 나중에 최고의 순수형상이라는 것이 나오거든요. 이걸 태극으로 놓으면 거의 동양의 성리학과 비슷해지는 겁니다.

인간의 리와 격물치치

리의 개념은 사물에만 해당되는 것이 아닙니다. 인간의 행동이나 윤리에서의 보편성도 모두 리에 들어가죠. 사람이라면 마땅히 어떠해야 한다는 가치 영역에서의 보편성도 모두 리라고 부릅니다. 그래서 리를 설명하는 말로 "소이연지고, 소당연지칙"(所以然之故, 所當然之則)이라는 말이 있죠. '소'(所)는 영어에서 관계대명사와 비슷한 역할을 하는 말이죠. '소이연지고'는 '그것 때문에[所以] 그러한[然] 까닭[故]'이라는 뜻입니다. 사물이 왜 그렇게 있는지, 세상이 왜 이렇게 있는지, 인간은 왜 이렇게 생겼는지를 말하는 것이죠. 이것이 리입니다. 인간이 왜 이렇게 생겼느냐고 하면 인간의 리가 그렇기 때문에 그렇다고 설명할 수 있는 거죠. 사물 세계의 이치, 이게 소이연입니다. 그리고 '소당연지칙'은 '마땅히[當] 그러한[然] 바[所]의 법칙[則]'이라는 뜻이죠. 사람이라면 마땅히 그래야 해, 또는 아버지와 자식 관계에서 자식은 마땅히 이래야 해, 같은 것들을 말하는 거죠. 이것도 리입니다. 그러니까 사물 세계와 가치 세계, 이 두 영역에서 보편적으로 타당한 이치, 동서고금에 모두 타당한 이치를 리라고 하는 거죠.

　리를 파악하기 위해서 성리학에서 이야기하는 공부의 방법으로 '격물치지'(格物致知)가 있습니다. '사물에 나아가서 지(知)를 온전히 한다'는 의미인데, 주자가 『대학』의 부족한 부분을 채워 넣은 '보망장'(補亡章)에서 한 이야기가 있죠. 사사물물에 나아가서 이치를 살피다 보면 어느 날 이치에 활연관통하게 된다는 이야기가 보망장에 나옵니다.

　후에 왕양명(王陽明)이 주자의 격물치지 이론을 보고 대나무를 놓고 죽어라 궁리를 한 이야기가 유명하죠. 백날 쳐다봐도 활연관통이 안 되어서, '성인은 종자가 따로 있는가 보다' 하고 격물 공부를 집어치웠다는 이야기가 있습니다. 그런데 여기서는 왕양명이 착각을 한 겁니다. 성리학에서 격물의 가장 중요한 공부는 역사 공부였거든요. 역사의 구체적인 상황을 보면서, 그 상황에서는 어떻게 행동했어야 했는데 잘못 행동했다든가, 그때 상황의 이치가 이러했다든가, 이런 걸 따지는 것이 성리학에서 중시하는 격물 공부였던 겁니다. 그런데 왕양명은 정말 대나무를 들여다보고 있었으니, 그 공부가 통할 리가 없었겠죠. 그러니까 성리학은 '소이연지고'와 '소당연지칙' 중에서 '소당연지칙'에 더 비중을 두고 있다고 할 수 있겠습니다.

기, 리의 담지자

리가 보편성을 갖는다고 하지만, 구체적인 현실 속에서 리가 그대로 실현될 수는 없습니다. 리는 언제나 기에 실려서 실현될 수밖에 없습니다. 적극적으로 해석을 하면 기는 언제나 리를 현실 세계 속에 드러내 준다고 할 수 있습니다. 아무리 책상의 이치가 있고, 사람의 이치가 있더라도 구체적인 물질이라는 조건 속에서 구체성을 가지고 드러나지 않으면 책상도 사람도 나올 수가 없겠죠. 그러니까 기는 리의 담지자라고도 표현할 수가 있습니다. 기가 리를 짊어지고 있다는 말입니다. 그런데 부정적인 측면에서 이야기를 하면 기는 리를 언제나 가린다고 할 수도 있습니다. 기라는 특수성 때문에 리는 언제나 온전하게 실현될 수가 없죠. 세상에 똑같은 존재가 하나도 없다는 것은 사실 모두가 다 불완전하다는 이야기거든요. 기는 그러니까 한편으로 리를 실현시켜 주지만 다른 한편으론 리를 덮어 가리는 겁니다.

　서양철학에도 이와 비슷한 설명이 있습니다. 밀레토스 학파의 아낙시만드로스가 아페이론(apeiron)이라는 개념을 이야기했는데요. 아페이론은 '무규정자'라는 뜻으로, 규정되지 않은 원형적인 존재를 말합니다. 그 후대의 철학자인 플라톤은 세계는 데

미우르고스라는 신이 이데아를 모델로 삼고 아페이론을 재료로 해서 만들어 낸 것이라고 설명합니다. 그런데 아페이론은 무규정자라고 했잖아요. 규정을 벗어나는 성격을 가지고 있고, 그러다 보니 이데아의 모습을 온전히 반영하지를 못합니다. 이데아는 아페이론을 거치면서 문드러져서 나오게 되는 거죠. 완전한 이데아의 모습은 절대로 드러날 수가 없습니다. 그래서 우리는 기하학과 같은 방법을 통해서 진정한 이데아를 찾아내는 훈련을 해야 하는 겁니다. 세상에는 완벽한 삼각형이나 직선, 점 같은 것은 존재하지 않지만, 불완전한 매개를 통해 완벽한 점이나 선, 삼각형 같은 것을 생각하면서 이데아를 찾는 지혜의 훈련을 할 수 있다는 거죠. 하지만 현실 세계에서 이데아는 항상 가려지고 왜곡될 수밖에 없다는 것은 분명합니다.

리와 기도 이데아와 아페이론의 관계와 비슷한 맥락에서 이해할 수 있습니다. 기는 리를 실현시켜 주면서 한편으로는 가립니다. 그런데 성리학자들의 기본적인 출발점은 '주리'(主理)에 있습니다. 나중에 주리파와 주기파가 나뉘어 논쟁이 벌어지기도 하지만 성리학의 출발점이 리를 중심에 두는 것에서 시작한다는 것은 분명합니다. 리는 보편적인 것이고, 기에 의해서 가려졌기 때문에 리를 올바르게 파악하고 올바르게 드러내는 것이 중요하다고 보는 것이 성리학입니다. 이걸 사람한테 적용하면 어떻게 될까요? 사람에게도 보편성이 있고, 그건 앞에서 보았던 '소이연지고, 소당연지칙'입니다. 사람이 사람인 까닭이 있고, 사람이라면 마땅히 해야 하는 바가 있는 거죠. 사람의 본성 속에 인의예지(仁義禮智)의 단초가 들어 있다는 것, 또 사람이라면 마땅히 삼강오륜(三綱五倫)을 행해야 한다는 것이 사람의 리로서 강조가 됩니다. 리는 완전한 것이고 차이가 없기 때문에 인간이라면 누구나 마찬가지라는 거죠.

그런데 앞에서 말했듯이 개체성으로 오면 이야기가 달라지죠. 리는 그 자체로 존재할 수 없고 개체 안으로 들어와야 하는데, 개체성 속에 리가 들어왔을 때, 그걸 '성'(性)이라고 부릅니다. 하지만 성은 사람의 욕망이나 육체적인 제약 같은 '기'적인 요인들 때문에 다 실현되지 못합니다. 내 속에 성으로 들어온 리가 기로 인해 은폐되는 거죠. 그 은폐를 벗겨 내기 위한 노력이 바로 성리학의 수행입니다. 그렇게 벗겨 내야 하는 인간의 '기'적인 측면을 일컫는 대표적인 개념이 인욕(人慾)입니다. 그 반면 개체성 속으로 들어와 가려지기 이전의, 온전한 리로서의 측면을 '천리'(天理)라고 불렀고요. '천리를 보존하고 인욕을 없애는 것'[存天理, 去人欲]이 성리학의 핵심 과제라고 할 수 있습니다. 이렇게 맹자의 "알인욕 존천리(遏人慾 存天理)", '사사로운 욕망을 막고 하늘이 부여한 이치를 보존한다'는 사상을 리기론의 틀 속에 정착시키는 겁니다.

주기론의 등장

이렇게 천리와 인욕을 대척적으로 놓고 보는 것이 초기 성리학의 모습이라고 할 수 있습니다. 그런데 시간이 흐르면서 점점 개체성을 중시하는 경향이 발전하게 되는데요. 그러다 보니 기를 중시하는 흐름이 나타나게 됩니다. 특수한 것 속에서 보편성이 드러난다고 보아야지, 꼭 보편성이 먼저 있고 특수한 것을 통해 나온다고 보아야 하는가라는 '주기'(主氣)의 생각이 나오는 겁니다. 이런 생각 속에서 인욕과 천리를 꼭 그렇게 대척적으로 보아야 하는가라는 문제의식도 생겨나죠. 사람의 욕망이 무조건 나쁜 것이 아니며, 인욕이 도리에 맞게 발하면 그게 천리일 수도 있다는 주장이 나오죠. 인욕 가운데 절도와 도리에 합당한 것을 중절(中節)하다고 하는데, 이렇게 중절한 인욕은 천리와 다름이 없다는 겁니다.

이런 변화가 조선에서 사단칠정 논쟁 같은 것으로도 이어집니다. 사단은 측은지심, 수오지심, 사양지심, 시비지심이죠. 칠정은 희로애락애오욕, 즉 기뻐하고, 성내고, 슬퍼하고, 즐거워하고, 사랑하고, 미워하고, 욕심내고 하는 감정들을 말하죠. 사단칠정 논쟁에서 퇴계는 칠정은 악 쪽으로 흐르는 것이고 사단은 선이라고 대척적으로 이야기를 합니다. 이에 대해 기대승은 칠정이 도리에 합당하게 발하면 사단과 다름이 없다고 주장하면서 사단칠정 논쟁이 시작되는 거죠. 이걸 리와 기의 개념으로 보면, 퇴계는 사단을 순수하게 리에 배속을 한 것이고, 칠정은 기에서 나오는 것이라고 본 것이죠. 리와 기를 떼어 놓고 둘을 확연하게 구분하려는 사유라고 할 수 있습니다. 그런데 어차피 '기'적인 특수한 개체 속에서 리가 실현되는 것이라는 점을 강조하면 아무래도 주기의 입장에 설 수밖에 없겠죠.

사단칠정 논쟁 같은 것이 굉장히 관념적이고 복잡해 보이지만, 사실 우리가 일상에서 다른 사람을 대할 때 많이 느끼는 것이기도 합니다. 어떤 사람은 옳은 것은 옳은 것이고 어떤 상황에서도 틀림없이 그렇게 되어야 하는 것이 있다고 생각을 하는가 하면, 또 어떤 사람은 상황에 맞춰서 그때그때 다르게 행동하는 사람도 있죠. 어느 쪽이 옳다고 이야기를 할 수 없습니다. 사람의 기질에 차이가 있을 뿐이죠.

성(性), 개체성에 들어온 리

앞에서 개체성 속에 들어와 있는 리를 성(性)이라고 한다고 말씀을 드렸죠. 리와 기와 더불어 성, 즉 인간의 본성이라는 문제 역시 성리학의 핵심적인 주제라고 할 수 있습니다. 성리학에서 성이라는 개념이 어떻게 다뤄지는지를 조금 더 살펴보려고 합니다. 『중용』에는 '천명지위성'(天命之謂性)이라는 말이 있습니다. '하늘의 명(命)을 성(性)이라 한다'라는 뜻이죠. 성리학에서는 '천즉리'(天則理), 즉 천이 곧 리이기 때문에 하늘이 명을 내렸다는 것은 곧 리가 개별적인 사물 속에 명령으로 들어와 있듯이 내재되어 있다는 것으로 이해합니다. 이것이 바로 본성이라는 말이지요. 그러니까 우리의 본성은 바로 보편적인 리와 연결되어 있는 것입니다

그런데 성이 자리 잡은 개체라는 것은 '기'적인 것이죠. '기'적인 것 속에 성이 들어왔고, 사람은 그 성에 따라서 살아야 합니다. 이런 구도 속에서 많은 문제들이 발생을 합니다. 우선 "리와 성이 똑같은 것인가"라는 문제가 제기될 수 있죠. 개체성 안에 들어왔을 때 그것을 그냥 리라고 부르지 않고 성이라고 부른 것은 어떤 차이가 있기 때문일 텐데요. 그런데 문제는 우리가 성을 그 자체로 볼 수 있는 길이 없다는 겁니다. 가령 물속에 마니주라는 보배 구슬이 가라앉아 있다고 해 보죠. 그러면 물이 탁한지 맑은지, 물이 흐르는지 고여 있는지에 따라서 구슬의 빛깔은 다 다를 겁니다. 그러니까 성이라는 것은 어떤 경우에도 기를 통과해서 드러날 수밖에 없다는 겁니다. 따라서 성은 리처럼 기와 별개로 존재하는 것이 아니라, 기와 결합된 형태로 존재할 수밖에 없다는 거죠. 이런 입장은 기를 강조하는 쪽으로 향하게 되겠죠. 하지만 개체성 속에 들어와 있든 말든, 어쨌든 간에 성은 순수한 리일 뿐이라고 계속해서 강조하는 것은 주리론자의 관점이라고 할 수 있고요. 사단칠정 논쟁 등 복잡한 이야기들이 많지만, 사실 주리론과 주기론은 이 지점에서 갈라집니다. 즉 성이 순수한 리로

서 존재한다는 입장과 성은 기와의 결합을 통해서만 드러날 수 있다는 입장 사이의 차이인 겁니다.

하지만 어쨌든 간에 성리학은 주리론적 입장이 강합니다. 기 속에 성이 들어와 있기 때문에 기질의 차별성에 의해서 성이 제 대로 실현되지 않는 것이지, 성 자체는 리에서 온 것이기 때문 에 완전한 것이라고 보는 겁니다. 완벽한 성에 비해 기에는 차이 가 있는데 '청탁, 수박, 정편'(淸濁, 粹駁, 正偏)이라고 표현되죠. 그 기질이 맑은지 탁한지[淸濁], 기질이 순수한지 혼잡한지[粹駁]의 차이가 있다는 겁니다. 기질이 똑똑하고 영리한 사람은 청(淸)과 수(粹)의 기운을 타고난 사람이고 흐리멍덩하고 혼미한 사람은 탁하고[濁] 거친[駁] 기를 타고났다고 봅니다. 이게 사람 사이의 차이라면 사람과 동물 사이에는 정편(正偏)의 차이가 있습니다. 사람은 본성 속에 이치를 온전하게 받아서, 인의예지로 그대로 드러난다고 보았습니다. 하지만 동물은 워낙 치우치게 기를 받 아서 다 드러날 길이 없다고 보는 거죠.

그렇지만 동물 사이에서도 리가 한 측면씩 드러나는 경우 가 있다고 하죠. 호랑이도 제 새끼는 사랑하고, 개미나 벌은 자기 임금에게 충성을 한다는 겁니다. 이런 이야기들이 '인물성동이 론'(人物性同異論)으로도 이어지죠. 사람과 사물의 본성이 같으냐 다르냐를 놓고 한국 유학사에서 굉장히 중요한 논쟁이 벌어지는 데요. 후대에 이런 논쟁을 보면서 왜 그렇게 공허한 논쟁을 했느냐며 비판적으로 보는 시각들이 많습니다. 이런 비판들을 보면 우리 역사를 너무 쉽게 보는 게 아닌가 하는 생각이 들어요. 여기서 길게 이야기할 것은 아니지만, 사실 그렇게 공허한 논의라고 볼 수 없는 지점들이 있다는 점은 말씀드리고 싶습니다.

성리학의 수양법

어쨌든, 이런 기질의 차이가 있기 때문에 기질을 잘 갈고 닦아 변화시킴으로써, 기질적인 왜곡의 방해를 받지 않고 내가 타고난 성이 온전하게 실현되도록 하는 것이 바로 성리학의 수양이라고 할 수 있습니다. 그러기 위해서 여러 가지 수양법이 나오지만, 가장 대표적인 것으로 '거경궁리'(居敬窮理)가 있습니다. '거경'은 리가 기의 방해를 받지 않고 온전하게 실현될 수 있도록 언제나 경의 자세에 머무는 것을 말합니다. 그리고 외부에 드러나 있는 리를 탐구하는 것이 바로 '궁리'죠. 리는 내 마음속에만 들어와 있는 것이 아니죠. 다른 사람, 다른 생물을 포함하는 모든 객관적인 사물 세계 안에 리가 실현되어 있습니다. 그러니까 거경과 함께 궁리를 통해서 리를 회복해야 하는 겁니다.

'거경'이라고 할 때, '경'(敬)은 '존경한다'라는 일반적으로 쓰이는 의미보다는 훨씬 넓고 큰 의미를 가지고 있습니다. 예를 들어 보지요. 우선 '상성성'(常惺惺)이라는 뜻이 있어요. '성성'은 깨어 있다는 뜻이니, 항상[常] 깨어 있는 마음을 유지하는 것이 경입니다. 또 '주일무적'(主一無適)이라는 뜻도 있습니다. 마음이 하나에 집중되어서 흐트러지지 않는 것이지요. 이것도 경의 뜻입니다. '엄숙정제'(嚴肅整齊), 엄숙하고 정리된 마음가짐도 경입니다. 그러니까 한마디로 마음을 방일하게 놓지 말고 항상 성찰하고 단속하는 것이 경이라고 할 수 있죠. 이건 어떻게 보면 불교의 '정혜'(定慧)와도 비슷한 면이 있습니다. 정혜가 항상 깨어 있으면서 마음을 단속하고 살피는 거였죠. 그래서 우리가 공경하고 존경한다는 의미로 쓸 때에도 마음을 엄숙하게 하고 단정하게 해서 남을 대한다는 뜻이 들어가는 겁니다.

옛날에 우리나라의 남명 조식 선생은 평생 동안 칼과 방울을 가지고 다녔다고 하죠. 칼은 의(義)를 상징하고, 방울은 경(敬)을 상징한다 합니다. 마음을 일깨우는 방울, 삿된 것을 물리치는 칼, 이 두 가지로 경과 의를 함께 닦는 상징으로 삼은 거죠. 『주역』에는 "경이직내, 의이방외"(敬以直內, 義以方外)라는 말이 있어요. "경으로써 내면을 바르게 하고 의로써 바깥을 방정하게 한다"는 의미죠. 바깥을 방정하게 한다는 것은 행동거지를 바르게 한다는 의미죠. 우리 내면에 있는 성이 인욕이라든가 기질 때문에 왜곡되고 흔들릴 때, 깨어 있는 마음으로 성찰해서 원래의 성이 실현될 수 있도록 하는 것이 바로 경이죠.

그다음 '거경궁리'에서 '궁리'는 외적인 객관세계에서 리를 탐구하는 겁니다. 성리학에서는 사물 속에, 그리고 인간의 역사 속에도 리가 실현되어 있다고 봅니다. 그 리를 탐구함으로써 리의 본래 모습을 밝혀내는 것이 궁리의 공부입니다. 앞에서 이야기했듯이 이치를 궁구하다 보면 어느 날 활연관통하게 되는데, 이때 이치를 궁구하는 방법이 물리적으로 사물을 살피는 것에서 한 걸음 더 나아가 역사 속에 리가 실현되는 모습을 탐구하는 것이라는 말씀을 왕양명의 예를 들면서 말씀을 드렸습니다. 이게 바로 격물치지가 의미하는 바입니다.

조선에서의 논쟁들

앞에서도 몇몇 논쟁들을 살펴보았지만, 성리학은 시간이 지나면서 여러 맥락에서 아주 복잡한 양상을 보이게 됩니다. 기본적으로 주리와 주기의 입장 차이가 있는데, 기를 중시하는 사람은 칠정 속에 사단이 포함된다는 주장을 하기도 하죠. 칠정 가운데 도리에 맞는 것이 사단이라는 주장입니다. 그렇게 보는 사람은 개체성을 중시하고 현실적인 사상을 말한다는 점에서는 장점이 있습니다. 그런데 문제는 고유한 선의 근원이 확보되지 않는다는 겁니다. 그래서 그런 선의 근거를 확립하고 싶은 사람들은 기를 중시하는 사람들의 입장을 부정하죠.

이런 차이가 조선으로 오면, '리가 중심이 돼서 발동한다'

는 퇴계의 주장으로 이어집니다. 이에 대해 기대승이나 율곡 같은 이들은 그렇지 않다고 보는 겁니다. 이런 논쟁은 바로 운동과 변화가 기에만 속할 수 있기 때문에 벌어진다고도 할 수 있습니다. 리는 시공을 초월하는 것으로 변화할 수도 없고 운동을 할 수도 없습니다. 그러니까 율곡 같은 이들의 입장은 운동은 기에만 속하고 리는 기에 올라타는 거라고 봅니다. 이걸 "기발리승일도설"(氣發理乘一途說)이라고 하죠. 기가 움직이는 것 하나만 있다는 것입니다.

그런데 이렇게 되면 고유한 선의 근원을 확보할 수 없다고 했죠. 그래서 리도 운동성이 있다는 퇴계의 호발설(互發說)이 나오게 됩니다. 호발설에 따르면 리가 중심이 되어서 발하고 기가 따라오는 경우가 있고, 기가 중심이 되어서 움직이고 리가 따라오는 경우가 있다는 겁니다. 그런데 원래의 개념으로만 보면 리가 운동한다는 것을 인정하기에는 어려움이 많습니다. 하지만 퇴계는 계속 궁구해서 호발설까지 내놓은 거죠.

가령, 현실 세계에서 법률 같은 것은 리적인 것에 가까울까요, 기적인 것에 가까울까요? 일단 법률이나 윤리, 제도, 도덕 같은 것은 리적인 것으로 놓고 볼 수가 있을 것 같습니다. 우리는 감정에 따라 움직이다가도 법이나 윤리, 제도, 도덕 등에 막히는 경우가 있죠. 그러니까 리에는 막는 작용이 있다는 겁니다. 철로를 따라서 기차가 달린다고 할 때 운동하는 건 기차뿐이라고 하지만, 그 경로는 철로가 강제하지 않나요. 힘이 있다는 거죠. 퇴계는 여기서 한 걸음 더 나아간 듯합니다. 그러니까 내 속에 있는 어떤 본성적인 순수한 선이 사물과 감응할 때, 그것을 중심으로 해서 활동하는 것이 리라는 것이 퇴계의 생각이라고 보면 되지 않을까 싶어요.

이렇게 성리학 안에서도 차이점들이 많이 나오는데, 역시 세계와 인간에 대한 관점들이 좀 다른 거예요. 이런 입장의 차이는 실제 세계에서도 드러난다고 말씀을 드렸죠. '기'적인 측면을 중시하는 사람은 현실조건을 우선 살피면서 그 속에서 적합한 것을 찾아내는 쪽으로 움직이는 사람이라고 할 수 있습니다. 리를 중시하는 사람은 상황을 떠나서 옳은 게 있다, 옳은 것을 상황 속에 어떻게 적용하느냐를 중심으로 보는 사람이에요. 상황을 먼저 보는 게 아니라 불변의 옳은 것을 중시하는 사람인 겁니다.

이렇게 성리학을 둘러싸고 중국에서도 논의되지 않았던 논쟁이 조선에서 벌어졌습니다. 조선조 오백 년 동안 성리학이 지배를 하면서 성리학의 세밀한 부분까지도 아주 철저하게 팠던 거죠. 그래서 사칠논변, 인물성동이론 같은 재미있는 논쟁들이 많았죠. 앞에서도 보았듯이 이런 걸 공리공론에 힘썼다고 비난하는 시각도 있지만, 사실 학자 집단에서 그렇게 편지를 통해 논쟁을 하면서 철학적인 깊이를 더한 것은 한반도에서 보인 특이한 모습이고 학술사에서 의미가 있는 일이라고 생각을 합니다.

이렇게 성리학에 대한 이야기를 해 보았는데요. 한 사람의 사상가를 다루는 것은 비교적 쉽지만, 성리학처럼 다양한 유파를 포함하고 있는 사상을 한 번의 강의에서 전체적으로 이야기한다는 것은 좀 무리인 듯합니다. 전체적으로 큰 줄기만 말씀을 드렸고, 들으시는 분들께서 기본 개념 정도를 이해하셨어도 강의를 한 보람이 있을 듯합니다.

강의를 마치며

『바가와드 기타』와 인도의 사상을 시작으로 성리학까지 동양철학의 높은 봉우리라 할 만한 사상들을 살펴보았습니다. 높은 봉우리 중심으로 살피다 보니 깊은 골짜기의 모습이라든가 산세의 흐름과 같은 세세한 측면은 뛰어 넘어갈 수밖에 없었지요. 한정된 시간 안에 해야 되는 강의의 한계라고 이해해 주시기 바랍니다. 그래도 이 강의에서 얻을 수 있는 점이 없는 것은 아니라고 생각해요. 어떤 하나의 사상을 관심을 가지고 깊게 파고 들어가는 것도 중요하지만, 여러 다양한 사상들을 보면서 전반적인 구도를 머릿속에 넣어 두는 것도 중요합니다. 대개의 모습이 어떻다는 것을 짐작하고 나면, 동양철학의 어떤 학문을 보더라도 그 근본 틀을 파악하고 핵심으로 들어가기가 수월할 수 있습니다. 사상을 보는 기본적인 눈을 가질 수가 있다는 말이죠. 한 가지 사상만 들여다보고, 그런 포괄적인 눈을 가지지 못하면 오해가 많을 수 있습니다. 그래서 그런 기본적인 성찰을 할 수 있는 강의가 됐으면 하는 바람으로 시작을 했는데, 잘되었는지는 모르겠어요.

어쨌든 마지막으로 당부를 드리고 싶은 것은 강의의 서두에서도 강조를 했지만, 동양사상을 공부하는 것은 선택이 아니라 필수라는 점입니다. 우리가 우리 자신을 제대로 이해하지 못하고 남의 것을 받아들일 도리가 없습니다. 세상을 지배하는 문화가 서양적인 것이 근본이 되어서, 서양 것을 통해 동양 것을 이해하는 것이 주류가 되었다고 해도, 우리 내면에는 오랜 역사를 통해서 알게 모르게 영향을 받았던 사상들이 어떤 형식으로든 다 잠복돼서 흐르고 있다고 생각합니다. 적어도 자기 자신을 제대로 이해하고 우리 민족과 나라의 문화를 전반적으로 이해하는 건강한 지성이려면 동양사상은 그냥 선택적으로 알아야 되는 게 아니라 필수 과목이라고 생각하는 거죠. 적어도 이번 학기 굉장히 짧은 강의였지만 동양사상의 전반적인 모습을 큰 틀에서 이해하는 데 조그만 도움이 됐으면 하는 바람입니다. 부족한 강의지만 끝까지 들어 주신 여러분께 깊은 감사드리면서 강의를 모두 마치겠습니다.

**영상으로 만나는
성태용 교수의 동양사상 강의**

동양 사상 입문 **아트앤스터디, 유료**
https://www.artnstudy.com/n_Lecture/?LessonIdx=tysung01

주역으로 보는 동양철학 **EBS, 유료**
https://classe.ebs.co.kr/classe/detail/132989

순자 – 마음 한 갈래인가, 두 갈래인가 **플라톤아카데미**
https://www.youtube.com/watch?v=JBzWP-ZSxxc

'주역 페스티벌' 특강 **북드라망출판사**
https://www.youtube.com/watch?v=Nv90DI-8wz4&t=44s

몸의 동양철학적 이해: 유학의 '몸' 이해를 중심으로 **성균관대학교**
https://www.youtube.com/watch?v=xuYKbjTZ7m8&t=33s

일상의 삶이 곧 수행현장! 붓다의 학습법 **불광미디어**
https://www.youtube.com/watch?v=C6F5MTMeYs8